《人文传承与区域社会发展研究丛书》编辑委员会

主　任　周新国

副主任　姚文放　谢寿光

委　员（以姓氏笔画为序）

　　　　　王　绯　吴善中　佴荣本　周建超　周新国

　　　　　姚文放　秦兴方　谢寿光　蒋鸿青

淮扬文化研究文库

江苏省重点高校建设项目
"人文传承与区域社会发展"重点学科
"历史文化与区域社会发展"研究方向课题成果

人文传承与区域社会发展研究丛书
·淮扬文化研究文库·

STUDY OF DEVELOPMENT OF
YANGZHOU REGIONAL CIVILIZATION
IN HAN DYNASTY

汉代扬州区域文明发展

徐俊祥◇著

社会科学文献出版社
SOCIAL SCIENCES ACADEMIC PRESS (CHINA)

总　　序

　　文化是构成国家综合国力的重要组成部分，文化作为软实力日益受到各国的高度重视。一个国家、一个民族的发展程度是与其文化的发展紧密联系的。当今世界，国家与国家之间的发展差距，不仅体现在经济和军事实力，更体现在文化发展水平，这已为历史和现实所证明。

　　上世纪80年代以来，随着人们对地理人文空间因素的日益重视，我国人文社会科学学术领域出现了区域化研究的趋势。新世纪以来，区域文化的研究与开发较以往呈现出更加丰富的内涵和更加锐利的前进态势，围绕各大区域文化进行的文化学、人类学、政治学、经济学、社会学研究也不断深入进步。从理论与现实角度考察，面对经济全球化的浪潮，要实现区域经济的现代化发展必须高度重视和发挥区域文化的优势，挖掘区域文化的资源。

　　江苏历来是人文荟萃、文化昌盛之地。新世纪以来，为发扬优秀区域文化精髓，建设文化强省，促进全省各项事业又好又快地发展，江苏省人民政府制定了《江苏省2001~2010年文化大省建设规划纲要》，明确指出："江苏省在历史演进过程中，形成了吴文化、楚汉文化、淮扬文化、金陵文化等一批特色鲜明的地域文化以及一批具有全国影响的学术流派，要在加强研究、保护的基础上继承创新，赋予传统文化以新的生命力。"在此思想指导下，江苏各地纷纷提出建设文化大市、文化强市的目标，学术界率先行动，出版了一批区域文化研究的论著，江苏省教育厅则及时地批准成立了扬州大学"淮扬文化研究中心"等一批区域文化研究的重点基地，以推进区域文化的研究和深入发展。

江苏高校林立，各大学因其所处的具体地域不同，在某种意义上也归属于特定的区域文化。特定的区域文化始终对大学的文化形成和发展有着重要的影响。同样，大学所负载的学术、文化与社会责任也日益被推上了更高层次的战略平台。因此，研究、挖掘、整合区域文化使之与大学文化有机地融合，不仅对推动区域文化研究与发展，提高区域文化软实力、构建区域和谐社会、促进区域科学发展具有重要意义，而且，大学吸取特定区域文化精髓的过程，对创建大学自身的特色文化氛围、凝炼大学精神也具有重要意义。在某种程度上甚至可以说，一所缺乏文化传统和历史记忆的大学不是一所好大学；同样，一所没有文化底蕴和历史积淀的大学也绝非真正意义上的高水平大学。

哈佛大学前校长德里克·博克说过："无论是在城市还是乡镇，大学的文化、反世俗陈规的生活方式和朝气蓬勃的精神面貌，常常成为刺激周边社区的载体，同时也是他们赖以骄傲的源泉。"

扬州大学所处的苏中地区，是淮扬文化的核心区之一。作为淮扬文化区域唯一的省属重点综合性大学，扬州大学具有学科门类齐全、多学科交叉融合的显著特点。学校集中人文社会科学诸学科的精干力量，发挥融通互补、协同作战的优势，继承发扬以任中敏先生为代表的老一代学术大师的风范，对内涵丰富、底蕴深厚的中国传统文化包括区域文化进行多方面的综合研究，挖掘整理其丰厚资源并赋予时代精神，阐扬其独特蕴涵并寻找其与当前经济建设、社会建设、政治建设、文化变革相结合的生长点，以求对地方乃至全省经济社会发展作出积极的贡献。

江苏省人民政府在"九五"和"十五"期间对扬州大学进行重点投资建设的基础上，在"十一五"期间对扬州大学继续予以重点资助，主要培植能够体现学科交融、具有明显生长性且预期产生良好经济、社会效益的五大重点学科，其中包括从人文社会科学诸学科中凝炼而成的"人文传承与区域社会发展"重点学科。这一重点学科的凝成体现了将江苏优秀的古代文化与灿烂的现代文明有机交融、相得益彰、交相辉映和发扬光大的理念，符合扬州大学人文社会科学诸学科已有的专业背景、研究基础和今后的学科发展和学术追求。该重点学科包括"文学转型与区域社会发展"和"历史文化与区域社会发展"两个研究方向，其建设的标志性成果就是以任中敏先生别号命名的《半塘文库》和以区域名称命名的《淮扬文化研究文库》，总计50余种学术专著，计1500万字。"文库"是"十五"期间"扬、泰文化与'两个率先'"重点学科研究成果的新发展，汇集了扬州大学众多学者的智慧和学识，体现了社会各方面的关心和支持，可谓是一项规模宏大、影响深远、功在当代、利在千秋的大型文化工程。可以期待，"文库"的出版将对当前物质文明、政治文明、精神文明、社会文明和生态文明等"五个文明"建设，对构建和谐社会、促进区域科学发展起到积极有力的推动作用。

在人文传承与区域社会发展研究丛书出版之际，我们向始终支持和关心"人文传承与区域社会发展"重点学科建设的教育部社科司、江苏省教育厅的领导及专家表示衷心感谢，对负责定稿的中国社会科学院诸位专家学者表示衷心感谢！同时也衷心感谢社科文献出版社的领导和编辑为丛书出版付出的辛勤劳动！

扬州大学人文传承与区域社会
发展研究丛书编辑委员会
2010年12月

目 录

引 言 · 1

第一章 扬州汉代考古资料的发现与分布 · 5
 第一节 先秦至汉扬州文明的足迹 · 5
 第二节 扬州地区发现的重要汉墓与遗址 · · · · · · · · · · · · · · · · · · · 15
  一 已见诸《简报》或公开报道的墓葬 · · · · · · · · · · · · · · · · · · 17
  二 尚未通过《简报》公布的重要墓葬 · · · · · · · · · · · · · · · · · · 35

第二章 考古反映的汉代扬州的生态环境与经济状况 · · · · · · · · · · · 39
 第一节 汉代扬州的生态环境 · 39
 第二节 汉代扬州的农业 · 45
 第三节 汉代扬州的手工业 · 53
  一 陶、瓷器制造业 · 53
  二 冶铜业 · 61
  三 铁器制造业 · 78
  四 漆器制造业 · 85
  五 纺织和编织 · 109
  六 木器与骨器 · 112
  七 玉、石、玻璃器 · 124
  八 金、银、铅等特殊金属器 · 136
  九 乐器制造业 · 139
  十 印章的雕制 · 141

第三章 汉代扬州的科技成就 …… 144
第一节 陶器制造技术 …… 144
第二节 漆器制造技术 …… 146
第三节 铜器等金属器制造技术 …… 153
第四节 玻璃制造和特种工艺技术 …… 161

第四章 墓葬反映出的汉代扬州风俗民情 …… 165
第一节 葬俗中带有浓厚地方特色的棺椁构建方法 …… 165
第二节 墓葬材料中反映出的浓厚的宗教迷信风气和
丧葬礼俗 …… 168
一 重视死后生活，生活必需品随葬齐全 …… 169
二 随葬死者生前酷爱之物或借以谋生的重要物件 …… 170
三 墓葬材料中体现的神仙思想 …… 171
四 墓葬材料反映出汉代扬州治丧风俗 …… 172
第三节 墓葬材料反映出扬州地区民众的服饰和穿戴习俗 …… 181
第四节 墓葬材料反映了扬州地区的家产继承和
分配习俗 …… 184
第五节 墓葬材料反映出汉代扬州地区的家居
风俗和饮食习惯 …… 186
第六节 墓葬材料反映出的扬州豪族家居生活场景 …… 189
第七节 其他风俗 …… 190

第五章 汉代扬州考古成就的地位和价值 …… 193
第一节 扬州汉墓为史学研究提供了年代标尺 …… 193
第二节 独具特色的地方文化遗存 …… 195
第三节 部分出土物具有无可替代的历史研究价值 …… 197

后 记 …… 201

引　言

　　本书拟对扬州地区出土的汉代墓葬和相关遗址资料进行全面梳理，试结合文献资料，对汉代扬州地区的经济、文化发展概况展开初步探索。

　　对历史上特定的区域文明展开研究，是现今史学界通行的方法。历史研究中，为深入了解历史发展的细部，通常离不开对区域文明展开的探索。区域文明研究也是历史考古学常用的方法。2009年12月在济南曾召开"山东地区汉代墓葬研讨会"，中国社会科学院考古研究所副所长、研究员白云翔先生，在会上作了《历史考古学视野下的汉代墓葬发掘与研究》的学术报告。白先生指出，历史考古学的三项主要任务是：物质文化的研究，精神文化的研究，社会生活的趋向化研究。① 这不仅是对以往历史考古学研究的总结，也是对今后历史考古学研究的方向性要求。新中国成立以来，随着考古发掘资料的日渐增多，区域文明的研究方兴未艾，并已取得了较丰硕的成果。中原的河洛地区，长江下游的江浙地区，黄河下游的齐鲁地区都曾是研究者注目的文明区域，如《从考古

---

① 李繁玲：《〈鲁中南汉墓〉与山东地区汉代墓葬研讨会》，《南方文物》2010年第2期。

资料看两汉时代的江苏经济》①、《汉代江南漆器制造业初探》②、《汉代江南铸铜业的发展》③、《楚对江淮地区的开发》④、《汉代山东制陶业的发展》⑤、《汉代皖北地区农业和手工业发展状况研究》⑥、《试论西汉齐鲁地区纺织业的发展特征》⑦ 等文都已对一些区域文明展开过探索。但由于考古资料的分散性，或是因年代久远文献材料相对较少的缘故，到目前为止，学者们在探索如汉代等中国封建社会早期的区域文化时，为研究的方便，常常就一些较大的区域做笼而统之的概述，前所涉江苏、江南、江淮、山东、皖北、齐鲁等皆为较大的区域，这些研究固然可以从总体上揭示这些区域的文明进展面貌，然而人们对这些大区域的内部文明发展的细节不甚了了，如扬州地区地处长江中下游的苏中地区，该地区出土的考古资料已被大量运用于对江苏、江南、江淮等大区域展开的研究，人们虽可以从前人的研究成果中感知对江苏、江南、江淮等地在一定时期内的总体发展印象，但至今却无法形成对扬州地区的集中认知，或者说始终无法更具体地了解汉代扬州地区这一相对狭小的区域文明发展的总的状况，这因此成为当今扬州学人引以为憾的事。

事实上，对汉代扬州的区域文明进行集中探讨的条件已初步具备。

第一，扬州地区自新中国成立以来已经发掘过大量汉墓，扬州是汉代墓葬出土较多的地区之一。就笔者所见，如扬州地区的各类小型汉墓可以忽略不计，仅扬州地区出土的内容较丰富的中高级汉

---

① 苏文：《从考古资料看两汉时代的江苏经济》，《东南文化》1989年第3期。
② 周俐：《汉代江南漆器制造业初探》，《南方文物》1996年第3期。
③ 周俐：《汉代江南铸铜业的发展》，《南方文物》1997年第2期。
④ 郝梅梅：《楚对江淮地区的开发》，安徽师范大学2007年硕士论文。
⑤ 逄振镐：《汉代山东制陶业的发展》，《齐鲁学刊》1987年第5期。
⑥ 陈辉：《汉代皖北地区农业和手工业发展状况研究》，《信阳农业高等专科学校学报》2009年第2期。
⑦ 张鹤泉：《试论西汉齐鲁地区纺织业的发展特征》，《东北师大学报》（哲学社会科学版）1989年第1期。

代墓葬就已有30多处，这些墓葬分别出土于扬州市区和江都、仪征、高邮等地，有些地点还多墓同出。不仅如此，邻近的安徽天长、江苏盱眙东阳、盐城等地也出土了一些内容丰富的汉墓，这些墓葬的材料揭示出的文化面貌亦可资参证。众多高规格汉墓的出土，为我们较全面地揭示汉代扬州的文明发展状况提供了较丰富的资料。

第二，扬州地区的汉代墓葬已经有了较为完整的时代序列，从西汉早期至西汉中晚期至新莽时期以及东汉时代的墓葬，扬州地区都有出土。在这些不同时期的墓葬中，出土了大量陶器、铜器、铁器、漆器等与汉代手工业相关的资料，墓葬自身及器物资料也显示出扬州地区汉代的社会风俗等方面的情况。

第三，学者在前期对汉代扬州文明发展的某些具体方面已有较深入而丰富的研究成果。如扬州汉代漆器方面有张燕等学者的研究；玉器方面有周长源、王冰等人的研究；铜器方面有王勤金等人的研究。在发掘报告的整理和先期研究中，扬州考古界也出现了一大批功力深厚的考古专家，写出过一篇篇高质量的考古发掘报告，他们的先期研究成果为进一步对扬州地区的墓葬材料进行梳理和整合，大致勾画出汉代扬州地区文明发展的状况打下了良好的基础。

这里还要向读者说明的是，虽然对汉代扬州的区域文明进行集中探讨的条件已初步具备，但要全面考察扬州文明发展的各方面的情况目前仍受到了资料的限制。笔者在对扬州地区出土的墓葬材料进行考察时发现，扬州地区虽然出土过诸多墓葬，有些墓葬甚至在全国范围出土的汉代墓葬中都具有较重要的地位，可是关于研究扬州地区文明发展的资料多寡不均。手工业生产方面的资料比较多，尤以陶瓷制造、冶铜、漆器制造方面的资料居多，在这方面前人也已进行过较充分的研究，但有关农业生产方面的资料就很少，关于扬州汉代的军事和文化教育方面的实物资料几乎就无从寻找。受资料所限，笔者在研究扬州地区汉代考古的过程不得不结合扬州汉代考古资料的现状，将更多地对汉代扬州的手工业和社会风俗展开较为深入的探索,对汉代扬州文明发展的其他方面则付之粗疏,期待将来有更多的资料被发现。

本书的研究思路是:第一,弄清楚扬州地区的汉代墓葬的基本情况,使人们对扬州地区汉代出土的墓葬或遗址资料有全面了解;第二,简介扬州地区汉代的生态环境,使人们对扬州地区汉代文明形成的区域环境有所了解;第三,对扬州汉代的手工业进行梳理,力求全面准确地反映汉代扬州地区手工业发展的全貌;第四,结合手工业资料,对汉代扬州地区的科技进步和科技成就做梳理;第五,对汉代扬州地区的风俗民情做较细致的分析。最后,实事求是地总结扬州地区汉代考古方面的成就在全国汉代考古中的地位。不言而喻,作为对汉代扬州地区的区域文明展开较为全面探索的首次粗浅的尝试,本书写作的目的旨在为人们对汉代扬州的区域文明提供比较全面的印象,以冀抛砖之效。

因本书的写作目的就是为人们尽可能全面地提供有关汉代扬州地区文明发展的信息,因此,从历史研究的角度看,任何公开出版的考古发掘的《简报》作为发掘时的客观报道,自身就是可直接引用的第一手资料。所以本书在写作方法上,对于扬州地区所有的考古发掘资料一般不作割裂使用,如在手工业方面,尽可能使用发掘《简报》中原有的文字描述,只在必要时才在文句上做必要的变通。这样做的目的是一方面使文句忠实于原有的客观事实,另一方面又可在一定程度上改变刻板的专业用语习惯,使文句更易于阅读。在注释方面,文中出现的考古遗址,为避免重复注释的繁琐,只在首次出现时有完整注释,后不作注释或在使用《简报》原文较多时再作注释。文中除有注释的图片外,其余图片部分来源于发掘《简报》公布的图片,大部分来源于邗江区文管部门对外集中公布的图片资料。[①]

[①] 较多的图片出自张元华主编《邗江出土文物精粹》,广陵书社,2005。

第一章 扬州汉代考古资料的发现与分布

第一节 先秦至汉扬州文明的足迹

扬州作为一个地理名称，原先指一个大的空间概念，即《尚书·禹贡》篇中所谓"淮海惟扬州"，但我们的研究范围指今天的扬州地区，包括今天的扬州市区及其周边区域，不局限于扬州的行政辖区，因为从文化上说，历史上文化的发展常常呈一定的区域分布。因此，以今天的扬州城为中心，向南以江北为界，向西至安徽天长，向东到高邮一带，向北至淮安一带在汉代都曾作为一个区域而发展着相同或相近的文化，所以研究扬州地区的文化，应当照顾到汉代当时的文化地理区位。

历史上，扬州地区很早就有人类生活，而且，从文化区域上看，这一地区很早就与长江下游地区同属一个文化区域。扬州地区最早的人类遗迹应当是在江苏泗洪境内发现的下草湾人，南京发现的汤山猿人，稍晚些，则有高邮龙虬庄发现的新石器时代遗址和海安的青墩遗址等。在扬州城区附近亦曾发现一处较早的人类活动遗址，即凤凰河遗址，凤凰河位于扬州城区东北约6公里的地方一条长约5公里的南北向河道，位于今湾头镇界内，从1955年开始，因治淮工程全局的需要，扬州市相关单位对此河道连续进行了三期河道拓宽改造工程，施工过程中，不但发现了早期的人类居住遗迹，而且还发现了上自战国西汉，下至明清时期的大量墓葬，以汉、隋、宋、明时期的墓葬居多，1956年该处发现的一处较早的人类生活遗址经治淮小组专家认定为西周中期的遗址，距当时已有2300~3000年的历史[1]。对于历史上江淮地区生活的古代种族，有学者曾进行过考证，认为江淮之间包括扬州在内的古代种族是不同于中原地区的淮夷，是由生活在东部沿海地区的东夷民族南迁后形成的。历史上生活在长江下游地区的古代民族应当被称为"夷越"人，而扬州与江南一带的越人间有着不可割断的联系[2]。笔者认同这一观点，并且还可举出新的佐证，如江淮地区新石器时代存在的"干栏式建筑"与长江以南的河姆渡文化木建筑风格非常相似，海安青墩遗址与河姆渡文化的发展地域虽有长江相隔，却在同一时期发展着相似的文化。当代学者在对海安青墩遗址进一步分析时曾发现，海安青墩遗址的三期遗存与良渚文化有着惊人的相似之处，进而认为"看来，江淮东部地区在这个时期已是良渚文化的分布区了。这也就不难理解苏北花厅大汶口文化墓地出土了数量较多的良渚文化遗物的原因了。"[3] 但能证明这一结论的资料并不多，非常凑巧，就在本文快要结稿时，考古界传来喜讯，在江苏中部的距长江北部200多公里的兴化张郭镇蒋庄，发现了大规模的良渚文化遗址，面积达2万平方米，南京博物院先期挖掘了面积有3000平方米左右，共发现了两百多座古墓葬，联排房址和大量陶器、石器，以及玉琮、玉璧、炭化种子（见图1-1、图1-2），这次发掘说明长江两岸的确是良渚文化的分区，也有力地印证了学者依据海安青墩文化遗址作出的推断，期待着早日见到完整的发掘简报（见图1-3）。

---

[1] 苏北治淮文物工作组：《江苏扬州附近凤凰河遗址发掘简报》，《考古通讯》。
[2] 张兴龙：《古扬州地区人口与种族简述》，《江苏地方志》2010年第1期。
[3] 燕生东：《海安青墩遗存再分析》，《东南文化》2004年第4期。

第一章　扬州汉代考古资料的发现与分布　7

图 1-1　蒋庄遗址带有野猪图案的良渚文化陶器

图 1-2　蒋庄遗址出土的良渚文化船形木棺

图 1-3　良渚文化分布图和蒋庄的地理位置①

---

① 蒋庄遗址资料和图片来源：《江苏兴化发现良渚文化墓葬群》，《现代快报》2012年6月29日。

蒋庄良渚文化遗址的发现，揭示了扬州地区的史前文明曾属于辉煌的良渚文明覆盖的地区，但扬州地区随后的文明发展却如良渚文明在中国历史上神秘地消失一样，出现很长时段的空白，浙江境内的良渚文化发现的城址，号称是同时代中国最大的城址，城内已知面积 30 多万平方米①。但考古学界尚未发现同时期或是稍后阶段扬州地区的城址或其他遗址，因而扬州地区的城市发展目前缺乏这一时段。扬州历史上最早的筑城记载是《左传》的记述："（鲁）哀公九年秋（即周敬王三十四年、吴王夫差十年、公元前 486 年），吴城邗，沟通江淮。"晋人杜预《春秋左传集解》云："（吴）于邗江筑城穿沟，东北通射阳湖（注：中经武广、陆阳、樊梁、博文诸湖），西北至末口（原淮安县以北之北神堰处，早圮）入淮，通粮道也，今广陵邗江是。"又据北魏郦道元《水经注》云："昔吴将伐齐，北霸中国，自广陵城东南筑邗城，城下掘深沟，谓之韩江，亦曰邗溟沟，自江东北通射阳湖，西北至末口入淮。"近年来，有学者曾致力于探索古代干国（即邗国）的地理位置，但由于资料缺乏的原因，出现多种说法，一说在苏州等典型的吴越之地；一说在今江苏淮安；一说在扬州西北的蜀岗之上。从史料记载看，古干国的位置在扬州西北蜀岗上的可能性极大，今人曲英杰曾对扬州古城的演变做过翔实的考论，得出结论说，今江苏扬州之地古属干国之域，后归于吴。春秋晚期吴筑邗城于蜀冈之东南部，因其名而未因其址。至战国晚期，此邗城之西又有楚筑广陵城。汉初吴王刘濞合二者为一城，成"周十四里半"之制，而沿称广陵②。也许扬州古城的历史研究随着时间的推移还会有新的考古资料出现，因此下定论还为时过早，但不论出现哪种说法，扬州

---

① 刘斌：《良渚遗址发现 5000 年古城》，《中国文物报》2007 年 12 月 5 日第 1 版；顾学松：《良渚古城：中华五千年文明的实证》，《光明日报》2007 年 12 月 3 日第 5 版。
② 曲英杰：《扬州古城考》，《中国史研究》2003 年第 2 期。

城历史能说清楚的就应当从吴王夫差开始。

春秋战国年间,扬州地区曾先后归属吴楚。夫差之后,《史记·六国年表》载,楚怀王十年"城广陵",王先谦说"春秋吴地,战国时属楚",不仅文献记载广陵属楚,出土资料亦能得到证明,今人何琳仪曾详细考证了一版楚国金币,金版铭文涉及的地名有:郢(安徽寿县)、琐(安徽霍丘)、陈(河南淮阳)、郦(河南内乡、河南上蔡)、陵(河南汝水流域)、广陵(江苏扬州)、盐(江苏盐城)①。事实上在扬州地区出土的器物中,亦有作为明器随葬的泥质楚币,与楚国曾经流通过的金币"郢爰"在制式上完全一致②。早在1973年,考古界的老前辈安志敏先生就据各地出土的楚国的"郢爰"得出过结论,此钱币一般皆出现于楚地,据当年安先生的统计表可知,其时的安徽和江苏出土郢爰较多。③ 从楚国金版可见,江苏苏中、苏北的上述地区战国时代都属楚地。

扬州战国时属楚,还得到墓葬材料的证明:1993年10月,扬州西湖镇果园砖瓦厂发现两座战国墓的残余部分(编号为M1、M2),扬州博物馆进行了抢救性清理,并追缴回部分这两座墓葬中被盗的随葬器物。两墓均为长方形土坑竖穴木椁墓,结构完全相同,皆是一棺两椁,外置曲尺形外藏椁,为典型的楚墓风格。该墓M1棺盖内置天花板,棺身髹褐色漆。残存的随葬器物有漆盘、铜镜、带钩各1件,在从盗墓者处收缴和墓坑外盗土内采集的随葬品中,有22件器物可确定为M1所出,其余不详。据盗墓者所讲,漆器集中分布在外藏椁东段,陶器放置于外藏椁北段。共清理和追缴回文物60件,分陶器、漆器、铜器三类。陶器共48件,均泥质灰陶,器表多有一层黑皮,部分表面施白色粉彩。器类有鼎、豆、

---

① 何琳仪:《广陵金币考》,《中国钱币》2005年第2期。
② 扬州邗江西汉刘毋智墓出土陶郢爰25枚,其形制与楚国流行的金版郢相仿,作冥币用。
③ 安志敏:《金版与金饼——楚、汉金币及其有关问题》,《考古学报》1973年第2期。

壶、钫、盒、勺、盘、沐盆和匜等。漆器共 10 件。器类有盒、盘、耳杯等。铜器共 2 件。器类有镜、带钩。根据葬式和器物自身的特征分析，简报作者认为这两座墓属战国晚期的小吏的墓。结合扬州地区其他地方出土的涉楚文物，作者认为楚人势力约在战国中期之后进入扬州地区。①

秦代，扬州属广陵郡。《史记·项羽本纪》载，广陵人召平参加陈胜起义军后，曾率军攻广陵，因久攻未下，陈胜牺牲之际，假传陈胜之命，封项梁为上柱国，扭转了危势。项梁等欲与其时已攻下东阳的陈婴相约共同西进。陈婴是秦东阳令史，东阳的起义军杀掉县令后推陈婴为领袖。其时的东阳为广陵郡属地，《史记索隐》："东阳，县名，属广陵也。"《史记正义》："《括地志》：'东阳故城在楚州盱眙县东七十里，秦东阳县城也，在淮水南'"。汉王朝建立后，鉴于刚经过战火的洗礼，天下城邑残破，出于维护社会秩序的需要，高祖六年冬十月，"令天下县邑城"。② 广陵城应该在这一时期得到再次修建。

汉代，扬州地区先后建有荆国、吴国、江都国、广陵国、广陵郡等。汉初，广陵初为刘贾的封地，但不久就成为吴王刘濞的封国，吴王刘濞在此经营达四十二年，刘濞以后，有江都国，"广陵国，高帝六年属荆州，十一年更属吴，景帝四年更名江都"③，《史记·孝景本纪》"三年……汝南王为江都王"。《史记正义》："江都国今扬州也，吴王濞所都，反，诛，景帝改为江都国，封皇子非也。"《史记·五宗世家》："江都易王非，以孝景前二年用皇子为汝南王。吴楚反时，非年十五，有材力，上书愿击吴。景帝赐非将军印，击吴。吴已破，二岁，徙为江都王，治吴故国，以军功赐天

---

① 扬州博物馆束家平：《江苏扬州市西湖镇果园战国墓的清理》，《考古》2002 年第 11 期。
② 《汉书·高帝纪下》，中华书局，1962，第 59 页。
③ 《汉书·地理志》，第 1638 页。

子旌旗。元光五年，匈奴大人汉为贼，非上书愿击匈奴，上不许。非好气力，治宫观，招四方豪桀，骄奢甚"。索隐按："《谥法》'好更故旧曰易'也。"江都易王非立二十六年后，其子刘建继立为江都王，七年后自杀，其地入广陵郡，"立二十六年卒，子建立为王。七年自杀。淮南、衡山谋反时，建颇闻其谋。自以为国近淮南，恐一日发，为所并，即阴作兵器，而时佩其父所赐将军印，载天子旗以出。易王死未葬，建有所说易王宠美人淖姬，夜使人迎与奸服舍中。及淮南事发，治党与颇及江都王建。建恐，因使人多持金钱，事绝其狱。而又信巫祝，使人祷祠妄言。建又尽与其姊弟奸。事既闻，汉公卿请捕治建。天子不忍，使大臣即讯王。王服所犯，遂自杀。国除，地入于汉，为广陵郡。"①汉武帝元狩六年，封三子为王，其中刘胥受封为广陵王，广陵厉王刘胥在此经营六十四年，"立六十四年而诛，国除。"广陵国被废后，再次成为广陵郡，直至平帝时，才再次建立侯国，王莽篡位后废除，改称江平郡，"绝百二十一年，平帝时新都侯王莽秉政，兴灭继绝，立建弟盱眙侯子宫为广陵王，奉易王后。莽篡，国绝。""广陵国，高帝六年属荆州，十一年更属吴，景帝四年更名江都，武帝元狩三年更名广陵。莽曰江平。属徐州。户三万六千七百七十三，口十四万七千二百二十二。有铁官。县四：广陵，江都易王非、广陵厉王胥皆都此，并得鄣郡，而不得吴。莽曰安定。江都，有江水祠。渠水首受江，北至射阳入湖。高邮，平安。莽曰杜乡。"②

东汉时期，今扬州属于徐州刺史部（辖今山东东南至江北沿岸）。徐州刺史部其时下辖五郡："东海、琅琊、彭城、广陵、下邳"。③东汉初，光武帝曾提高广陵郡的地位，建武二年（26年）立光武族父歙为泗水王，建武十年泗水王歙薨，封小子刘燀为堂溪侯，

---

① 《史记·五宗世家》，中华书局，1982，第2096页。
② 《汉书·地理志》，第1638页。
③ 《后汉书·郡国志》，中华书局，1965，第3461页。

奉歔后，建武十二年省泗水国，以其县属广陵郡。汉明帝时，广陵为刘荆的封地，"八月戊子，徙山阳王荆为广陵王，遣就国"。① 后为刘荆子元寿的封地，汉明帝十年"春二月，广陵王荆有罪，自杀，国除"，② 刘荆自杀后的第五年，"夏五月，封故广陵王荆子元寿为广陵侯。"③，刘元寿之后，子刘商嗣，刘商卒，子刘条嗣，传国于后。此后，广陵的地位一再下降，据《郡国志》载顺帝永和五年（140年）广陵为县④。但至汉献帝时，广陵仍保有一郡的地位，史载："建安十八年三月庚寅，省州并郡，复禹贡之九州岛……徐州部郡得下邳、广陵、彭城、东海、琅琊、利城、城阳、东莞，凡八郡。"⑤ 今人曹金华曾详细考证了东汉时期广陵郡下辖的属县，认为东汉广陵郡最多时，曾领县十二，分别为广陵、江都、高邮、平安、凌、东阳、射阳、盐渎、舆、堂邑、海西、海陵。《续汉书·郡国志》中的广陵领县"十一"应为领县"十二"之误。⑥ 因此，广陵郡在东汉的发展过程中一直保持相当大的范围。

正因为汉代历史上，扬州无论是广陵国，还是江都国、广陵郡，都是汉代在东南方向的一个具有重要政治地位的地区，因此扬州城必定也有一定的规模，西汉初年，由于刚经过反秦战争的破坏，城池残破，曾"令天下县邑城"。在全国掀起过城建高潮，扬州城亦应在这时期得到了重建。到东汉时，"长吏新到，辄发民缮修城郭"⑦，东汉王符曰："天下百郡千县，市邑万数"⑧ 就反映了

---

① 《后汉书·明帝纪》，第99页。
② 《后汉书·明帝纪》，第113页。
③ 《后汉书·明帝纪》，第118页。
④ 何丽华：《东汉封君、封地考察》，安徽师范大学2003年硕士论文。
⑤ 《后汉书·百官志》"州郡"条注引《献帝起居注》，第3618页。
⑥ 曹金华：《东汉广陵郡领县确数考》，《扬州大学学报》（人文社会科学版）2005年第3期。
⑦ 《后汉书·陆康传》，第1113页。
⑧ （清）汪继培：《潜夫论笺校正》，《潜夫论·浮侈》，中华书局，《新编诸子集成》（第1辑），1985，第120页。

汉代城邑众多的情形，而郡治作为镇守一方的侯王之都应当具有较大的规模。汉代最大的城市是都城长安，东城墙长 6000 米、南城墙长 7600 米、西城墙长 4900 米、北城墙长 7200 米，占地面积约 36 平方公里①，诸侯王国的规模虽不能超出都城的规模，但其规模也因当地郡国的政治地位和经济实力而定。《汉书·梁孝王传》载："孝王筑东苑，方三百里。广睢阳城七十里，大治宫室。为复道，自宫连属于平台三十余里"。吴王濞的广陵城规模也比较大。据《续汉书·郡国志》载："广陵，吴王濞所都，城周十四里。"这与实际情况是一致的，自 1956 年开始对邗城遗址的多次考古调查已经发现，吴邗城东起象鼻桥，西止观音山，南至梁家楼子，北迄尹家桥头。考古工作者从地表痕迹观察，认为邗城分为内城和外城，内城四边长度分别为 1100 米、1100 米、1400 米、1400 米，周长约 5 公里；外城四边长度分别为 1400 米、1400 米、1600 米、1600 米，周长约 6 公里②。楚灭吴后，在吴邗城的基础上再筑了广陵城。其后，吴王刘濞曾以此为都，对广陵城进行了修筑，1978 年，南京博物院和扬州博物馆曾进行了又一次联合调查，调查结论是，广陵城城周"十四里半"的历史记载与城址的实际情况相吻合，调查发现，吴邗城、楚广陵城和汉广陵城三城都在同一城址，范围相当，在城内发掘中出土大量汉代建筑材料，有瓦当、板瓦和筒瓦③，还有上有各种纹饰的大方砖，即汉代的金砖，常用于装饰规模较大的宫殿和官署的铺地砖，说明汉初对广陵城的修筑也是可信的。近年来，随着技术的进步，人们有可能在不破坏地表设施的前提下，对古城进行地下探测。上世纪末，安徽师大的两名研究生曾利用遥感考古学的方法对扬州古城遗址进行过科学探测，探测的结

---

① 刘庆柱：《汉长安城的考古发现及相关问题研究——纪念汉长安城考古工作四十年》，《考古》1996 年第 10 期。
② 陈达祚、朱江：《邗城遗址与邗沟流经区域文化遗存的发现》，《文物》1973 年第 12 期。
③ 南京博物院：《扬州古城 1978 年调查发掘简报》，《文物》1979 年第 9 期。

果与 1978 年的调查一致，发现"隋代以前的扬州城，皆依邗城遗址所建，未更原址，其范围包括上述蜀岗上的东西二城"（见图 1-4）。

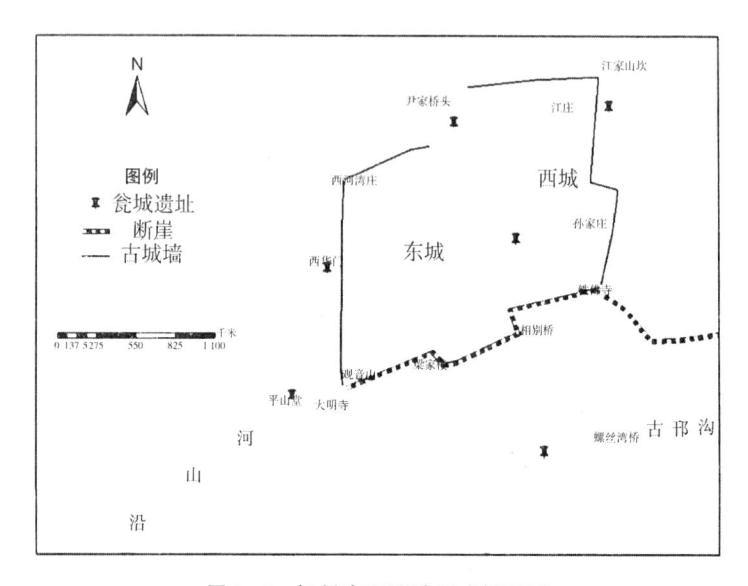

图 1-4 扬州春秋邗城遥感解译图

这一结论是借助于现代科学技术而得出的，应该是近真的结论。此次调查还发现，前人所述蜀岗本是滨江临海的海岸线，春秋末年，吴国所筑邗沟自城东南长江口起，东经螺丝湾桥、黄巾坝至湾头北上，达淮安末口注入淮河，当时的江岸在瓜埠、青浦、湾头、宜陵、溱潼一线，江口在扬州、镇江附近的结论是正确的。根据遥感图像分析，今沿山河即为春秋时期的长江河道遗留下来的痕迹。只是到了两汉至隋朝时期，由于天长日久的沙坝的淤积长江北岸南迁到蜀岗以南约五华里的沙河一线，蜀岗下始有零星的平原出现，至东汉时期，施桥一带形成一块面积较大的江心沙洲，洲上有居民居住[①]。

[①] 阮铮铮、王心源、韩传光等：《历史时期扬州城址变迁的遥感考古研究》，《安徽师范大学学报》（自然科学版）2010 年第 2 期。

近年来，虽然在扬州城北沈家山有新的考古发现，出土了一些被称为是战国时代的陶瓦片等，有学者进而认为沈家山工地可能就是当年的邗城遗址，但这一结论还不足以形成定论，因为判断一个地方是不是古代城址，是由许多方面的依据支撑的，现有的证据从总体上不足以得出沈家山就是古邗城遗址的结论[1]，有待于更多的考古发掘材料。但不管沈家山是否是邗城故址，沈家山同样处于扬州北面的蜀岗之上，正由于两汉时期的广陵城从未在蜀岗以外更址兴建，加上广陵城所在的蜀岗之下是一片水域，专家发现，先秦时期，往往城址内墓葬较多，一方面是因为葬在城内便于保护和祭祀；另一方面是因为城内尚有墓地的容纳空间。但这一情况在汉代彻底改变，"在迄今为止勘察过的汉代城址内，均未发现任何形式的墓葬。汉代墓葬区多位于距城不远的城外郊区。"[2] 因此在故广陵城址的西部和北部分布着众多的汉墓，似乎可以得到解释。

综上所述，扬州地区不仅自新石器时代起就发展着良渚文化的文明，而且自春秋至汉，这里一直成为吴、楚、秦、汉等多个政权的行政管辖区域的中心，尤其在两汉时期，由于长期作为侯王封地，这一地区经过系统、连续的发展，区域文明终于以其瑰丽的色彩通过地下出土的众多的汉墓构成了一幅幅令人赞叹的图景。

第二节 扬州地区发现的重要汉墓与遗址

历史上扬州汉墓的发现其实最远可追溯至三国时期，其时去汉未远，时人盗掘之风便已兴起。《史记·货殖列传》记载，"又况掘冢搏掩，犯奸成富。"三国时代吴王曾为筹集筑城材料，下令军士在广陵挖掘汉墓，扬州地区的汉墓因此惨遭历史上的第一次浩

---

[1] 关于沈家山汉墓的考古工作，尚未有系统的发掘《简报》发表，目前只是在部分媒体上有部分报道。专家的说法经记者改编润饰后，有些报道的内容不足采信。

[2] 周长山：《汉代的城郭》，《考古与文物》2003 年第 2 期。

劫。《三国志·吴书》注引晋葛洪《抱朴子》载,"吴景帝时,戍将于广陵掘诸冢,取版以治城,所坏甚多。复发一大冢,内有重阁,户扇皆枢转可开闭,四周为徼道通车,其高可以乘马。又铸铜为人数十枚,长五尺,皆大冠朱衣,执剑列侍灵座,皆刻铜人背后石壁,言殿中将军,或言侍郎、常侍。似公主之冢。破其棺,棺中有人,发已斑白,衣冠鲜明,面体如生人。棺中云母厚尺许,以白玉璧三十枚藉尸。兵人辈共举出死人,以倚冢壁。有一玉长一尺许,形似冬瓜,从死人怀中透出堕地。两耳及鼻孔中,皆有黄金如枣许大,此则骸骨有假物而不朽之效也。"①

从葛洪的记述来看,该墓显然是一座汉代墓葬:"大冢"指高大的坟丘,"重阁"指有多重棺椁结构,"户扇皆枢转可开闭"指通向椁室的棺室有木门结构,"徼道"即有宽大的墓道,墓中有朱衣大冠的铜人"执剑列侍灵座",实际上就是铜俑,不仅墓葬型制似汉代的一大型木椁墓,且该墓"以白玉璧三十枚藉尸",可见自春秋战国以来发展起来的以玉敛尸的葬俗已相当成熟,"侍郎"、"常侍"都是汉官名,如"侍郎"不但于中央设置,诸侯王国亦设,荀悦《汉纪》述梁孝王事,有"梁王侍郎、谒者着金貂,出入天子殿门,与汉官无异"之语,②"似公主之冢"指此墓为身份极高的女性冢,此说亦符合历史事实。汉时的诸侯王女儿被称为"翁主"或称为"王主",一般受封为乡、亭侯,领有六百户至千户的食邑,且其下还设有属员,分别为傅、仆、家丞,傅、仆的俸禄为六百石,家丞的俸禄为六百石③,再加上翁主或王主自身就有俸禄和诸侯王的赏赐,故在去世后实行高规格的厚葬是不成问题的,且吴时去汉未远,吴王令将士到广陵掘墓亦因广陵地区汉墓众

---

① 《三国志·吴书·三嗣主传》注引葛洪《抱朴子》,中华书局,1982,第1162页。
② 张烈点校《两汉纪》(上),中华书局,2002,第141页。
③ 钟一鸣:《两汉翁主考》,《益阳师专学报》(哲社版)1988年第4期。

面。另外，还出土一些灰陶罐。

作者依据墓葬出土物的风格特征推断该墓应属于西汉晚期至新莽时期墓葬。作者认为，汉墓中出土的漆器较完美，铜镜也多，这在扬州地区还是少见的，尤其是棺下装置轮盘，便于棺木推动，这在全国也是少见的。①

9. 邗江胡场汉墓

此处共清理了四座汉墓，M1为一棺一椁长方形竖穴墓，椁室的构建材料为楠木，用高低榫连接，有侧厢和头厢。棺身系整段楠木刳凿而成，做工考究，棺盖下有一层天花板。棺内有人骨架一具，经上海自然博物馆人类组鉴定，系女性，年龄在45～50岁之间。

M1出土器物有126件，部分残缺，多数保存较好：骨笄一个。5铢钱66枚。木板彩画"人物图"和"墓主人生活图"各一幅。木俑计30件，其中有侍俑、舞俑、乐俑、说唱俑。漆器有奁、勺、碗、案、几、耳杯、魁、笥、盒，漆笥出土时内分别放有梅、枣与陶五铢等物。乐器共3件均为明器，其中有二十五弦瑟1件，五弦乐器1件，三弦乐器1件。铜器有小铜釜、铜钵、铜洗和五铢钱。陶器有瓿、壶、罐、盒。其他木器类有猪圈明器1件，木雕猪1件，木楼梯1件。植物类有稻谷、高粱、小米，还出土梅、枣、荷叶等。陶明器类有马蹄金和五铢（均陶制）若干。

M2为三人合葬的长方形竖穴土坑木椁墓，南北向。规模较大，分外椁、棺室、头厢和侧厢四部分。棺室内并排放着三个长方形黑漆棺，其中东侧一棺底朝上。三个头骨经鉴定为一男二女，应为夫妇合葬。该墓由于早年被盗，随葬品所剩甚少。

出土器物有：漆箱、漆笥、夹纻胎漆耳杯，兽带纹日月之光镜一面，五铢钱393枚，共中磨轮五铢108枚。器形稍残的有夹纻胎

---

① 印志华：《扬州邗江县郭庄汉墓》，《文物》1980年第3期。

漆盘5件，铁剑、铜削和骨尺各1件。另外，尚有若干残漆片，其中有镶贴金箔的圆形小奁残片。

M3为土坑木椁墓，外椁已朽，仅存残迹。内棺保存完好，棺身系用整段楠木刳凿而成，外髹黑漆，内髹红漆。随葬品放在棺内和头厢内，有清白镜1面，日光镜2面，五铢钱27枚、釉陶器3件，以及制作精细的夹纻胎七子奁1件，内放有梳、刷等化妆用品。

M4为土坑单棺墓，随葬品仅有1件小型的陶壶。

墓葬年代和价值：作者依据器物自身的提示和葬埋风格，推断该组墓葬为西汉中晚期墓葬。出土器物有很大特色，首次出土木板彩画，为研究西汉时期封建贵族家庭生活风貌，提供了形象而具体的资料。说唱木俑的发现，对于研究汉代雕塑艺术的发展，也是有价值的实例。大量漆器的出土为探讨漆器产地的分布提供了新的线索。①

10. 邗江胡场五号汉墓

该墓为方形竖穴异椁夫妇合葬墓。墓坑内二椁东西并列，间距约10厘米，南北向放置，西椁内木棺一具，棺具系一整段楠木刳成，人骨架经上海自然博物馆人类组鉴定，死者系女性，年龄在20岁左右。

东椁规模较大，制作也较讲究，椁盖板用高低榫拼合，椁底板由四块楠木采用高低榫拼合，南北向放置，椁内设有一道隔墙，将椁室分为棺室和侧厢两个部分，东为棺室，西为侧厢。隔墙西壁减地浮雕门楣、日月和双弦穿壁纹。棺室有髹漆外黑里红楠木棺一具，结构同女棺，未用耙钉加固。棺内有人骨架一副，经上海自然博物馆人类组鉴定，为男性，年龄约30岁。

出土器物：M5规模不大，出土器物颇为丰富，达200余件，

---

① 扬州博物馆、邗江县文化馆王勤金、印志华、徐良玉、古健执笔《扬州邗江县胡场汉墓》，《文物》1980年第3期。

大多保存较好。因此墓曾引起轰动，故详录其出土物：

漆器：案1件。奁4件（三足奁2件、七子奁1件，奁内仅见马蹄形奁1件，圆奁二件，长方形奁3件，马蹄形奁内有木梳篦3件，小圆奁中有铜头小刷1件，七子奁奁底还放星云镜1面，竹胎圆奁1件，奁内有铜镜1面，化妆用铜头刷与四齿刷各1件，马蹄形奁1件，已残，内放梳篦3件，印章一方），双层漆笥1件（上层放小漆盒5件）。盘6件，勺1件。

铜铁器：小铜釜1件，铜洗1件，铜钵1件，铁削2件，铜削1件，铁剑1把，剑鞘1件。铜印3件。铜镜2件。5铢钱53枚。小铜灯1件。

竹木器：铜矛头带铜镦长矛1件，弓2件，16六粒铅弹丸，箭箙2件。箭缴17件（器上绕有丝线团），铜鸣镝1件，弓箭架1件，二十五弦瑟明器1件，不知名器二件，此外尚有双管器，墨绘小木板，彩绘小板及竹箕等，均已残，木俑13件。

陶器：陶壶2件，陶瓿2件，陶盒2件，陶鼎2件，陶罐1件，陶井1件，陶灶1件，陶甑1件。

此外，在男棺头部还出骨簪3件，侧厢中部有少量的泥质钱范和马蹄金，家禽遗骸，梅、枣、黍、稻谷等植物种子以及编织品残片。

出土器物中最为珍贵的是木牍13件：日记牍1件，文告牍2件，丧祭物品牍1件，木签六件，木觚7件。

墓葬年代及价值：

作者依据墓葬自身的提示和葬埋风格，根据木牍文字推断该墓墓主亡卒日期为宣帝本始三年十二月十六日，下葬日期应在本始四年夏。此外，木牍所记内容为不可多得的研究汉代历史的珍贵资料。①

---

① 扬州博物馆、邗江县图书馆王勤金、吴炜、房宁、张容生执笔《江苏邗江胡场五号汉墓》，《文物》1981年第11期。

11. 高邮天山汉墓

此墓为大型石坑竖穴木椁"黄肠题凑"式墓，规模巨大。包括"题凑"为三椁两棺。由"题凑"、东西两侧各附回廊式外藏椁；外椁之内作为"正藏"的中椁、内椁，内椁之内的"便房"、"梓宫"等组成。墓结构大体上反映了西汉中期地下建筑的大、小木作制度，此墓第一次提供了广陵国刘胥豪族的职官、食货和生活器用方面的实物例证。为研究汉代诸侯王的葬俗和汉代的经济文化提供了有价值的资料。①

12. 扬州地区农科所汉墓群

该地区共发现了9座墓葬，其中5座为木椁墓（M1～M5），4座为土坑墓（M6～M9），墓的方位主要为东南向和西南向，只有M3为东西向。各墓之间无一定的排列规律。

出土器物主要有陶器、金属器、漆器、玉器等。由于该墓群早先毁坏严重，故出土器物较少，但仍可为我们研究西汉早期的墓葬提供大量资料。

墓葬年代及价值：作者根据墓葬风格推断此墓葬群的年代应在西汉文帝、景帝时期。墓葬自身为研究从使用铜器过渡到使用漆器阶段提供了有价值的标本。②

13. 仪征胥浦101号西汉墓

该墓是一座夫妇合葬竖穴土坑木椁墓。椁室分成头厢、边厢、棺室三部分。墓内共出土金属器、铜钱、陶器、漆木器、简牍等遗物100余件。此外，这座墓中还出了枣核、杏核、粟等。比较特殊的出土物有简牍文字，均发现在甲棺内，有竹简、木牍、木觚。按文字内容可分为"先令券书"、何贺山钱、赙赠记录、衣物券。其中"先令券书"简是墓主朱凌临终前夕所立的遗嘱一类的文书，

---

① 梁白泉：《高邮天山一号汉墓发掘侧记》，《文博通讯》1980年第1期。
② 扬州博物馆：《扬州地区农科所汉代墓葬群清理简报》，载《文物》编辑委员会编《文物资料丛刊》（第9辑），文物出版社，1985。

因此引发学术界的广泛研究。

作者依据出土物的风格和简牍文字的纪年,认为胥浦101号墓为平帝元始五年(公元5年)墓,属西汉末期墓葬。此墓的发现,对于深入研究江苏汉墓的分期提供了重要的年代依据。墓中所出简牍文字涉及汉代的婚丧礼俗,尤其值得重视。此外,墓内出土大量品类丰富的漆木器,对于研究汉代家具等生活用品提供了宝贵的实物资料。①

14. 扬州平山养殖场汉墓

扬州平山养殖场位于今扬州城西北郊,在此共清理4座墓葬。1号墓、3号墓皆为竖井式土坑夫妇合葬木椁墓,2号墓葬式不详,4号墓为竖井式土坑单棺木椁墓。4座墓中共出土随葬品191件。其中漆器36件,木器、木牍、木俑42件,铜铁器35件,陶器67件,杂器11件,伴出铜钱1077枚。

作者认为,墓葬的形制和出土遗物,都具有较明显的时代特征,认为平山养殖场1、2、3号墓属于西汉中晚期的墓葬,4号墓应为新莽时期的墓葬。该墓出土物的一些独特之处应该引起注意,如4号墓的木棺内底板上,用大泉五十铜钱整齐地满铺一层,每横排15枚,共63排,合计945枚。1号墓在椁室以外另设一个放置随葬器物的外椁仓,这可能表示的是一种埋葬制度。关于漆面罩,过去曾被认为是王莽时期漆器的独特器种,1号墓中出土1件黏附铜镜的漆面罩,它使考古工作者对漆面罩的时代及工艺有了新认识。②

15. 邗江姚庄101号汉墓

姚庄在扬州市西北12公里的邗江县甘泉乡甘泉山附近,101

---

① 扬州博物馆王勤金、吴炜、徐良玉、印志华执笔《江苏仪征胥浦101号汉墓》,《文物》1987年第1期。
② 扬州博物馆:《扬州平山养殖场汉墓清理简报》,《文物》1987年第1期;《扬州市郊发现两座新莽时期墓》,《考古》1986年第11期。

号墓为竖穴土坑木椁一椁二棺夫妇合葬墓。椁内分为头厢、侧厢、足厢和棺室四部分，各厢之间皆有直棂窗和板门相通。墓中共出土随葬品约250件。其中漆器131件，竹木器54件，金属器56件，陶器5件，其他4件。

作者认为，邗江姚庄101号墓的墓葬风格显然与西汉中晚期墓葬最为接近，定此墓为西汉晚期墓。该墓出土的特殊器物有男棺内出土龟钮、麒麟钮鎏金铜印各1枚，但印面上无文字，从印章的形制看此墓墓主人的官秩当在六百石至二千石之间。结合墓内出土的大量兵器，可知男墓主人应为广陵国的中级武官。丰富的漆器为研究汉代扬州的漆器提供了实物资料，作者推测扬州（汉时广陵郡）也是汉代漆器的产地之一。①

16. 邗江县姚庄102号汉墓

该墓地理位置同101号墓，位于M101西南约6米处，为土坑竖穴木椁夫妇合葬墓，1988年8月进行了清理。木椁内分为棺室、头厢、足厢、东侧厢、西侧厢五部分，各厢之间皆有直棂窗式的隔墙，隔墙上置有双扇对开或独扇单开板门。墓中出土138件随葬品和大量的五铢钱。尤其是女棺内出土了白玉蝉、金银贴箔彩绘漆面罩、阳燧、错金刀币、虎钮玛瑙印等一批具有较高历史价值和艺术价值的随葬物品。

作者认为，姚庄102号墓具有较明显的西汉晚期墓葬的特征，但两棺主人卒葬的时间有着明显的区别，男主人卒葬的时间为西汉晚期，女墓主卒葬的时间应在新莽始建国元年以后，即公元9年以后。出土物中丰富的漆器为研究汉代扬州的历史提供了实物资料。出土印章比广陵王印章尺寸小，表明墓主的身份比广陵王低，但也不是一般平民，故该墓为研究汉代高级贵族的生活状况提供了丰富

---

① 扬州博物馆印志华、李则斌执笔《江苏邗江姚庄101号西汉墓》，《文物》1988年第2期。

的资料。①

17. 邗江杨寿乡宝女墩新莽墓

宝女墩位于扬州市西北18公里处，北距杨寿镇2公里，南距曹家铺0.5公里，东南4公里处是甘泉山汉代墓葬群。此处共清理两座墓：M104和M105。M104为上坑木椁单葬墓。M105也为土坑木椁单葬墓。两墓皆椁室分头厢、足厢和棺室。墓底以少量鹅卵石铺垫。由于早年被盗及人为扰乱，所以出土器物很少，且多残破。M104共出土随葬品150余件，以釉陶器、铜器、漆器为主。M105出土器物有漆器12件和铜器9件。此外在椁室以外发现的零散铜器有铜印1方，桥钮，印面阴文隶书"寻阳令印"4字。

《简报》作者认为，M104出土了元康四年（前62年），河平元年（前28年）、元延三年（前10年）3件纪年铭文漆器及5枚"大泉五十"鎏金铜钱。M104的时代应为新莽时期，下葬时间在居摄二年以后。在宝女墩主墓尚未发掘的情况下，作者认为此墓及与其时代相同的M105应属于主墓的陪葬墓，也即宝女墩主墓的"外藏椁"。作者认为此次发现的宝女墩墓葬虽然被盗严重，但墓葬形制和出土器物仍有重要价值。出土器物中带"中官"、"服食官"、"王家"等铭文的银、漆器，3件带纪年铭文的漆器，都是不可多得的珍品，为研究汉代广陵国提供了一批新资料。宝女墩M104发现"中官"、"广陵服食官"等铭文，为研究汉代广陵国的职官制度提供了第一手资料。丰富的漆器对于研究汉代漆器的生产、流通及工艺水平等方面有重要的参考价值，也反映了广陵国对外经济交流的发达，也为探索汉代扬州地区的漆器手工生产提供了资料。②

18. 仪征烟袋山汉墓

烟袋山汉墓位于江苏省仪征县龙河乡丁冲村南，北距龙河乡2

---

① 印志华：《江苏邗江县姚庄102号汉墓》，《考古》2001年第4期。
② 扬州博物馆、邗江图书馆李则斌执笔《江苏邗江县杨寿乡宝女墩新莽墓》，《文物》1991年第10期。

公里，西南距仪征县城约 8 公里，是一座竖穴式土坑木椁墓。椁室分"正藏"和"外藏"两部分。正藏内部分成头箱、足箱、边箱和棺室等四部分。内置两棺，依椁东壁并列安置。两棺结构相同，用整段楠木刳成，西侧棺葬一女性，东侧棺内为男性。女棺盖内侧用鎏小铜泡布置出北斗星像图。两棺外侧壁均用鎏金四叶形铜片做装饰。此墓虽早年被盗，但所出遗物仍十分丰富，共 400 余件，且大部分保存完好。其中有陶器、铜器、铁器、玉石器、漆木器、车马器、木俑等，另有五铢钱 9 枚。出土物的特殊之处在于出土了大量的车马器和木俑。

作者根据出土物自身的风格推断该墓葬为西汉中期墓。该墓的"正藏"和"外藏"的葬式在扬州地区是首次发现，为探讨这一地区西汉中期的墓葬形制增添了新内容。墓中出土的大批木俑为研究汉代美术、雕塑和艺术提供了一批珍贵的实物资料。墓中出土的 30 余件漆器，与以往扬州地区汉墓出土的为同一风格。这次的大批出土物，似乎说明漆器为当地所产，为探讨汉代漆器产地的分布提供了线索。[①]

19. 仪征张集团山汉墓

张集乡位于仪征境内蜀岗小丘陵的东端，东北距扬州市区约 12 公里，西南距仪征市区约 20 公里，与邗江县杨庙乡毗邻。团山位于庙山西北，南距张集乡 2 公里。

已发掘的四座墓，皆为竖穴土坑木椁墓。

1 号墓在团山南侧近顶部。椁内用隔板分隔成棺室和头厢、足厢、东西边厢。棺内人骨尚未完全朽烂，头向北，头下部有苦枕，虽已朽，仍可见内填整齐的灯芯草。人骨经鉴定为成年女性。墓中随葬器物极为丰富，有釉陶器、泥质灰陶器、漆器、木俑、铜器、玉器、料器等。

---

① 南京博物院王根富、张敏执笔《江苏仪征烟袋山汉墓》，《考古学报》1987 年第 4 期。

2号墓在1号墓之南。木椁的结构同1号墓。棺内人骨尚存，头骨保存较好，头向北，头下有苫枕，枕内填以整齐的灯芯草。经鉴定为青年女性。

随葬器物多置西边厢内，棺内仅见玉饰片。随葬器物有釉陶器、泥质灰陶器、漆器、木俑以及铜镜等。

3号墓在2号墓之南。木椁用楠木板构成，椁内用一块隔板隔成棺室和边厢，棺室在西，边厢在东。棺内人骨保存尚好，头向北。头下有苫枕，已朽。经鉴定为青年女性。随葬器物有彩绘泥质灰陶器、漆器和铜器。除四子奁置棺内外，余均置东边厢内。

4号墓在3号墓之南，木椁用楠木构成，棺内人骨已朽烂成粉末状，仍可看出头向北。经鉴定，可能为青年女性。随葬器物均置椁内，棺的东侧，有釉陶器和漆器。

四座墓葬皆无明确的纪年，然其墓葬结构和随葬器物的时代特征十分明显。作者推断这四座墓葬的年代不致晚于西汉武帝元狩五年（前117年）。出土物中釉陶器以1号墓出土的数量最多，除常见器形外，有些器形在长江下游较为罕见。这表明当时釉陶器的制作已达到相当高的水平。从出土的丰富的漆器来看，作者认为这一地区应为当时的漆器生产制作中心之一。具体说，东阳县应为西汉时期的漆器产地之一，耳杯底部的烙印可作印证。①

20. 扬州邗江西汉刘毋智墓

该墓位于杨庙镇杨庙村王家庙组的砖瓦厂内，为长方形土坑竖穴木椁墓，因遭盗挖破坏，墓葬封土与棺椁的详细结构已不明。从残存的棺椁判断，该墓由正藏椁和外藏椁两部分组成，从棺、椁的尺寸推断，正藏椁内应为一棺与一侧厢、一头厢（或足厢），棺、椁的材料均为楠木质。随葬器物主要分为陶器、漆器、竹器、木器、骨器、金属器、玉器六大类。

---

① 南京博物院、仪征博物馆筹备办公室张敏、孙庆飞、李民昌执笔《仪征张集团山西汉墓》，《考古学报》1992年第4期。

刘毋智墓没有明确纪年，只能根据墓葬结构与随葬器物来判断。作者认为王家庙汉墓的相对年代应为西汉早期。结合出土的"刘毋智"玉印，墓主人可能是吴王刘濞的家人或本家亲族。刘毋智墓的年代下限恐怕不会晚于景帝前元三年（前153年）。综上所述，刘毋智墓的绝对年代应介于公元前199年至前154年之间，墓主人与吴王刘濞有关。刘毋智墓是扬州地区迄今为止发掘的第一座汉初吴国墓葬，它对于确立扬州地区汉代墓葬的标尺具有重要意义。①

21. 仪征新集螃蟹地7号汉墓

螃蟹地位于江苏省仪征市新集镇国庆村西南，地属蜀岗低缓丘陵地带，该地曾发现6座汉墓。该墓为土坑竖穴木椁墓，葬具为一椁一棺。椁室分为头厢、足厢、边厢和棺室四部分。棺用整段楠木刳成。该墓随葬器物共52件（组），有釉陶器、陶器、铜器、铁器、漆器、玳瑁等。

该墓虽然没有明确的纪年，但其墓葬结构和随葬品的时代特征较为明显。作者推断此墓时代为新莽时期。从墓主人骨骼特征和出土铁剑、长矛等兵器来看，墓主人应为男性，身份可能为广陵国贵族或官僚。

螃蟹地7号汉墓的发掘，为研究西汉晚期广陵国的文化、经济、丧葬习俗及铜器制作工艺提供了重要实物资料。②

22. 邗江县槐泗桥汉代多耳室拱顶砖室墓、宰家墩汉墓

邗江县槐泗桥汉代多耳室拱顶砖室墓，位于扬州城北约4公里的槐泗桥南岸土岗上，北临槐泗河，东靠扬（州）天（长）公路，西南距汉广陵城仅一里之遥。墓葬坐南面北，由甬道、墓室和6个耳室组成。

---

① 扬州市文物考古研究所薛炳宏、王晓涛、王冰、束家平执笔《江苏扬州西汉刘毋智墓发掘简报》，《文物》2010年第3期。
② 仪征市博物馆孙庆飞、刘勤等执笔《仪征新集螃蟹地7号汉墓发掘简报》，《东南文化》2009年第4期。

宰家墩汉墓位于甘泉镇正南约 2 公里的跃进生产队之东南侧。墓坐西朝东，由甬道、耳室、前室和后室四个部分组成。

两座墓葬均已被盗，破坏严重，出土的完整器物不多，其中又以宰家墩墓最为贫乏，多为陶器，少数青瓷器、铁器及其他小件饰品等。

作者推断，这两座墓葬的年代应属东汉晚期，约在灵帝前后。从其规模和随葬品的数量来看，墓主人应该属于有一定地位和身份的封建官吏。另外，两墓中都发现了青瓷罐，对于探讨我国青瓷器的产生、发展提供了实物资料。①

23. 江苏仪征盘古山西汉墓

盘古山位于扬州市西北 14 公里的仪征县境，与邗江县交界。墓葬所在地为蜀岗西部，已暴露的四座汉墓相距较近，皆为长方形土坑木棺墓。出土器物除常见器物外，有铜印一方，M1 出土，套印，虎钮。印面阴刻篆文"咸中公印"四字。

作者认为该墓出土遗物多具西汉晚期特点，故可确定 M1、M2 的时代为西汉晚期。该墓葬群为研究扬州地区西汉晚期的小型木椁墓提供了资料。②

24. 江苏邗江甘泉 2 号汉墓

甘泉镇位于扬州西北约 12 公里处。处镇北偏西约 3 公里的地方，有两座东西相对的大型汉墓，当地人称之为"双山"。2 号墓处于东边，为砖室夫妻合葬墓。该墓有高大的封土堆，估计用土达两万立方米以上。墓室位于封土堆中央，全部用砖砌成。南面正中有甬道，墓道口即为墓门，墓底高于附近地面 2 米左右。门外有封门堵。墓室的修建规模宏大，仅墓底用砖即达 2 万块左右。

---

① 扬州博物馆印志华、吴炜执笔《邗江县两座汉代砖室墓发掘简报》，《东南文化》1986 年第 1 期。
② 扬州博物馆李则赋执笔《江苏仪征盘古山发现汉墓》，《东南文化》1985 年第 10 期。

随葬器物有陶器、铜器、铁器、金器、银器、漆器、玉器和玻璃、琉璃器等。较为特殊的器物有虎钮玛瑙印章。

该墓被认为是广陵王刘荆墓。出土的铜器可见制作工艺有了新的发展。出土物中有当时最早的有纪年可考的东汉青瓷器,它为我国青瓷发展史的研究提供了新的资料。出土的玻璃实物是目前已发现的最早的西方传入的玻璃实物,比南京两座东晋墓的玻璃杯要提早了300年左右。[1]

25. 邗江甘泉1号汉墓

甘泉1号汉墓位于甘泉2号汉墓的西边,为砖室男性单人葬墓。该墓有高大的封土堆。墓葬方向正南,规模较大,由墓道、甬道、墓室、棺室等组成。

由于早年被盗,随葬器物已被盗尽,从痕迹看原先随葬有大量器物。残存的器物有一些釉陶器和1件铜雁足灯及少量铜器及五铢钱等。

作者认为,由于这座墓葬的遗物中有"建武二十八年"的明确纪年。建武是东汉光武帝刘秀的年号,而墓葬出土的遗物也多具东汉早期的特征,墓葬的年代当为东汉早期。墓主同广陵王刘荆有一定关系。墓葬自身为研究扬州地区的高级贵族墓的葬式葬俗提供了资料。[2]

26. 邗江甘泉老虎墩汉墓

该墓位于扬州市北郊约12公里处的甘泉镇镇西约0.5公里处,墓葬封土为一座高大的黄土墩,当地群众称它为"老虎墩"。墓葬位于墩的中部,墓室全部用砖砌,由甬道、双耳室、前室和后室组成,规模宏伟。

墓室早年被盗,只在甬道、耳室和前室内残留了一些随葬器

---

[1] 纪仲庆:《江苏邗江甘泉二号汉墓》,《文物》1981年第11期。
[2] 南京博物院:《江苏邗江甘泉东汉墓清理简况》,载文物出版社《文物资料丛刊》第4辑,第116~120页。

物，墓室内发现一些云母片。出土陶器均为釉陶，已破碎，经复原，有罐、楼、畜圈、井、灶等，其中罐施青釉，余皆施黄釉。此外，还有玉器、铁器、铜器以及一些饰件。

作者认为，此墓的时代定在东汉中期较为适宜，可能是刘荆之后的某一代广陵侯之墓。老虎墩墓具有汉代砖室墓的特征，它占地面积约5000平方米，保存基本完整，这在江苏同类砖室汉墓中尚属少见，它也是在扬州所发现的砖室汉墓中墓壁、铺地和券顶砖层数最多的一例。墓内出土的玉器很有特色，为我国汉代玉器工艺的研究提供了新的资料。出土的玻璃片为研究古代国外输入的玻璃提供了又一重要实例。①

27. 高邮邵家沟汉代遗址

该遗址位于高邮县城以北约8公里处的里运河东岸，遗址文化层堆积分为南、北两部，各有两层文化堆积，从出土器物看，上下层文化堆积属于同一时期。上层文化堆积出土物分别为陶器、瓷器及少量的铁、漆、木器。在18号探方内出土了V字形的铁犁铧。

从遗址墓葬中出土的五铢钱及器物风格看，该遗址应该属西汉中后期。②

28. 邗江甘泉顺利东汉墓

该墓位于扬天公路西侧500米处的邗江县甘泉乡姚湾村顺利组，为砖室墓，由墓门、前室、后室构成。出土物颇丰，前室残存随葬品有陶楼、陶畜圈、陶仓、陶灶、陶井、陶桶、陶权、陶盘、陶樽、陶耳杯、陶洗、陶勺、陶壶、陶罐、陶瓮、陶盆、陶盂、铜盆、铜镜、五铢钱和石黛板等器物，以及大量漆器残迹。后室残存随葬品有铁剑、铁棺钉、仓盖、陶罐、琥珀饰、铜卡尺、铜带钩、五铢钱、半两钱、大泉五十及棺木漆皮等。

---

① 徐良玉、印志华、吴炜：《江苏邗江县甘泉老虎墩汉墓》，《文物》1991年第10期。
② 江苏省文物管理委员会朱江执笔《江苏高邮邵家沟汉代遗址的清理》，《考古》1960年第10期。

该墓的埋葬时代约在双山汉墓与老虎墩汉墓之间,而更接近于双山汉墓,其下限不会晚于东汉中期。①

29. **仪征刘集联营 10 号西汉墓**

联营 10 号西汉墓位于仪征市刘集镇联营村赵庄组,东北距扬州市区约 12 公里,西南距仪征市区约 20 公里,该地属蜀岗丘陵地带。与周边的庙山汉墓、盘古山汉墓、胡场汉墓、甘泉汉墓等相距不远。墓葬形制为竖穴土坑木椁墓。

现存出土器物 11 件(组),有漆木器、铜铁、石器等。漆木器有奁、枕、占卜板(又称占卜漆盘)等,铜器有铜镜、器盖、铜弩机、铜殳,铅器有铅球,铁器有铁镞、铁矛。

根据墓葬材料,推断此墓所在葬区是西汉江都国至广陵国高中级官吏的墓地,该墓的时代为西汉早期。②

30. **扬州市维扬区西湖镇蚕桑砖瓦厂汉墓**

该墓位于扬州北郊蜀岗上,距汉广陵城西 2.5 公里处,墓葬地点为西湖镇蚕桑砖瓦厂取土工地。2007 年 8 月 26 日至 9 月 29 日,扬州市文物考古研究所对其进行了发掘清理。该墓为西汉土坑木椁夫妇合葬墓,由主墓室和外藏椁构成,主墓室包括前室、主棺室、南侧厢、北侧厢、后厢五部分。随葬器物有:玉器、琉璃器、金器、铜器、铁器、漆器、木器、釉陶器等 942 件(套),其中金缕琉璃匣、舆轿、角壶等器物在扬州市考古发掘中都属首次发现,甚至在全国也极为少见。西湖镇蚕桑汉墓是新中国成立以来扬州市墓葬考古发掘收获最大的一座。男墓主姓董名汉,字子翁。虽史无记载,但该墓葬制较复杂,加之随葬器物的组合形制,扬州资深考古专家印志华认为女墓主享有金缕琉璃匣的礼遇,证明了她身份显赫,已达列侯级别③。

---

① 李健广:《江苏邗江甘泉顺利东汉墓清理简报》,《东南文化》2009 年第 4 期。
② 刘勤等:《江苏仪征刘集联营西汉墓出土占卜漆盘》,《东南文化》2007 年第 6 期。
③ 该墓尚未有发掘《简报》对外公布。本处资料来源于中国网的报道,网址:china. com. cn,时间:2008 年 1 月 17 日。更详细的报道见网址:http://www. china. com. cn/culture/txt/2008-01/17/content_ 9548551_ 3. htm。

31. 盱眙大云山江都王王陵

大云山汉墓位于江苏省盱眙县马坝镇云山村大云山山顶，海拔73.6米，西距盱眙县城30公里，南距汉代东阳城遗址1公里，西南与青墩山、小云山汉代贵族墓地相邻。2009年9月至2011年12月，南京博物院对大云山汉墓进行了抢救性发掘，出土陶器、铜器、金银器、玉器、漆器等各类文物1万余件（套），许多文物均为首次发现，尤其是编钟、编磬、玉棺、金缕玉衣等都极为罕见，学术研究意义重大。经考证，此墓为汉代江都易王刘非的王陵，该墓葬的出土被评为2011年全国十大考古新发现之一（见图1-5）。

图1-5 气势宏伟的盱眙云台山江都易王陵①

二　尚未通过《简报》公布的重要墓葬

此外，还有一些墓葬，虽未见诸于考古发掘《简报》，但出土许多重要器物，这些墓葬主要有：

1. 邗江杨庙乡王庙101号西汉墓

该墓位于扬州市西部的杨庙镇，1988年清理，为一棺一椁的土

---

① 此墓亦未见正式简报，本处资料来源于扬州百姓生活网的报道，网址：www.yzcn.net。时间：2012-4-14。

坑木椁墓，出土器物有陶器、玉器、漆器20余件，特色器物是1件制作精美的彩绘漆匜，反映出汉代扬州彩绘漆器处于较高水平。

2. 邗江甘泉乡秦庄西汉墓

该墓位于扬州市城北地区的甘泉乡境内，为楠木构造的土坑木椁墓，出土随葬品55件，特色器物为带有铭文"五凤二年"、"孝文庙"字样的铜熏炉和1件盖面挖空，形成木圆框形凳面的漆三足凳最具特色。

3. 邗江甘泉乡六里西汉墓

邗江甘泉乡境内墓葬，1991年清理，为一具棺室和侧厢的土坑木椁墓，出土随葬品有陶鼎、瓿、壶、铜镜、漆奁、木俑等30余件，特色器物有分格漆奁和彩绘云气纹涂金柿蒂漆耳杯。

4. 邗江甘泉乡巴家墩汉墓

邗江甘泉乡境内墓葬，为重椁大型墓葬，椁长8.5米、宽6.94米。该墓虽经严重盗扰，仍出土丰富的随葬品，出土器物有：铜器、玉器、陶器和漆器残件，其中铜器和漆器相对丰富，铜器以鼎、钫、壶构成基本组合，特色器物有设计精巧的大型双管釭灯。此外，该墓使用多件春秋战国时期的器物随葬，体现出墓主生前偏爱古物，墓葬年代约为西汉昭、宣时期，从墓葬的随葬器物中有"铜坊"等物品看，墓主身份似西汉广陵国的高级贵族。

5. 邗江杨庙乡仓颉西汉墓

该墓位于扬州市西部杨庙镇境内，1994年清理。此墓为双椁双棺形制的土坑木椁墓，随葬器物有铜、漆器20余件。特色器物有一套制作精巧的5件组合金银平脱漆奁，证明汉代扬州地区不仅在如"妾莫书"墓等大型墓葬中才有使用金银平脱技术的漆器，而且地方平民中的富户也拥有此种看似奢华的漆器，表明汉代的扬州也是当时的一大漆器中心。

6. 邗江杨庙乡王庙102号西汉墓

邗江杨庙镇境内墓葬，1994年发掘，该墓为一棺一椁的土坑竖穴木椁墓，随葬器物有铜、陶、漆器等10余件。特色器物有鎏金铜瓿和漆砚，它们均是目前国内同类型器物中的珍品。

7. 邗江甘泉乡三墩东汉墓

城北地区的甘泉乡境内姚湾村墓葬，因当地有三个土墩，三墩东汉墓因此得名。20 世纪 70 年代清理三墩中的一座，该墓为砖室墓，随葬器物主要为玉器，特色器物有玉严卯、司南玉佩、司南形琥珀佩等。

8. 邗江甘泉乡甘泉东汉墓

邗江甘泉乡境内墓葬，1975 年清理，该墓为砖室墓，发现时墓室已残毁。出土器物有 3 件：刘元台买地砖券，小灰陶罐和一面"长宜子孙"铜镜。其中极具史料价值的是刘元台买地砖券，地券中不仅为研究甘泉山汉墓属性提供了实物例证，也为研究汉代的土地财产制度和法律制度提供了不可多得的研究资料。

此外还有邗江酒甸乡酒甸西汉墓，该墓位于扬州市西北邗江酒甸镇，1991 年清理。甘泉乡香巷东汉墓，1980 年清理。甘泉乡军庄东汉墓，1988 年清理。甘泉乡吴庄东汉墓，1991 年清理。[①]

除上述墓而外，还有扬州平山堂雷塘 26 号西汉晚期墓、沈家山工地汉墓群、西湖经纤墩（俗称麻油墩）汉墓群以及已探明尚未发掘的有仪征庙山大墓等。

众多汉墓的出土有力地推动了汉代历史的研究，因为汉代的墓葬与先秦墓葬相比，可为我们提供更多的与日常生活相关的资料。研究汉代墓葬的学者已从古代墓葬的探索中发现了墓葬发展的规律，与先秦墓葬相比，汉代墓葬形制已发生转变，先秦时期的墓葬往往以礼器随葬为主，这种以礼器为主的随葬方式所强调的是死者生前所享有的政治地位，而汉代的墓葬则转变为以日常生活用具为主的随葬方式，这一转变的目的是为强调提供一个与死者生前相似的死后生存环境，故随葬器物成为提供此种生存环境中，日常生活

---

① 上述未见诸《简报》的邗江境内的汉代墓葬，详见张元华主编《邗江出土文物精粹》，广陵书社，2005。

所需要的各种物质配备。这些随葬器物也因此成为日后研究汉代生活不可或缺的材料。因此，如果说西汉前期战国时期的以礼器组合随葬的风气仍然存在了一段时间，那么西汉中期以后，以日常生活用品，营造墓主死后的生活环境则成为主流的墓葬方式。由此看来，扬州地区的汉代墓葬，为我们集中研究考察汉代扬州地区的经济文化状况提供了极大的可能。

第二章 考古反映的汉代扬州的生态环境与经济状况

第一节 汉代扬州的生态环境

扬州地区地处今江苏中部，长江北岸，距离东海、距离长江都有很远的距离。但历史时期的扬州并非如此，在中国大陆和江河湖海的变迁过程中，海岸线一直向东推进，而江岸线也在连绵不断的变化之中。就海岸线而言，地质学者根据对江苏境内的地质调查展开研究，研究发现贝壳砂堤是重要的海岸标志物，而长江三角洲上海地区有9条贝壳砂堤，苏北北、中部沿海区各有4条贝壳砂堤或沙坝。他们的结论是，7000～6500年前，岸线位置为：自赣榆绕过中云台，经灌云东，过涟水，从建湖以西至海安—泰扬一线；江南从镇江、江阴、沙洲，经浅冈、沙冈，转至余杭、湖州，经过杭州至绍兴、余姚。4500～4000年前，岸线位置为：苏北北部岸线位置仍差不多。苏北中部海岸停留在中冈一线。3800～3200年前岸线位置：苏北北部岸线仍变化不大，冈身以东直到海边，历史时期的文化层均是南朝以后的。而从南朝到唐朝初年这一二百年时间，海岸线却向东伸展了10多公里[1]。就江岸线而言，学者发现，

---

[1] 朱诚、程鹏、卢春成、王文：《长江三角洲及苏北沿海地区7000年以来海岸线演变规律分析》，《地理科学》1996年8月第16卷第3期。

在大理冰期时期，镇扬间的长江水道在大理冰期消失以前，一直处于河口和近河口这两阶段的变化之中，到距今7500～5000年间是冰后期气候最为温暖湿润的时期，海浪直拍扬州北面的蜀岗和镇江附近的象山、北固山麓。因为在蜀岗下蜀系黄土岗南沿发现有较宽广的海蚀平台，在镇江附近的丘陵之间的河谷中发现有潟湖相的沉积层，扬州里下河地区的高邮、宝应、兴化一带的湖泊群体，原是全新世海侵后的黄海浅海湾，由于长江北岸沙嘴和淮河南岸沙嘴不断向东延伸，使里下河海湾逐渐被封淤，形成潟湖，随着湖水的不断淡化而变成今日的淡水湖泊，如宝应的射阳湖、广洋湖，兴化的大纵湖、蜈蚣湖、得胜湖等。到了公元2世纪以后，镇扬间的长江水道进入了近河口段。这个时期，无论从地貌、水文和出土文物等方面来考察，都发生了大的变化，主要表现在：曲江的埋没，长江岸的南迁，江心沙洲的淤涨并岸、江面阔差的收缩等等①。可见汉代扬州地区历史上曾是近海、临江地区。

从地形地貌看，扬州地区虽无石质山地，但有一条纵贯东西的高岗地带，即今天扬州北郊的蜀岗，古代即已存在，这一相对较高的地形可避免水患，适宜修筑城池，故成为吴、楚、汉广陵城故址所在。

从气候上看，扬州地区地处苏中，属温暖的气候带，很适宜各类植物的生长。在这里很早就有古人类在此生活，在江都有凤凰河古文化遗址，在高邮有高邮湖以东的龙虬庄、唐王墩、周邶墩等遗址，在兴化有兴化南荡王家舍等遗址。在这些古文化遗址出土了新石器时代大量人类墓葬遗骸，出土了大批陶器、骨器等生活用品，说明当时的农业、家畜饲养业和渔猎业都已较为

---

① 印志华：《从出土文物看长江镇扬河段的历史变迁》，《东南文化》1997年第4期。

发达①。

从土质上看，由于长期近水，扬州地区在汉代应该为松软的沙质土质，土质比较松软，适宜于植物的生长。考古发现，扬州七里甸汉代木椁墓中的填土为褐黄色，而且土质坚硬，是经过夯打而成的填土，这应该是当时的土色土质。高邮天山第2号汉墓用于"题凑"上的涂料也是黄色的土质，经鉴定不是现存隐晶黄铁矿、水针铁矿、铵基苯石、石膏等矿物组合，而是含褐铁矿的黄色黏土，是一种黄色涂料，不具防腐功能。胭黄的黄色是由于存在褐铁矿之故②。

丰富的水源，适宜的气候，适宜于各种陆生植物和水生植物的生长，七里甸汉墓在下葬过程中为了防止棺具上漆皮磨损，下葬时在棺底椁上之间垫有一张大小与棺同形，用蒲草编织的席子③，扬州东风砖瓦厂汉代木椁墓群第二种类型的墓椁底下面亦有芦席铺垫的痕迹④。同样，东风砖瓦厂第8号、第9号汉墓椁底满铺一层蒲席，纺织席子用的蒲草为水生植物，这些蒲草往往是就地取材，因为在蒲席上尚留有两根剥了树皮的松木棍，其用途可能是支撑棺具，以便取出杠绳。剥皮的松木棍应该不是事先准备的，而是随手可得的。这说明扬州当时应该生长有松树一类的树种，它是一种普遍生长的植物⑤。扬州地区不仅临海近江，雨水也十分充沛，仪征石碑村汉代木椁墓M1和M2和墓坑内皆充满深灰色淤土，质软而潮湿，与坑外的黄色生土成鲜明对比⑥。扬州发现的汉代木椁墓大

---

① 张兴龙：《古扬州地区人口与种族简述》，《江苏地方志》2010年第1期。
② 蒋乃兴、蒋永才、邹厚本：《高邮天山二号汉墓"题凑"涂料的穆斯堡尔谱研究及地球化学特征》，《核技术》1984年第4期。
③ 南京博物院、扬州市博物馆：《扬州七里甸汉代木椁墓》，《考古》1968年第8期。
④ 扬州博物馆李久海执笔《扬州东风砖瓦厂汉代木椁墓群》，《考古》1980年第5期。
⑤ 印志华、徐良玉：《扬州东风砖瓦厂第8、第9号汉墓清理简报》，《考古》1982年第3期。
⑥ 南京博物院：《江苏仪征石碑村汉代木椁墓》，《考古》1966年第1期。

多用楠木为材料，且棺多用整段楠木刳成。有一种观点认为扬州地区的汉墓使用的楠木可能来自邻近地区，通过贸易所获得，这一说法有一定的道理，但存有疑问，因为楠木只是一种类型树木的统称，事实上扬州地区汉墓所用楠木也非止一种，如江苏仪征石碑村汉代木椁墓 M2 木椁所用的木料也只是楠木的一种。高邮神居山第 2 号汉墓木材经鉴定：外棺木、内棺木、内梓木、"棺枢架"均为梓树，中椁木，外藏椁盖木、"棺椁架"木栓、"题凑"木、"题凑"上下盖木、地龙、底木均为桢楠，木炭为榧树，御马俑为泡桐。可见高邮神居山第 2 号汉墓可笼统地被称为使用了楠木，其实木材进行细分非止一种，就地取材的可能性较大。因楠木棺的尺寸往往较大，运输不便，可见扬州地区其时可能生长着高大的树木，当然亦非止楠木一种①。

扬州地区汉代生长的农作物有粟，东风砖瓦厂 M3 棺底下有一层厚约 5 厘米粟米垫在棺底，M4 发现有粟核和枣核多枚②。邗江"妾莫书"墓在灰陶罐内和陶灶的周围出土了一些种子。经江苏农学院园艺系蔬菜教研组初步鉴定有水稻、小麦、菠菜、蕹菜等③。蕹菜，即空心菜，以绿叶和嫩茎供食用，其生长对温度有一定要求，适宜在 15°C～40°C 的气温和湿润条件下生长，它是夏秋季的重要蔬菜。

胡场汉墓出土的小件漆笥内分别放有梅、枣等物品，除梅、枣外，出土的植物类有稻谷、高粱、小米、荷叶等④。江苏邗江胡场五号汉墓在男棺侧厢中家有禽遗骸，以及梅、枣、黍、稻谷等植物种子，还有编织品残片。随葬漆笥中出有甜瓜和西瓜籽等夏熟植

---

① 吴达期、徐永吉、邹厚本：《高邮神居山二号汉墓的木材鉴定》，《南京林业学院学报》1985 年第 3 期。
② 扬州博物馆李久海执笔《扬州东风砖瓦厂汉代木椁墓群》，《考古》1980 年第 5 期。
③ 扬州博物馆：《扬州西汉"妾莫书"木椁墓》，《文物》1980 年第 12 期。
④ 扬州博物馆、邗江县文化馆：《扬州邗江县胡场汉墓》，《文物》1980 年第 3 期。

物，出土木瓿7件，文字为隶书，另还有五种橐：粱米橐、黄芩橐、秫米橐、酒米橐、檗麴橐等。这反映出当时有酿酒的风气①。高邮天山汉墓出土时，在"题凑"和外藏椁之上，普遍铺设数层织席，编制品有竹器三四件，它们是竹篮、竹籦筻等，笔者认为这是考古发现中的一个新收获，这些很可能是当时工人筑墓用的工具②。仪征胥浦101号西汉墓出了枣核、杏核和粟等。《先令券书》中还提到了稻田和桑田③。邗江姚庄101号汉墓尸骨下垫有席类编织物。头厢东北角还出土粟种一堆，出土漆箭缴轴3件，轴上绕数百圈细麻线④。邗江杨寿乡宝女墩新莽墓头厢中出土梅实27颗、枣核3颗⑤。仪征张集团山2号汉墓棺内头骨下有苦枕，枕内填以整齐的灯芯草⑥。扬州邗江西汉刘毋智墓外藏椁内还发现两处兽骨，它们分别是猪的胫骨和肋骨⑦。丰富的动植物出土资料说明扬州地区具备较为优越的生态环境。

　　历史上，扬州由于临江近水，在形成较优良的生态环境的同时，也不能免于自然灾害的影响。据载西汉初年，扬州地区就曾遭受过龙卷风的袭击。汉景帝时，"江都大暴风从西方来，坏城十二丈"⑧，虽然对这次大风造成的影响没有更详细的记载，但从这次大风能将城墙部分摧毁的情形来看，应该符合龙卷风带状行进的特征。到东汉初年，在光武帝建武十三年时，东部曾发生过一次疾疫

---

① 扬州博物馆、邗江县图书馆：《江苏邗江胡场5号汉墓》，《文物》1981年第11期。
② 梁白泉：《高邮天山1号汉墓发掘侧记》，《文博通讯》1980年第1期。
③ 扬州博物馆：《江苏仪征胥浦101号汉墓》，《文物》1987年第1期。
④ 扬州博物馆：《江苏邗江姚庄101号西汉墓》，《文物》1988年第2期。
⑤ 扬州博物馆、邗江图书馆：《江苏邗江县杨寿乡宝女墩新莽墓》，《文物》1991年第10期。
⑥ 南京博物院、仪征博物馆筹备办公室：《仪征张集团山西汉墓》，《考古学报》1992年第4期。
⑦ 扬州市文物考古研究所薛炳宏、王晓涛、王冰、束家平执笔《江苏扬州西汉刘毋智墓发掘简报》，《文物》2010年第3期。
⑧ 《史记·孝景本纪》，中华书局，1982，第443页。

流行,"扬、徐部大疾疫,会稽江左甚。"① 更严重的灾害则是东汉后期的两次,一次是安帝时,大臣陈忠上疏,其中有"荆扬稻收敛薄"之语,所以安帝不得不采取措施。永初七年(114年),"九月,调零陵、桂阳、丹阳、豫章、会稽租米,赈给南阳、广陵、下邳、彭城、山阳、庐江、九江饥民;又调滨水县谷输敖仓"②。受赈济的地区其中有广陵。另一次是桓帝建和元年(147年),"二月,荆、扬二州人多饿死。遣四府掾分行赈给③。"可见自然灾害发生时,扬州地区的农业生产遭受打击的状况。《后汉书》中还有名医华佗在广陵一带治病的事例,"广陵太守陈登忽患匈中烦懑,面赤,不食。佗之,曰:'府君胃中有虫,欲成内疽,腥物所为也。'即作汤二升,再服,须臾,吐出三升许虫,头赤而动,半身犹是生鱼脍,所苦便愈。佗曰:'此病后三当发,遇良医可救'。登至期疾动,时佗不在,遂死。"④ 陈登所患病于今看,是蛔虫病例,在古代蛔虫病是常见病,往往由于食用不洁食物而引起,应当与当时扬州多水的生态环境相关。汉代扬州的冬天温度亦很低,《三国志·魏志·文帝纪》载,"冬十月,行幸广陵故城,临江观兵,戎卒十余万,旌旗数百里。是岁大寒,水道冰,舟不得入江,乃引还。"过低的气温条件对生产亦会带来一定的不利影响。

但局部发生的自然灾害并不影响总体生态环境,从总体上看,至迟从良渚文明开始,扬州地区就是古代人们优良的生活栖息地。扬州地区多水,土质松软,除寒冷的冬季外,大部分时间气温适宜,因此,汉代扬州地区的生态环境很适合人们在此居住、生活,这也是扬州作为东部沿海地区的一个古老的城市在汉代曾经兴盛的原因之一。

---

① 《后汉书·五行志》注引《古今注》,第3350页。
② 《后汉书·安帝纪》,第220页。
③ 《后汉书·桓帝纪》,第289页。
④ 《后汉书·方术列传·华佗传》,第2738页。

如上所说，汉代扬州地区由于地处东部，有优良的生态环境，加上地处南北的重要通道，又有历代王侯在此经营，故在经济上较为发达。司马迁对此早就有过记载。《史记》上说"彭城以东，东海、吴、广陵，此东楚也。……夫吴自阖庐、春申、王濞三人招致天下之喜游子弟，东有海盐之饶，章山之铜，三江、五湖之利，亦江东一都会也。"扬州出土的丰富的汉墓和遗址资源充分印证了司马迁的描绘，从实物资料看，汉代扬州的农业和手工业都得到了很大发展。

第二节　汉代扬州的农业

汉初的经济曾遭受过很大破坏，长达四年的楚汉战争使汉代初年的统治者不得不采取黄老思想下的无为政治，与民休息，发展经济，扬州作为汉代东部地区的一个侯国，正是在这一较为宽松的、大的社会背景之下得以发展。扬州汉代墓葬中的许多物品都反映了扬州汉代农业生产的发展。

人们从扬州汉墓中发现的陶仓明器可知，当时的农业生产已有相当高的产量。邗江甘泉顺利东汉墓位于扬天公路西侧500米处的邗江县甘泉乡姚湾村顺利组，它是东汉中前期的砖室墓，曾出土陶仓明器1件，陶仓为泥质红陶胎，满施绿釉，陶仓由可拆分的屋顶和仓房两部分构成。屋顶呈圆伞状，中部为十字形屋脊，屋脊边缘有翘角，屋顶中央有一圆形小孔，顶面饰有凸起的瓦垄纹，如车辐状。顶部立一似鸡的禽类。仓房呈圆筒形，上部略收，中下部稍大，直壁，平底，下连方形台座。仓房的中部设有一单扇窗口，说明真实的陶仓在贮粮时有通风的需要，仓房下的方形底座应该是为防潮而建。窗的两侧各用阴文隶书字体刻有一竖排铭文，左侧铭文为"屯（囤）岢（端）大吉利，内（纳）谷"；右侧长方形框内铭文为"屯（囤）上鸟，名凤皇（凰），宜富昌，辟（避）央（殃）。"铭文不仅表明了陶仓建立的用途是为了存贮谷物，而且也表明了当时人们祈求丰年的心理（见图2-1）。① 邗江县槐泗桥汉代多耳室拱顶砖室墓出土陶器中有井、仓、灶等。其中有陶仓1件，由盖和身组成，盖作圆攒尖顶，全身近圆筒形，敞口圆壁束腰平底。当然，在两汉墓葬中，陶仓一般出现得较晚，但这并不代表在汉代早期粮食产量就没有丰年。

图2-1　1992年甘泉乡顺利东汉墓出土的陶仓和铭文

因为，谷物加工工具在扬州地区各期的汉墓中也大量出现，比如凤凰河汉墓群的随葬品中一般都有陶灶一套，石磨一副，这些墓葬都不是王侯一级的高级贵族墓，可见石磨已是被当时居民普遍使用的日常生活用具②。发现石磨的还有仪征石碑村汉墓③、邗江"妾莫书"墓④、江苏仪征胥浦101号西汉墓（见图2-2）⑤、江苏邗江姚庄101号西汉墓⑥、仪征烟袋山汉墓等。这些石磨一般都为

---

① 李健广：《江苏邗江甘泉顺利东汉墓清理简报》，《东南文化》2009年第4期。
② 屠思华：《江苏凤凰河汉、隋、宋、明墓的清理》，《考古通讯》1958年第2期。
③ 南京博物院：《江苏仪征石碑村汉代木椁墓》，《考古》1966年第1期。
④ 扬州博物馆：《扬州西汉"妾莫书"木椁墓》，《文物》1980年第12期。
⑤ 扬州博物馆：《江苏仪征胥浦101号汉墓》，《文物》1987年第1期。
⑥ 扬州博物馆：《江苏邗江姚庄101号西汉墓》，《文物》1988年第2期。

实用器，有的在出土时还有支撑磨盘的木构支架。谷物加工工具的普遍存在，而且分布于扬州境内的不同的地点，充分表明了当时扬州的农业生产活动的普及程度。

图 2-2　江苏仪征胥浦 101 号西汉墓出土的石磨

扬州汉代墓葬中出土的陶猪圈与骨器反映了扬州汉代畜牧业的发展。邗江胡场汉墓有猪圈明器 1 件、木雕猪 1 件，邗江西汉刘毋智墓出土骨笄 4 件，外藏椁内还发现两处兽骨，分别是猪的胫骨和肋骨①。邗江甘泉 2 号汉墓也出土陶猪圈和陶猪 1 件。可见当进猪的饲养已经十分普遍。除猪外，羊、鸡、鸽等也是墓葬材料中可见的物品。姚庄 102 号汉墓出土了琥珀羊、琉璃鸽子等工艺造型的物品②，邗江甘泉顺利东汉墓陶仓房顶上的鸡就是证明。除小型家畜外，汉代扬州地区亦存在一定数量的耕牛，高邮邵家沟地区曾出土过犁铧，在 18 号探方内出土了 V 字形的铁犁铧。③《先令券书》中提到的稻田等都是耕牛存在的证据④。汉广陵国故地，安徽天长三角圩 27 号汉墓曾出土一批陶制动物明器，器形有马、牛、山羊、

---

① 扬州市文物考古研究所薛炳宏、王晓涛、王冰、束家平执笔《江苏扬州西汉刘毋智墓发掘简报》，《文物》2010 年第 3 期。
② 印志华：《江苏邗江县姚庄 102 号汉墓》，《考古》2001 年第 4 期。
③ 江苏省文物管理委员会：《江苏高邮邵家沟汉代遗址的清理》，《考古》1960 年第 10 期。
④ 扬州博物馆：《江苏仪征胥浦 101 号汉墓》，《文物》1987 年第 1 期。

绵羊，雕塑的形象惟妙惟肖，且当时的羊也存在两个品种。① 汉代扬州地区亦可能存在大型动物马的养殖，尽管在今扬州市境界没有出土相关实物，但与汉广陵国故地邻近的盐城建湖县沿岗地区汉墓群曾出土楠木制的马食槽 1 件和马俑 2 件。② 扬州汉代墓葬中亦有大量骨器出土，邗江胡场汉墓 M1 出土骨笄 1 件，M2 出土骨尺 1 件③，邗江胡场五号汉墓在男棺头部出有骨簪 3 件④，江苏仪征胥浦 101 号西汉墓骨笄 1 件⑤，邗江姚庄 101 号西汉墓骨尺 1 件⑥，姚庄 102 号汉墓出土骨器超过其他同类墓，有骨笄 1 支、骨擿 2 根、骨钗 1 支⑦。邗江甘泉老虎墩汉墓出土骨钗 1 支⑧。如上所述的骨制笄、簪、尺、钗在多个墓内出现，且式样和风格一致，可见汉代扬州地区骨器制造业的发达。骨器制造业赖以生存的基础是丰富的动物骨骼，这可从侧面说明汉代扬州地区的畜牧业发展状况。可惜于发掘报告中并未指明制作骨器的是何种动物骨骼。邗江"妾莫书"墓出土的漆器，动物纹饰的种类较多，如鹦鹉、孔雀、大雁、鸳鸯、天鹅、鹿、虎、豹、猪、猴、狐狸等，在这些动物形象中，其他动物作为艺术形象被刻绘在漆器上尚可理解，但猪也作为艺术形象的一种就难于理解了。同样作为艺术品形象出现的还有姚庄 102 号汉墓出土的玉猪 4 件，之所以说是艺术品，是因为同墓还出土了紫晶葫芦、琥珀羊、琉璃鸽子、玛瑙枣核形串管。宝女墩新莽墓 M104 出土玉猪 2 件。比较合理的解释是，在汉代的家畜饲养中，猪因在人们生活中的重要地位而受到汉代扬州人的偏爱。

---

① 天长市文物管理所天长市博物馆：《安徽天长三角圩 27 号西汉墓发掘简报》，《文物》2010 年第 12 期。
② 建湖县博物馆：《建湖县沿岗地区出土汉墓群》，《东南文化》1996 年第 1 期。
③ 扬州博物馆、邗江县文化馆：《扬州邗江县胡场汉墓》，《文物》1980 年第 3 期。
④ 扬州博物馆、邗江县图书馆：《江苏邗江胡场五号汉墓》，《文物》1981 年第 11 期。
⑤ 扬州博物馆：《江苏仪征胥浦 101 号汉墓》，《文物》1987 年第 1 期。
⑥ 扬州博物馆：《江苏邗江姚庄 101 号西汉墓》，《文物》1988 年第 2 期。
⑦ 印志华：《江苏邗江县姚庄 102 号汉墓》，《考古》2001 年第 4 期。
⑧ 徐良玉、印志华、吴炜：《江苏邗江县甘泉老虎墩汉墓》，《文物》1991 年第 10 期。

汉代扬州地区农作物的种类有蓖麻①、粟②、栗、枣③、水稻、小麦、菠菜、蕹菜④、黍、西瓜、甜瓜⑤、杏⑥、冬瓜⑦，还有上述农产品都是发现的实物，果品也很丰富，从发现的果核看，有梅、枣等（见图2-3）。从石磨的大量出土来看，反映了扬州地区的农作物产品中除小麦以外，芡实、荷藕等需要用磨加工的农产品可能亦应存在。

---

① 凤凰河汉墓的棺内随葬物中，五铢钱一般都用细木条串着，再用麻布包缠放在腰部两侧。屠思华：《江苏 凤凰河汉、隋、宋、明墓的清理》，《考古通讯》1958年第2期。扬州七里甸汉代木椁墓中发现的漆耳杯，为使漆器的口沿更牢固，往往先在部分口沿处绕一段麻布，然后髹漆。南京博物院、扬州市博物馆：《扬州七里甸汉代木椁墓》，《考古》1968年第8期。江苏仪征石碑村汉代木椁墓发现的铁刀，外表留有木纹痕、麻布以及褐色漆皮。南京博物院：《江苏仪征石碑村汉代木椁墓》，《考古》1966年第1期。
② 扬州东风砖瓦厂汉代木椁墓M3的棺底泥渣以下为草编织物，再下有一层厚约5厘米粟米垫在棺底。M4发现粟核和枣核多枚。扬州博物馆李久海执笔《扬州东风砖瓦厂汉代木椁墓群》，《考古》1980年第5期。邗江姚庄101号西汉墓头厢东北角还出土粟种一堆。扬州博物馆：《江苏邗江姚庄101号西汉墓》，《文物》1988年第2期。
③ 邗江胡场汉墓发现的小漆笥出土时内分别放有梅、枣等。扬州博物馆、邗江县文化馆：《扬州邗江胡场汉墓》，《文物》1980年第3期。邗江杨寿乡宝女墩新莽墓头厢中还出土梅实27颗、枣核3颗。扬州博物馆、邗江图书馆：《江苏邗江县杨寿乡宝女墩新莽墓》，《文物》1991年第10期。
④ 在灰陶罐内和陶灶的周围出土了一些种子。经原江苏农学院初步鉴定有水稻、小麦、菠菜、蕹菜等。扬州博物馆：《扬州西汉"妾莫书"木椁墓》，《文物》1980年第12期。
⑤ 邗江胡场5号汉墓随葬有梅、枣、黍、稻谷等植物种子及西瓜和甜瓜子。扬州博物馆、邗江县图书馆：《江苏邗江胡场5号汉墓》，《文物》1981年第11期。
⑥ 江苏仪征胥浦101号西汉墓随葬品中有枣核、杏核、粟等。扬州博物馆：《江苏仪征胥浦101号汉墓》，《文物》1987年第1期。
⑦ 扬州地区在高邮邵家沟遗址与胡场5号汉墓皆有出土，《简报》原文称为"西瓜籽"，经学者考证不是西瓜籽，而是一种称作"粉皮冬瓜"的植物种子，形状与西瓜籽类似，但此种子的嘴歪向一侧，种子边缘有棱突起，且四周有种翼，明显不同于西瓜籽。参见叶静渊、俞为洁《汉墓出土"西瓜子"再研究》，《东南文化》1991年第1期。

图 2-3 仪征胥浦 101 号西汉墓出土的枣核（左）和梅核（右）

农业生产形式有稻作农业和蚕桑业。《先令券书》记载有稻田和桑田"以稻田一处桑田二处分予弱君波田一处分予仙君"，"以田分予公文稻田二处，桑田二处"。此墓出土的衣物券所载衣物名称有被、衣、裳、袍、襦、绔、绪绞；衣物质地有绮、绢、绫、绵等；颜色有素、青、红、绿、五彩。从中也反映出西汉晚期丝织品的丰富，又可看出汉代厚葬风气的盛行[①]。

蚕桑业历史起源很早，但直至战国时代的秦国，桑树似尚未出现大规模种植，湖北云梦睡虎地出土的竹简《封诊式》中有一《爰书》（法律文书），内容为：

乡某爰书：

以某县丞某书，封有鞫者某里士五（伍）甲家室、妻、子、臣妾、衣器、畜产。

甲室、人：一宇二内，各有户，内室皆瓦盖，木大具，门桑十木（朱）。

妻曰某，亡，不会封。

子大女子某，未有夫。

子小男子某，高六尺五寸。

臣某，妾小女子某。

牡犬一。

[①] 扬州博物馆：《江苏仪征胥浦 101 号汉墓》，《文物》1987 年第 1 期。

几讯典某某、甲伍公士某某:"甲党(倘)有(它)当封守而某等脱弗占书,且有罪。"某等皆言曰:"甲封具此,毋(无)它当封者。"即以甲封付某等,与里人更守之,侍(待)令。①

《爰书》反映出秦的一个四口之家因男主人犯罪家产被查封的基本情况,从其拥有的财产看,富裕程度尚可,因为家中拥有"臣""妾"等奴仆,值得注意的是在门前只种植十棵桑树,未见成片种植,而《先令券书》中明确记载其时有"桑田",可见汉代桑树已可以在田中成片种植,足见蚕桑业有了很大发展。

学者苏文曾对两汉时期的江苏经济进行过系统的研究,作者在研究江苏经济时,所依据的资料有相当多的都是来自扬州地区的资料。作者认为,"麦、粟、高粱、黍、稷、芫菁、麻、薁等旱地作物遗存仅发现于江北盐城、扬州等地,江南地区是否种植目前还不敢断言。"作者在得出这一结论时所用的资料来自扬州的5座汉代墓葬,可见扬州地区汉代墓葬的这些资料不但弥足珍贵,而且也以充分的实物资料证明了汉代扬州地区农业生产的发达。②另一研究农业文明的学者曾对汉代全国的农业经营进行研究,得出结论说,"江淮流域的开发在西汉没有受到重视",理由是"西汉时,大司农曾组织在三辅与边郡公田推广代田法及耧车、耦犁等先进农具,而《后汉书·王景传》载王景为庐江太守时,'先是百姓不知牛耕,致地力有余而食常不足。郡界有楚相孙叔敖所起芍陂稻田。景乃驱率吏民,修起芜废,教用犁耕,由是垦辟倍多,境内丰给。'庐江地处淮南江北,与经济发达的河南地区隔河相望,但至东汉明帝时赖良吏王景大力提倡,牛耕方获得推广。"③《后汉书·王景传》反映了当时王景教民农耕技术的真实状况,但作者依据

---

① 睡虎地秦墓竹简整理小组:《睡虎地秦墓竹简》,文物出版社,1990,第149页。
② 苏文:《从考古资料看两汉时代的江苏经济》,《东南文化》1989年第3期。
③ 王勇:《大司农的演变与汉代的农业经营》,《南京农业大学学报》(社会科学版)2008年第3期。

这则史料来推断整个江淮地区的结论略显证据不足,高邮邵家沟汉墓的时代远早于王景治河的时期,犁铧的出土证明,其时的扬州地区的农业要远比庐江地区发达,尽管庐江地区离农业发达的黄河流域较近。

农业文明的发展离不开优质的生态环境,今天的扬州地区已是闻名的鱼米之乡。历史上的扬州亦是如此,笔者在第一部分就介绍过两汉时期扬州的生态环境,扬州地区农业生产的发达归因于适宜的气候和土壤植被环境,不仅在汉代如此,后世的扬州也一直因优越的生态环境而蒙受大自然的恩惠。学人罗桂环在研究历史上大白菜的产生和发展时发现:历史记载中,《图经本草》《南村辍耕录》《本草纲目》都对扬州的蓓和白菜作了生动的描述。"特别是《图经本草》和《本草纲目》对扬州藕和白菜的称道表明,扬州的祛(后来的白菜)一直是优于其他地方或最好的之一",为此他认为,这可能与扬州特别是扬州北部(包括今天的高邮、宝应等地)地处我国南温带与北温带湿润大区交界的过渡地域有关。这里的纬度比其他一些有史记载的地域纬度要高,适宜大白菜生长的温和日期加长,在有一定散叶大白菜或花心大白菜种质资源积累的条件下,是完全可能先育出大白菜的。在大白菜产生和分化的过程中,"地处江淮流域的古扬州地域是大白菜分化发源的重要地点"[①]。

扬州地区农业文明的发展与地方官的努力也分不开。虽然史料记载中关于扬州地方官员致力发展农业的资料并不多,但仍可见扬州的地方官为改善农业生产中的灌溉条件而作的贡献。一条为扬州学者熟知的史料是:章和元年(公元87年),马棱为广陵太守时,"兴复陂湖,溉田二万余顷,吏民刻石颂之"。这里,马棱所做的只是"兴复",即对过去存在的水利工程进行修复或新建,从侧面反映出马棱以前的扬州地区的地方官员曾重视农业生产中的水利建设。

---

① 罗桂环:《大白菜产生时间和地点的史料分析》,《自然科学史研究》1992年第2期。

当然，古代农业生产的状况素来受自然灾害和政治环境的影响较大。如前所述，扬州地区在汉代农业生产也有处于低谷之时，汉末三国时期，扬州地区的农业生产可能经过一段衰退期。史载刘备于汉末建安年间，曾驻扎于扬州，"备军在广陵，饥饿困顿，吏士大小自相啖食，穷饿侵逼，欲还小沛，遂使吏请降布。"① 可见其时的刘备在拥有兵马的情形下尚无法取得粮食，应该是兵荒马乱的年代，民众逃亡，土地大量抛荒导致扬州地区粮食匮乏的结果，但这改变不了扬州农业文明总体发达的状况。

第三节 汉代扬州的手工业

与农业资料相比，扬州地区的考古发掘中出土了更为丰富的手工业实物资料，使我们得以窥见汉代扬州地区的手工业发展的盛况。以下将各墓出土的实物资料加以汇集，试对汉代扬州手工业诸方面作个分析。扬州地区当时有：陶、瓷器制造业，冶铜业，铁器制造业，漆器制造业，纺织和编织，木器与骨器，玉、石、玻璃器，金、银、铅等特殊金属器和印章雕制等。

一 陶、瓷器制造业

在中国古代文明发展的历程中，陶器制造的历史非常久远，扬州地区的陶器制造业总体上较发达。

该地区发掘的西汉早期代表性墓葬有：扬州邗江西汉刘毋智墓和扬州地区农科所汉墓群。刘毋智墓共出土釉陶器和泥质灰陶器63件。扬州地区农科所汉墓群出土陶器75件。两墓共出土釉陶器54件，其中刘毋智墓33件，农科所墓21件。种类：刘墓为鼎、盒、壶、瓿、熏、勺等；农科所墓有鼎、钫、甑、胆瓶、香熏等。

---

① 《三国志·蜀志·先主备》注引《英雄记》，第874页。

可见当时釉陶器的种类较多。

从制作工艺上看，刘毋智墓的釉陶器用料考究，胎质坚硬细密，可见烧制温度很高。器表上部施泛绿或泛黄色青釉。农科所墓出土的釉陶鼎器身半施菜绿釉。

同一种器物有许多不同的造型。刘毋智墓和农科所墓的釉陶鼎都分为两式。由于是西汉早期，器物上的纹饰仍以几何纹为主，刘毋智墓常见纹饰有弦纹、卷云纹、蕉叶纹、双圈纹、戳点纹、水波纹等。农科所墓常见纹饰有水波纹、刺纹、斜方格纹、圆纹、圆圈刺纹。纹饰虽然朴实简单，但这一时期的陶器制作已开始有了更为复杂的装饰效果，刘毋智墓出土的1件熏炉的器盖顶层立一鸟，作振翅欲飞状，中层沿面卧伏3只小鸟。上腹饰一周凹弦纹，并且墨书"仓颉"二字，农科所墓的1件釉陶香熏盖上亦饰一鸟形钮。可见已有了更为强烈的艺术效果。

除釉陶器外，刘毋智墓还有泥质灰陶器30件。农科所墓亦有红陶和灰陶器出土。这两处墓葬中还出土了泥质陶明器，刘毋智墓出土陶郢爰25枚，器表鎏金。其形制与楚国流行的金版郢相仿。农科所墓出有陶钱数十枚，上印文"半两"二字。

农科所墓出土的1件釉陶甗，甗口残缺，曾有用生漆粘补的痕迹，这为我们展现了汉初修补陶器的方法，也从另一侧面说明当时陶器作为一种日常生活器皿和其余物品的相对价格较贵，所以才有修补的价值。

该地区西汉中期的代表性墓葬有：仪征张集团山汉墓，仪征烟袋山汉墓，邗江胡场5号汉墓，仪征胥浦101号西汉墓，高邮天山汉墓。

西汉中期，陶器制造业进一步发展，器物种类增多，仪征张集团山汉墓四座墓均出土大量陶器，M1出土的釉陶器主要器形有鼎、盒、壶、钫、豆、罐、钟、盆、洗、匜、熏、卮、釜、釜甑等；M2出土的釉陶器主要器形有鼎、盒、壶、勺等；M4出土釉陶器有鼎、盒、壶、勺等；仪征烟袋山汉墓出土的釉陶器，器形有鼎、盒、壶、瓶、瓿、钫、罐等；邗江胡场5号汉墓釉陶器主要器形有壶、瓿、盒、鼎等；仪征胥浦101号西汉墓釉陶器主要器形有瓶瓿、壶、罐等；值得一提的是仪征胥浦101号西汉墓的陶器中，釉陶居多，灰陶次之，还有少量硬陶，反映了釉陶器皿的日趋广泛。

西汉中期的陶器制造在釉色方面也有了新的进展，仪征张集团山汉墓出土的陶器釉色多样，除传统的黄色釉和青色釉外，还有青绿色釉和青灰色釉；仪征烟袋山汉墓出土陶器釉色为青里泛绿和青里泛黄两种；仪征胥浦101号西汉墓的陶器除有传统的黄绿色釉外，还有1件硬陶罐底部施墨绿色釉。器形也变得更高大，大型的釉陶瓿瓶高30.1厘米、腹径31.4厘米，釉陶壶则高达40厘米以上。在纹饰方面，装饰性纹饰效果更有进步，在釉陶瓿瓶的肩部饰对称兽面叶脉纹耳，上有羊角状堆塑。这时期也出现了一些造型别致的器物，张集团山汉墓M1出土的壶、罐等盖呈圆弧形，上有蘑菇状捉手，M2出土的鼎为半球形盖，盖上立三钮，钮的下部有圆孔。壶盖上部圆弧，上立三钮，钮下部有圆孔，上部作鸟头形。仪征烟袋山汉墓出土的鼎其中的Ⅰ式为球面形盖，盖顶有三个乳钉状钮。还有造型复杂的壶，其中Ⅰ式壶肩部设一对铺首衔环，铺首为兽面，耳饰蕉叶纹，Ⅱ式壶肩部饰三道凸绳纹，两侧施铺首衔环一对，耳饰蕉叶纹，铺首为兽面浮雕，造型古朴典雅，形象生动。Ⅲ式壶肩部两侧附蕉叶纹耳一对。Ⅲ式壶皆质地坚硬，火候高。出土的陶瓿Ⅰ式在肩部设三道凸绳纹，绳纹下各有三组刻画波浪纹。肩两侧设铺首衔环一对，铺首为一方形兽面，印有眼、鼻、耳、嘴和卷曲的毛发，耳部作人面形，刻有眉、眼、鼻、口、发、须。上腹至口施青绿色釉。Ⅱ式于肩部设兽耳一对，耳上模印有眉、眼、鼻、发、嘴和网状胡须，其造型复杂独特。邗江胡场5号汉墓出土的陶瓿肩部有两兽面纹耳，陶鼎肩有蟠螭纹铺首装饰。仪征胥浦101号西汉墓出土的釉陶瓶瓿大型器肩部饰对称兽面叶脉纹耳，上有羊角状堆塑，间饰凸弦纹三组，每组两道。小型器肩部饰对称兽面纹耳，腹部饰弦纹数道。

西汉中期的陶器制造业，除上述实用器外，明器制造生产也日趋专业化。与西汉初期的明器相比，这时期的明器更发达，已经开始制作更为复杂的器物。张集团山汉墓 M1 出土的明器有泥质灰陶器与泥半两，泥质灰陶器有编钟、编磬。编钟 9 件，置头厢和东边厢内。长方钮，舞面饰盘龙纹，篆四排，饰云雷纹，枚两排至四排不等。泥半两钱竟多达 1 万余枚。保存完好的有 6000 多枚，全部为模制，可见其时的明器生产已专业化。团山 M2 出土泥质灰陶器有罐 2 件，高达 26.4 厘米。费时费料就为了生产 1 件用于随葬的不实用的器物，足见汉人对丧葬的重视程度。团山 M3 出土有泥质灰陶器 16 件，有鼎、盒、壶、豆、杯、罐等。除豆、杯外，其余器形皆较大，壶的通高达 32.8 厘米。除罐外，其余诸器均用红彩带和白彩带装饰。仪征烟袋山汉墓出土的泥质灰陶器有陶井、汲水罐、水盆、陶灶、釜等，皆火候低，质地松软，但皆做得比较专业，陶井、汲水罐、水盆为成套生活设施与用具，灶、釜亦自成一套。尤其是陶灶，风火墙、火门、灶眼、烟囱、烟孔道、灶内火眼后将灶内分成前、后两段的小隔墙等，一应俱全。高邮天山汉墓陶、泥制品有瓴、五铢钱和麟趾金。仪征胥浦 101 号西汉墓出土的陶明器有灰陶井 1 件，井内放置一个小陶罐。灰陶灶 1 件，双灶眼。出土时小灶眼上放置双耳小铜锅 1 件，大灶眼上放置铜甗，上甑下釜。

扬州地区西汉晚期、新莽时期至东汉初期的代表性墓葬有：邗江"妾莫书"墓，邗江胡场汉墓，邗江姚庄 101、102 号汉墓，江苏仪征盘古山西汉墓 M1、M2，扬州平山养殖场汉墓，M1、M2、M3 属西汉中晚期，M4 为新莽时期，邗江杨寿乡宝女墩新莽墓，邗江郭庄汉墓，凤凰河第三期工程发现的 9 座新莽墓，扬州东风砖瓦厂汉代的木椁墓群，扬州东风砖瓦厂第 8、第 9 号汉墓，仪征新集螃蟹地 7 号汉墓。

这一时期从制作工艺看，邗江"妾莫书"墓陶器近 30 件，主要以釉陶为主，邗江胡场汉墓出土陶器 10 件，均施青黄釉，邗江姚庄 101 号汉墓侧厢出土陶壶 5 件，其中的Ⅱ式、Ⅲ式均上半部施青釉，邗江县姚庄 102 号汉墓出土陶器虽少，仅见 2 件分别为碗、罐，但均为釉陶，扬州平山养殖场汉墓陶器有釉陶壶 47 件、釉陶瓿 2 件、釉陶罐 4 件、釉陶鼎 2 件，而灰陶器只有 3 件，分别为灰陶灶、灰陶盘、灰陶井。宝女墩新莽墓 M104 出土陶器 27 件，分施釉硬陶和泥质灰陶，不施釉的泥质灰陶只有 2 件，扬州东风砖瓦厂汉代木椁墓群随葬有陶器共 42 件，除个别残破外，绝大部分保存完好，有釉陶 28 件，灰陶 12 件，红陶、硬陶各 1 件。扬州东风砖瓦厂第 8、第 9 号汉墓陶器共 12 件，其中釉陶器有 7 件，仪征新集螃蟹地 7 号汉墓出土釉陶器 12 件，灰陶仅有 1 件，这些都说明釉陶的制作和使用更为普遍，灰陶已逐渐淡出人们的生活。但由于釉陶器的价格高，所以人们对于残破的釉陶器仍作修补，邗江郭庄汉墓釉陶壶 1 件，高 45 厘米，腹径为 37 厘米，在口沿有用生漆粘修过的痕迹。

至新莽时期，陶器的器形也更加复杂，宝女墩新莽墓 M104 出土陶器盘口壶，Ⅰ式壶肩部饰两对称蕨叶纹耳，耳上部堆贴羊角形饰，下部堆贴半圆环。器上半部施黄色釉。Ⅱ式其中 1 件。盘口和颈部各饰一周水波纹，肩腹部各饰数道弦纹，肩部饰两对称蕨叶纹半环耳，耳上堆贴羊角饰。器上半部施黄釉。还有 1 件更陶壶耳上部堆贴羊角饰及五乳丁，下部堆贴半圆环。可见陶器上的如羊角形堆饰和环耳等装饰与西汉初期相比显得更加复杂化。在釉色中出现了酱褐色釉和黑釉，这是在传统的青、黄和黄绿釉色泽上发生的重要变化。扬州东风砖瓦厂汉代木椁墓群陶器上的釉色为青里泛绿和青里泛黄两种。扬州东风砖瓦厂第 8、第 9 号汉墓陶器共 12 件，釉色为灰绿色釉。

明器的制作更加专业化，邗江胡场汉墓 M1 陶明器类有马蹄金和五铢（均陶制）若干。马蹄金形如饼，表面涂黄色；扬州平山养殖场汉墓陶饼金 8 枚。M1∶20 断面呈弧形。直径 65 厘米、高

2.5厘米；宝女墩新莽墓M104出土马蹄金3件，M104：72中间凸出，四周饰对称卷云纹。施黄色釉。直径5厘米、高2.4厘米。扬州东风砖瓦厂汉代木椁墓群有陶灶5件。均属明器。呈船形，上有三火眼，均置陶制的釜、坛等。

明确被看成是东代初至东汉后期的代表性墓葬有：扬州七里甸汉代木椁墓，江苏邗江甘泉2号汉墓，邗江甘泉老虎墩汉墓，邗江甘泉1号汉墓，仪征石碑村发现的2座，邗江县槐泗桥汉代多耳室拱顶砖室墓、宰家墩汉墓。

这一时期的陶器业从制作工艺看，釉陶继续发展，器物越来越精美，后期出现了青瓷（见图2-4）。扬州七里甸汉代木椁墓出土釉陶壶2件。器身肩腹间及腹部由弦枚和波浪纹构成。左右肩部有两耳，饰芭蕉纹。大的口径16.5厘米，高42.5厘米；小的口径10厘米，高21厘米。这两件壶均带有黄绿色釉。江苏邗江甘泉2号汉墓出土釉陶壶13件（见图2-5）。瓷器有罐四件，均为小口，短直缘。肩部均有四系，其中1件M2：1的腹下部还有一对小环耳。胎均为白瓷土烧成，施青绿色或黄褐色釉，腹下部及底部无釉。颈下有细网格纹。口径10.4厘米，高22厘米。宰家墩汉墓出土青瓷器：罐2件，完整，1件直口短唇有肩鼓腹平底，上腹部附有四系，器身内外施青褐釉，色泽深浅相同，似瓜楞，外唇边一道弦纹；另1件高唇，腹微鼓，施淡青黄釉，色泽明亮，有开片，余同前者，高22厘米和22.8厘米、口径11.5厘米和11厘米、腹径22厘米和20厘米、底径13厘米。

在釉色方面，除传统的黄绿釉外，邗江甘泉1号汉墓出土的釉陶窗棂纹罐1件，高30厘米，器表满饰拍印窗棂纹，腹以上施灰白釉，釉直口双系罐1件，直口外饰弦楞纹三道，肩有桥形耳一对，器身上半部施灰白间青黄色釉。

釉陶器器形更为复杂，邗江甘泉1号汉墓出土的陶器有釉陶五支灯1件。全角为灯树，底座为一圈足盘，盘中立一根空心圆柱，柱上交互伸出两对对称的牛头，牛头上各承一灯盏，圆柱顶端踞一熊，头顶灯盏。通体施黄绿色釉。

图 2-4　1988 年邗江杨庙乡王庙 101 号西汉墓出土青釉陶瓿（左）
图 2-5　1990 年 2 月甘泉乡秦庄西汉墓出土鸟纹铺首系釉陶壶（右）

陶明器的制作亦更加考究，该时期的墓葬中，使用明器代替实物随葬成为普遍的风气。邗江县槐泗桥汉代多耳室拱顶砖室墓出土陶器有井、仓、灶、案、盘、盆、勺、篮、钵、烛台、灯、耳杯、纺轮等，均为泥质灰陶明器。其中有陶仓 1 件，由盖和身组成，盖作圆攒尖顶，顶上立一动物，似鸡。全身近圆筒形，敞口圆壁束腰平底，腰上部开一方窗，上部和腰部各饰两道弦纹，腰部两道尤深。通高 27 厘米、全身口径 16.5 厘米、腰径 14 厘米、底径 15.5 厘米，出于甬道两耳室。宰家墩汉墓出土陶器有罐、案、盘、魁、杯、勺、灯等，除罐为釉陶外，余皆泥质灰陶。江苏邗江甘泉 2 号汉墓的泥质灰陶器 15 件，除灶、猪圈和房屋外，共余陶器表面均施了一层白衣，炉的外表施加红衣。有陶猪圈 1 件。方框形墙，其一角上部有一厕所，悬山顶，内部有蹲坑和脚踏，圈内还有一只陶猪。房屋 1 件。形体甚大通高 70 厘米、面宽 81 厘米。上为庑殿式房顶，四壁上部内低，正面开有 3 个长方形门洞。邗江甘泉老虎墩汉墓出土陶楼 1 件。米黄色胎，通体施黄釉。楼分上下两层，单开间。下层正面有两扇半开着的大门，饰对称铺首衔环、两侧及上方刻画出门框，下边置 3 级台阶。中部出檐，塑出瓦垄。上层正面开两扇对称窗，窗之间的隔墙上饰兽面铺首衔环。四阿式顶，上盖筒瓦。楼面阔 20 厘米、进深 15 厘米、通高 38 厘米。陶畜圈 1 件。青灰色胎较坚细，器身通体施青黄釉。由台阶、厕所和围墙组成。围墙平面略呈椭圆形，高 8.5 厘米。正面有 9 级台阶，两侧置栏杆。畜圈前部置厕所一间，正面有单扇虚掩的门，门周围刻有门框，下置门槛。高 10.5 厘米、宽 12.5 厘米、进深 7 厘米。在厕所两侧墙和后墙的中央均开一圆形窗孔，直径 1 厘米。门的右上角开一方形窗孔。厕所内地面的中央开一长径 3 厘米、短径 2 厘米的椭圆形孔，直通圈内。厕顶作四阿式，前墙搭在围墙之上，与台阶相接，后墙下有支撑桩立在围墙之内。围墙上沿置 4 个对称的圆形饼状物，径 2.5 厘米。下方内侧卧一猪。畜圈前宽 19 厘米、后宽 16 厘米、进深 27 厘米。陶井 1 件。米黄色胎，通体施青黄釉，由井栏、井身组成。井栏为圆形，直壁，外部上下各有 2 至 3 道弦纹，中间有数道水波纹。内口径 6 厘米、外径 12.4 厘米、高 3.5 厘米，井身向下渐鼓出。近栏处有 5 个小圆孔，向下表面用弦纹、水波纹和乳丁纹相间交叉，构成菱形纹组合图案。井底径 18 厘米、通高 12 厘米。

陶灶 1 件。米黄色胎，通体施黄釉。长方形灶面。两端略弧。前有灶门，后有烟囱。灶门上部刻有烟火纹。灶面有两火眼，径分别为 6 厘米和 8 厘米，火眼上置釜、甑各一，釜口径 6 厘米、高 4 厘米，甑底部有 7 个小圆孔，口径 16.2 厘米、高 8.6 厘米。灶长 24.4 厘米、前宽 14 厘米、后宽 14.7 厘米、高 10.4 厘米。

总之，扬州地区汉代的陶器制造业分为两支在发展，一是实用器，一是明器。从西汉初期至东汉后期，无论实用器还是明器的制作水平经历了由简单至复杂的过程，至东汉后期，已出现了用瓷土烧制的瓷器，在中国陶瓷发展史上，扬州地区是一个重要的发生地。

有学者发现，西汉今江苏地区的釉陶器主要分布于徐州地区、连云港地区、扬州地区、南京地区等，盐城、盱眙、安徽天长一带也偶有发现,这其中连云港至扬州一带的漆器特别引人注目,而且釉陶器的种类相当丰富,质量也高,苏南地区正好与之相反,作者认为,尽管釉陶器的生产地点现在虽不清楚,但江苏地区釉陶器的数量、质量明显高于长江下游的其他地区。从文中可见,作者得出这一结论的主要依据是基于对扬州地区大量墓葬材料的分析,作者对扬州地区是否是当时陶器手工业的重要地区心存疑虑,同时又认为釉陶器的中心区域究竟在哪里,今扬州地区显然是个重要的地区。[①] 笔者认为,扬州地区出土的釉陶器序列完整,工艺精良,如果说扬州地区的釉陶器来自远处的浙江一带,则何以说苏南一带的长江中下游地区出土的釉陶器质量不如扬州地区,按常理判断,苏南离浙江更近,从文化的传播看,更应该受到浙江的影响,而非舍近而求远。所以,扬州地区的釉陶器质量高于苏南,恰好可以证明这一地区在西汉时期的陶器手工业较为发达。

二 冶铜业

冶铜业是汉代扬州手工业方面的一个重要领域。早在吴王濞统治吴国期间,扬州的冶铜业就已很发达。

西汉早期代表性墓葬扬州邗江西汉刘毋智墓和扬州地区农科所汉墓群已出土多件铜器。刘毋智墓出土铜器19件,包括镜、带钩、刷、针、镦、镞等。扬州地区农科所汉墓群铜器有18件,包括镜、剑、铜削蟠螭环首、带钩、环、铜柄刷、铜印等。器物种类涉及日常生活及兵器等11个种类。

扬州地区汉代早期铜器花纹丰富,制作精良。刘毋智墓铜镜标本 M1∶12,龙纹铜镜,三弦钮,钮座由内到外分饰三角云雷纹、纹、斜栉齿纹和凸棱。镜面中区由云纹和三角雷纹组成地纹,3条回首扬角蜷身的虬龙间以菱形纹做主纹。近边缘处一周斜栉齿纹,

---

① 汪维寅、汪俊明:《江苏西汉墓葬二题》,《东南文化》2005年第2期。

宽素缘，低卷边。直径18.4厘米。标本M1C：1，蟠螭纹铜镜，三弦钮，钮座外分饰云雷纹、纹，主体纹饰由3条昂首张口的螭龙与石磬纹构成，龙身与卷云翻转缠绕，衬以细密的三角云雷地纹。宽素缘、低卷边。直径13.6厘米。农科所墓铜镜则分为三式，Ⅰ式连弧云雷纹镜1件（M1：2），三弦钮，边起翘，饰连弧纹及云雷纹。厚0.1厘米、径16厘米。Ⅱ式蟠螭纹镜三件（N2：3、M3：15、M5：1），三弦钮，边起翘，流蟠螭纹，钮周饰四圈弦纹。中有铭文，字迹不清。厚0.2厘米、径分别为11.2厘米、10.7厘米、10.4厘米。Ⅲ式内连弧纹四乳蟠螭纹镜1件（M4：2），边微翘，外围饰内连弧纹，内饰四组蟠螭纹、间饰四乳，厚0.2厘米、径10.4厘米[①]。

在铜器制作方面出现包金、错银、宝石镶嵌、鎏金等工艺。刘毋智墓出土带钩1件（M1C：102），弓形，一端弯曲成钩状，螭首包金箔，钩身错银，并且嵌绿松石。出土的镦1件（M1C：73）器表鎏金，脱落严重。农科所汉墓出土的铜柄刷，其中1件亦有鎏金残迹。

西汉中期出现的铜器种类增多，数量增加。仪征张集团山汉墓M1出土铜器多达58件。有镜、印、鐎盉、铃、钲等。M2和M3都出有铜镜。仪征烟袋山汉墓出土铜器7件，有钫、盆、熏炉、斧、璧等。邗江胡场五号汉墓出土铜器9件，有釜、洗、钵、铜削、印、镜等。仪征胥浦101号西汉墓出土铜器8件，有香熏、洗、盘、盆、釜、镜、带钩等。高邮天山汉墓出土的铜器和铜制品，则更多，种类有壶、盆、洗、鼎、钫、熏、镫、镜、臼、杵、箭簇、轮、泡等。

在铜器制造工艺方面，铜镜的纹饰更加复杂，多与汉代民间传

[①] 扬州市文物考古研究所薛炳宏、王晓涛、王冰、束家平：《江苏扬州西汉刘毋智墓发掘简报》，《文物》2010年第3期。扬州博物馆：《扬州地区农科所汉墓葬群清理简报》，载文物编辑委员会编《文物资料丛刊》第9辑，文物出版社，1985。

说和道家文化中的"仙境"有关。张集团山汉墓 M1 出土的一面铜镜，镜背花纹分为内外两圈，内圈作蟠螭纹，外圈以蟠螭纹为地，4 只怪兽环绕其间，兽狐面，长舌，大耳，回首。长尾上卷，一前爪向后抓尾，一前爪向前捉前一兽之尾。M2 的铜镜镜背内圈饰 3 只神兽，长角，回首，长尾上卷，作奔走状，外圈以云纹为地，饰四虬龙，虬龙张口长舌，长身卷曲，长尾上卷。M3 的铜镜镜背以细密的云雷纹为地，饰四虬龙，龙回首，长身卷曲，尾回转，两龙之间填菱形纹①。仪征胥浦 101 号西汉墓出土铜镜 2 件，1 件为日光镜，峰钮，内圈为连弧纹，外圈有铭文"见日之光，长不相忘"八字，在两字间均加衬"囗"形纹。内外圈用弦纹相间，铭文带外圈为栉齿纹，窄缘，直径 5.4 厘米。另 1 件为神兽镜，半球形钮，连弧纹钮座。内圈为 9 个小乳丁，乳丁间饰几何图案。中圈主体纹饰为五神兽和五乳丁相间。外饰栉齿纹带一周。宽缘，中间饰锯齿纹带。这一切都体现了某种神话色彩。鎏金工艺继续发展，烟袋山汉墓出土的铜承弓器尾作方筒形，素面鎏金。刷把 1 件（1：393）。形如烟斗，鎏金，尾部有孔。还出有鎏金四叶形铜片 12 件，中部有一圆孔，正面鎏金。②

器物种类方面，铜乐器是新发现的铜器种类，张集团山汉墓 M1 出有铜铃 43 件，上有半环形扁钮，内有铃舌，两面饰以网纹，网格内填小乳丁。钲 1 件，扣之声音清脆。《简报》作者说磺形器、环形器与铃、镰盉、钲、陶半两、六博盘等置放在一起，用途不明，可能无特定意义，都是丧者生前所用物品。出现铜银复合铜器，烟袋山汉墓出土的熏炉 1 件（1：36），炉体用两层薄铜皮制成，球形腹，上、下腹接合处有凸棱，凸棱上侧等距离设四个银铺首衔环。

出现铭文铜器，烟袋山汉墓出土的 1 件斧侧面有阳文隶书"淮

---

① 南京博物院、仪征博物馆筹备办公室张敏、孙庆飞、李民昌执笔《仪征张集团山西汉墓》，《考古学报》1992 年第 4 期。
② 扬州博物馆：《江苏仪征胥浦 101 号汉墓》，《文物》1987 年第 1 期。

二"两字。铜不仅用于生产镞等简单兵器,而且用于制造更为复杂的兵器,烟袋山汉墓出土弩机2件,1件已残。牙、钩心、悬刀为铜质,与弩机同出的还有铜承弓器2件。

铜明器制造到西汉中期可能是一具有一定规模的生产领域,经历过西汉初年的物资奇缺时期后,至西汉中期,生产有了发展,随着铜的不断开采,有富余的铜器可以用于制造铜明器,以满足权贵和部分富有阶层的需要。扬州汉代中期墓发现大量用铜制作的明器,如烟袋山汉墓出土的10件铜镞,除1件为实用器外,余均为明器。出土的铁制车马器形制都较小,亦为明器,专家根据其数量及组合,推测原葬有车3辆,马10匹。因未参加实地发掘,不知是否由两辆驷马安车和一辆二马轺车所组成。在成套的车马器中,可见其工艺已十分复杂,马镳10套,一种造型中部有空,两端似桨叶状,叶呈花边形,鎏金。另一造型与前一种基本相同,但在叶部作直弧线形,亦鎏金。当卢作马面形,上端中部有一联珠状穿孔,边沿有三组对称的小穿,面背面上、下两端有鼻状系。车軎6件,大小相同,軎身有一辖孔。辕饰6件,整个器形呈弯曲的钩状,一端为圆銎,鎏金。辕饰3件,大小相同,用圆铜条制成,两端呈锥钩状,鎏金。盖弓帽40件,形制大小均同,顶为圆形,管中部斜伸一钩,鎏金。管络饰19件,形状相同,大小略异。均鎏金,作小圆管形。冒形器6件,均鎏金,一种为直筒形,一端封口。另一种形状与同上,但在筒身中部多出一周凸棱,口端微大于底端。环4件。泡9件。形状相同,鎏金。作半椭圆体,背面有一横梁。扣件11件。出于车马附近,当是车马饰件。分三种造型,第一种背部有双钮,呈圆头倒梯形,钮上下各有一孔;第二种圆形,背中部有一鼻形钮;第三种首部为带状马蹬形,下有楔形平头柄。[①]

---

① 南京博物院王根富、张敏执笔《江苏仪征烟袋山汉墓》,《考古学报》1987年第4期。

铜印的制造也是一重要的铜业部门，胡场5号汉墓出土铜印三件，2件在死者腰部，1件龟组，篆书："臣奉世"三字，"臣"字阳刻，"奉世"二字阴刻；另一种桥形钮，肖形印，篆书"封信愿君自发"六字，四周边线分别阴刻"龙、虎、怪人、玄鸟"图案。1件出在小圆奁的马蹄形子奁内，两面都刻文字，一面是"王印奉世"；一面是"王印少孙"，其"王印"二字均为阳文，余皆阴文。肖形印和后两面印可以套合，是分置两处的套印。①

图2-6　1985年杨寿乡宝女墩新莽墓出土"日有熹"铜镜

西汉中期铜币生产规模扩大，与西汉早期只有少量的钱币随葬不同，这时期的墓葬都随葬有大量铜钱，仪征胥浦101号西汉墓随葬的铜钱多达2330枚。

西汉晚期、新莽时期至东汉初期，器物种类不断增多，出现了一些新的器种。邗江"妾莫书"墓出土铜器因为早先被盗种类无法确知，但从大量残毁的器物看，铜器种类与数量都极为丰富。有镜、勺、铜镇等。邗江胡场汉墓M1出土铜器4件，种类有釜、钵、洗等。邗江姚庄101号汉墓出土铜器约31件，种类有：铜刷、盆、奁、

---

① 扬州博物馆、邗江县图书馆：《江苏邗江胡场五号汉墓》，《文物》1981年第11期。

熏炉、灯、铜虎镇、宝石镶嵌铜杖首、洗、碗、鼎、钫、提梁奁、盉、灶、釜甑、锅、罐、镜等18类。邗江县姚庄102号汉墓出土铜器计25件。器类主要有染炉、灯、盉、鼎、钫、尺、匜、壶、盆、沐盆、带钩、杵、铃、牌饰、镜、阳燧等17类。扬州平山养殖场汉墓出土铜器26件，器类有铜镜、铜盉、铜灯、铜井、铜勺、铜灶、铜刷、铜甗、铜带钩、铜洗、铜釜、铜印等12类。杨寿乡宝女墩新莽墓M104出土铜器，共55件。器类有：鼎、壶、釜甑、灯、沐盆、盘、熨斗、勺、镜、刷、齿轮、羽人戏兽饰、柿蒂纹扣件、凤形钮饰、熊足、包角、案足、铺首衔环等。宝女墩新莽墓M105出土铜器9件，多为漆器上的饰件。器类有泡、齿轮、铺首衔环、包角、案足等。此外，在宝女墩新莽墓M105周围还发现零散铜器，器类有：铜印、香熏、奁、灯、提梁壶、釜甑、方耳锅等。扬州东风砖瓦厂汉代的木椁墓群铜器共27件，器类有镜、盉、洗、卤、盆、釜等。仪征新集螃蟹地七号汉墓出土铜器共18件，器类有镜、钫、壶、樽、灯、博山炉、碗、筥、带钩等。

铜器制造工艺方面，出现新变。邗江"姜莫书"墓出土昭明镜1件。半圆形钮，连珠纹钮座，外有内向连弧纹。铭文为"内清质以昭明，光而象夫日月，心忽扬而愿忠，然而不泄乎"。邗江姚庄101号汉墓头箱出土铜奁盖作圆弧形，子母口，盖顶附一圆环，圆环周围饰3只回首孔雀。奁身直壁，口、腹、底部各饰一道弦纹，腹附二对称铺首，三坐熊形足。工艺极为复杂。姚庄102号汉墓出土鸟纹四乳镜。半圆钮，圆钮座。内区为四乳八鸟纹，外为素宽边缘。姚庄102号汉墓出土铭文镜。半圆钮，连珠纹钮座。内区为八角内连弧纹，钮座与连弧纹之间饰涡纹和条纹，外区为字体方整的汉隶铭文带，外为素宽平缘。M102∶31，放在漆奋内，外区铭文带共有铭文35字："谏治铅华清而明，以之为镜宜文章，延年益寿辟不羊（祥），与天无极如日光，千秋万岁乐未央"。直径18.5厘米。标本M102∶106外区铭文带共有铭文35字："爱使心（臾）者，（臾）不可尽行，心污结而独愁，明知兆（道）不可处，志所灌（欢），不能已，君忘，忘而先志兮"。扬州平山养殖场汉墓出土铜镜8枚，有：昭明重圈铭文镜、日光连弧纹镜、星云纹镜、青白连弧纹镜、四乳四螭镜等，反映了铜镜制造工艺的多样化。该墓出土的1件铜带钩，非常有特色，呈钩形，为七弦瑟，瑟旁坐两人，一人鼓瑟，一人吹笙。宝女墩新莽墓M104出土铜镜2件，一为云雷连弧纹镜，残余一半。薄缘，镜面微弧，内区饰四叶柿蒂纹，中区有八连弧纹，外区为线形云雷纹，区间以短线纹带相隔。另一为连弧钱文镜。圆钮，厚缘，镜面微弧，内区饰四叶柿蒂纹，中区为八连弧纹，间饰草叶纹和几何纹，外区为铭文带，共38字，铭文为"日有熹，月有富，乐毋事，宜酒食，居而必安，长毋忧患，竽瑟侍，心王（意）欢，乐已□，固当然，日已昌，乐未央"（见图2-6）。

宝女墩新莽墓M104出土齿轮及锁形器7件（M104：15）（见图2-7）。齿轮6件3组，每组中心穿孔一方一圆，方孔边长0.6厘米，为主动轮，圆孔径0.4厘米，为被动轮。齿为人字状，中心偏一侧，咬合紧密。第1组26齿，各一面孔边刻"八"，第2组41齿，各一面孔边刻"九"，第3组44齿。1件的一面孔边刻"十"，不太清晰。齿轮大小相同，直径1.6厘米、厚0.8厘米。锁形器略作长方体，底方上圆，上部偏一端开一方缺，大小恰适置一齿轮。另一端中部偏上横穿一小圆孔。端面上部一圆穿，直径1厘米；下部一方穿，边长0.8厘米。扬州东风砖瓦厂汉代的木椁墓群出土铜镜16面，有日光镜，即规矩镜，"四乳镜""心四兽镜"和"家常富贵镜"等。仪征新集螃蟹地七号汉墓出土镜2件。四乳四螭镜（M7：31-1）置头厢内。圆形，圆钮，圆钮座，座外有四组回旋线条及一周凸弦纹。两组短斜线纹圈带内为主纹，主纹是四乳与四螭纹相间环绕，四乳带圆座。宽素缘。直径11.3厘米、厚0.7厘米。简化博局镜（M7：43-1）置棺内。圆形，圆钮，四叶纹钮座。座外方形及4个T与V纹，缺L纹。四方配置一青龙、一白虎、两只朱雀。边缘纹饰为双线波折纹。直径11.5厘米、厚0.4厘米。

图 2-7　1985 年杨寿乡宝女墩新莽墓出土齿轮及锁形器

鎏金工艺得到更广泛使用，"妾莫书"墓出有鎏金铜勺 2 件。除保存完好的铜器外，其他铜器均残缺不全，但都是鎏金的，其中有行灯上部，香熏盖、罐盖、柄饰等。邗江姚庄 101 号汉墓头箱出土铜奁通体鎏金。铜熏炉 1 件通体鎏金。邗江姚庄 101 号汉墓女棺出土铜碗 2 件。标本 M101：214 宽平沿，弧腹，平底，矮圈足，腹饰两铺首。口部錾刻缠连如意纹，腹、底錾刻云气纹，间饰奔鹿，通体鎏金。口径 16.6 厘米、高 5.2 厘米。标本 M101：215 宽平沿，弧腹，平底，圈足，口、腹、内底均錾刻云气纹和锯齿纹，通体鎏金。邗江县姚庄 102 号汉墓出土铜盆 1 件，通体鎏金。宽平沿，圆弧腹，圈足。腹有腰沿，并饰有兽面衔环铺首一对。盆内錾刻有缠连如意云气纹，并间饰羚羊、锦鸡等飞禽走兽，盆外腰沿上契刻两组连齿纹，上下分别契刻缠连如意云气纹，并间饰锦鸡、羚羊等。宝女墩新莽墓 M104 出土鎏金铜盘、鎏金羽人戏兽饰、凤形钮饰、熊足、包角、铺首衔环、鎏金铜扣等，甚至连出土的铜钱五枚都是鎏金的。扬州东风砖瓦厂汉代的木椁墓 M7 棺内出土的一面"规矩镜"半球形钮，方座。镜背面有鎏金的痕迹。

出土带有地方文化特色的铜镇。铜镇并不是新出现的器形，早在先秦时期，就在我国的南方大量使用，至汉代，使用范围遍布全国各地。但全国各地出现的铜镇器形则有相当大的区别，南京大学的一位考古专业研究生在其《考古所见先秦两汉的"镇"》一文中曾对全国各地出土的先秦两汉的铜镇做过统计，今据其统计成果，去除先秦部分，得出各地汉代出土铜镇器形情况如下：

1. 豹形镇：分为铜豹镇、豹形铁镇、金豹镇

铜豹镇出土地点有：河北献县贯公墓地，西汉早期墓，数量1。河北满城汉墓2号墓，西汉中期墓，数量4。湖北荆州高台秦汉墓，数量4。北京大葆台汉墓1号墓，西汉中期墓，数量1。豹形铁镇出土地点：安徽天长西汉中期墓M19，数量4。江苏仪征烟袋山西汉中期墓数量1。金豹镇出土地点：江苏盱眙县穆店南窑庄汉代遗址，数量2。

2. 铜虎镇、虎形铁镇

出土地点：陕西扶风石家1号汉墓，西汉中期墓，数量2。北京大葆台2号墓，数量1。江苏铜山小龟山西汉崖洞墓，西汉中期墓，数量4。内蒙古托克托县西汉墓，数量4。河北定县北庄汉墓，东汉早期墓，数量3。虎形铁镇出土地点：长沙杨家湾43号西汉早期墓，数量4。河南芒砀山西汉梁王墓地保安山2号墓1号陪葬坑，西汉中期墓，数量4。内蒙古中南部西汉晚期墓葬召潭M2，数量1。

3. 嵌贝铜龟镇

出土地点：山西浑源毕村西汉木椁墓，数量4。

4. 嵌贝铜鹿镇

出土地点：辽宁新金县花儿山汉代贝墓M7，数量8。1957年河南陕县西汉中期墓发掘简报，数量4。内蒙古中南部汉代墓葬八拜墓葬M3，西汉晚期墓，数量2。

5. 铜羊镇

出土地点：河北邢台南郊西汉墓，数量4。宁夏固原县古城公社，西汉时期遗址，数量1。河北定县40号西汉墓，数量4。

6. 铜鸳鸯镇

出土地点：云南晋宁石寨山汉墓M20，西汉早期墓，数量1。

7. 铜骆驼镇

出土地点：安徽巢湖汉墓放王岗1号西汉中期墓，数量4。

8. 博山形铜镇

出土地点：江苏邗江姚庄 101 号西汉墓，数量 4。

9. 独角卧兽铜镇

出土地点：山东省青州市城区邵庄乡冷家村西汉遗址，数量 4。

10. 银刺猬镇

出土地点：内蒙古自治区伊金霍洛旗石灰沟匈奴墓，汉代墓，数量 2。

11. 山兽镇

出土地点：广西合浦西汉晚期木椁墓，数量 4。

12. 铁镇

出土地点：萧县西汉汉墓 XZM14，数量 4。萧县西汉晚期墓 XPM75，数量 4。

13. 辟邪镇

出土地点：甘肃省张家川回族自治县汉代遗址，数量 4。

14. 石镇

出土地点：广西贺县河东高寨西汉墓，数量 4。萧县西汉中期墓 XPM72，数量 4。贵州兴义、兴仁东汉墓数量 1。内蒙古中南部召湾汉代墓葬，东汉建宁三年（170 年）墓，数量 1。

15. 铜人形镇

出土地点：甘肃灵台县梁原公社傅家沟西汉墓，数量 4。广西西林县普驮铜鼓西汉早期墓葬，数量 4。南昌东郊西汉中期墓 M14，数量 4。河北满城汉墓 1 号墓，西汉中期墓，数量 2。河南新安西汉墓，数量 4。[①]

从各地出土的铜镇看，可见各地的镇器形有很大区别。各地出土的铜镇往往都是写实性动物造型或是人形造型，如豹、虎、龟、鹿、羊、骆驼、鸳鸯、刺猬、人形等，因此写实性的

---

① 曹栋洋：《考古所见先秦两汉的"镇"》，《武汉文博》2010 年第 3 期。

造型实际上是比较流行的。比较抽象的造型不多，如独角卧兽、山兽、辟邪、博山形等，这些抽象的造型在同一地点都出土有较多的数量，可见，这些抽象造型的铜镇应该代表当地的特色。

在众多的造型中，虽然扬州地区仪征烟袋山汉墓也出土过1件豹形铁镇，但博山形铜镇在数量上的优势，可以代表扬州地区的审美和制造业的造型习俗。邗江姚庄 101 号汉墓头厢出土的铜镇被划分在博山形铜镇的类别中，实际上应该也是铜虎镇的一种，因为虎镇表面中部有一猛虎扑食野兽的浮雕，周围饰有博山五峰，营造了一种缥缈的意境，给人以亲临仙界的感觉。除此而外，《考古所见先秦两汉的"镇"》一文尚有遗漏，笔者没有细查，仅据已掌握的扬州考古资料可知，邗江"妾莫书"墓出有螭虎铜镇 1 件（《简报》发表于 1980 年）。圆座平底，座底中心有方形焊接的痕迹。上部镂空，中间山峰耸立，三螭虎环绕四周，应该与邗江 101 汉墓铜镇属于基本相同的造型，皆有山峰和虎。

还有一些尚未以《简报》形式对外公布的扬州汉墓中也发现有镇。1989 年 3 月，邗江甘泉乡老山西汉墓出土博山形铜镇 3 件（见图 2-8），3 铜镇大小、形制相同，出自同一墓葬，由四层山峰构成重峦叠嶂，最底层一周，刻有青龙、白虎、朱雀、玄武，整体呈上小下大的圆锥形，器表鎏金，器内注铅，浇铸浑然一体，颇有山野仙风，自然和谐之效果。该镇出土的第二年，于杨庙乡燕庄西汉墓又出土错金银铜虎镇 1 件（见图 2-9），该镇形似圆墩，由一蜷伏于两层台阶上的老虎浮雕构成主体造型，虎身的鼻、耳、爪皆由错金银工艺装点，显得高档、精致。可见扬州地区出土的铜镇在艺术风格方面带有明显的地方文化特色，山峰和虎构成了铜镇造型中的基本元素。

图 2-8 1989 年甘泉乡老山西汉墓出土的博山形铜镇（左）
图 2-9 1990 年杨庙乡燕庄西汉墓出土的错金银铜虎镇（右）

新发现的器形还有邗江姚庄 101 号汉墓侧厢出土的宝石镶嵌铜杖首 1 件。出于大漆笥之上。呈六角帽顶式，中心为一乳丁。每面嵌黄宝石三颗。底部有边长 1.6 厘米、深 1.5 厘米的方孔，内残存木杖柄。染炉也是新发现的器物，发现于邗江县姚庄 102 号汉墓（见图 2-10），由承盘、炉和染杯三部分组成。染杯形如耳杯，长 15.4 厘米、宽 12 厘米、高 4.4 厘米。炉身呈长方形，口大底小，斜直壁，平底，镂空。炉身腰部有宽平方边的腰沿，腰沿上方为镂空博山式支边，悬空支撑着染杯，腰沿下为炉膛。炉壁四周有十四道竖条状气孔，

图 2-10 1988 年甘泉乡姚庄 102 号西汉墓出土铜染炉

炉底亦有条状气孔十道，炉下有一横穿炉底的长方形孔道，炉底两侧置四蹄足。炉下为长方形宽平沿承盘。染炉长 16.6 厘米、宽 12 厘米、通高 14.2 厘米。

邗江县姚庄 102 号汉墓还发现阳燧 1 件（M102：40）。燧似为铜镜，呈复盆式。燧面呈圆弧形，抛光很好，光亮可鉴。背面顶部中心饰三弦钮，圆形钮座，内区为四分式，间饰草叶形图案，外区为素宽唇边。熨斗也是新发现的器形，宝女墩新莽墓 M104 出土熨斗 1 件，敞口，平沿，弧腹，圆底。龙首柄与器身分铸铆接，龙首长吻，张口衔一珠，卷须，鼓额，凸睛，束鬃，额上一角，身饰鳞纹。

复合铜器继续发展，出现制作十分精巧的铜器。邗江"妾莫书"墓铜器有龟钮银印一方。邗江县姚庄 102 号汉墓出土铜尺 1 件。平面呈直折角形，折角头长 2.3 厘米，为汉代的一寸，尺的每寸刻分为十分。每寸格之间饰嵌金丝如意云气纹。宝女墩新莽墓 M104 出土羽人戏兽饰 1 件，鎏金剥落，右半残缺。左为一羽人，右为一狮子状兽。羽人头戴冠，身着长衣，右手上举搭于右肩上，左臂坠肘前伸，手触兽腮。兽作昂首跳跃状，张口，竖耳，翘尾。同墓出土凤形钮饰 4 种。均为漆奁盖上的饰件，其中Ⅰ式 3 件，皆鎏金，长颈，昂首竖冠，翘尾，尾与冠相接，蹲于榫上。Ⅱ式 1 件，短颈，竖冠，翘尾，双足分开立于榫上，形象生动。宝女墩新莽墓 M105 出土香熏 1 件，熏身分三层：底层为二兽，造型一致，作环柱爬行状。兽额部突出，身饰鳞纹，口衔中柱，吻相交，左前足互搭左股，左后足互伸至右股旁，握住腹部一翼。中层为上小下大二外翻四叶柿蒂饰，叶正面錾刻叶脉纹，柿蒂之间有一猿，拥住而坐，双腿盘柱，两足相叠，左臂抱中柱，右臂前伸，掌中托一果，猿首前伸，注视掌中果。上层为熏托与熏斗，熏托呈半球状，镂空花纹，以造型一致的三凤鸟为主体纹饰，凤昂首引颈伸出托外，展翅相连，间以三组似蝙蝠形图案。托内置熏斗，子口，平沿，圆腹，圆底。沿有三缺，与熏托凤颈咬合，构造十分精巧。同墓出土的奁，顶部立一只昂首展翅的飞鸟，中部立三对称凤鸟作钮。圆形器身，直腹，平底，三矮熊足。熊作并足挺腹直立状，抬首瞪目侧视，肩扛器身，前足一托颈，另一搭于肩部。口、腹、底边各饰凹弦纹一组，间隔成上、下腹两周纹饰带，饰鎏金錾刻云纹，以三角多纹作边。邗江郭庄汉墓在女棺的底部，四角各有一只铜制的轮盘（见图 2-11）。轮盘固定在长 30 厘米、宽 8 厘米、高 8 厘米的方木上，然后分置于棺底四角，似便于推动棺木。轮盘上上涂有棕色漆，铜轮盘的直径为 6.8 厘米、厚 1.8 厘米。中间有一圆孔，孔径 1.7 厘米。孔中插有方头圆轴一根，轴长 7.4 厘米、径 1.6 厘米，与孔径吻合隙度只有 0.1 厘米，可见其加工精密，可载重约 300 公斤，这在汉墓棺木中是罕见的。

图 2-11 邗江郭庄汉墓出土的女棺四角底部的铜轮

仪征新集螃蟹地七号汉墓出土博山炉，盖呈三角形，顶部立一小环钮，有链与器身一侧环钮相连，盖上部镂刻卷云纹，似山峦叠嶂，边缘刻有锯齿纹。身为子母口，弧腹，平底，豆形足，下有承盘。口沿处刻有一周菱形纹，下有一道凸棱，腹部刻二重羽状锦纹，底座柱上三道凸棱，下刻有羽状锦纹和堆贴卷云纹，承盘边缘刻锯齿纹。盖、器相扣，扣合处刻一只回望的奔鹿，圆眼，微张嘴，头上两只长角舒展，尾飞扬，鹿的头、尾、上半身在盖沿处，下半身及四肢在炉身口沿处。

宝女墩新莽墓 M104 出土熊足 2 件。形状相同，为漆奁足，鎏金剥落。熊作蹲坐状，双腿弯曲，两爪置膝上，挺腹。长鼻尖吻竖耳，两眼及脐皆有一小圆凹孔，原镶嵌玉饰，满身刻画线纹。

铜钱的随葬数量更多。邗江县姚庄102号汉墓出土钱币计3313枚。种类有饼金、错金刀币、契刀币、大泉五十、小泉值一和五铢钱等。扬州平山养殖场汉墓4号墓出土大布黄千钱60枚，大泉五十钱945枚。扬州东风砖瓦厂汉代的木椁墓群出土铜钱1752枚。

明确被看成是东代初至东汉后期的代表性墓葬有：扬州七里甸汉代木椁墓、江苏邗江甘泉2号汉墓、邗江甘泉老虎墩汉墓、邗江甘泉1号汉墓、仪征石碑村发现的2座、邗江县槐泗桥汉代多耳室拱顶砖室墓、宰家墩汉墓。

东汉时期，铜制造业进一步发展、新器种不断出现。七里甸木椁墓发现铜指环1件。仪征石碑村汉代木椁墓出土的铜器种类有：樽、带钩、镜、量、碟形器1件，过滤器1件，还有尺、铜刷、铜剑格等，这批器物被认为与道教有关。江苏邗江甘泉2号汉墓出土铜器18件，器类有：牛灯、雁足灯、盒形灯、博山炉、熨斗、带钩、铜印、龙头形器柄、铺首衔环等。此外在墓室内还发现不少铜器的碎片和构件，如合叶、支架、鎏金小铺首的鎏金铜泡等。

该时期制作的铜器更为精美。邗江甘泉1号汉墓铜雁足灯1件，通高14、盏径11、盘径24厘米。灯盏作圆环状浅槽，灯架为一挺立的雁足，下以一圆盘作灯托，雁足用三钉铆于盘中央。邗江甘泉2号汉墓出土牛灯1件。灯座为一站立的黄牛。腹中空，背负灯盏。盏上村两片可以转动的瓦状灯罩。虽面有菱形格状镂孔和小环。罩上还有穹顶形盖。罩顶有弯管通向牛头顶心，可借此将烟尘收集到牛的腹腔内。牛灯通休饰以精细的错银纹饰。长36.4厘米、通高46厘米。雁足灯1件，灯盏呈环形盘状。下连一雁足形支架，立于一侈口、折腹、平底盘中。盏径11.2厘米、盘径24.5厘米、通高22.4厘米。盒形灯1件，灯体似一小型的圆筒形带盖奁盒，三蹄足与下面的承灰盘底部相连。灯盂顶部中心有孔，插一根小铜管，管内可括灯芯。灯通体鎏银。邗江甘泉老虎墩汉墓出土铜兽足

2件，兽形，似辟邪，张牙舞爪，作蹲坐状。通体鎏金，镶绿松石饰。内空，夹有铁质，为一铁器皿的足。

金银饰制作工艺更加成熟。器物普遍鎏金。甘泉2号汉墓出土龙头形器柄1件，系器物上的把手，通体鎏金，出土博山炉3件。除缺盖的1件外余2件均通体鎏金，还有鎏金小铺首的鎏金铜泡等。邗江甘泉1号汉墓出土有鎏金铜圆泡、铜合叶、鎏金铜圆盖、鎏金花朵形铜饰，附于漆器上的鎏金铜器足，鎏金铜器口等。邗江甘泉老虎墩汉墓出土铜兽足2件。兽形，似辟邪，张牙舞爪，作蹲坐状。通体鎏金，一些铜器残件，有鎏金铜圆泡、鎏金柿蒂纹铜饰及一些鎏金铜构件等。在金银饰工艺方面出现错银纹饰、鎏银工艺等。邗江甘泉2号汉墓出土牛灯通体饰以精细的错银纹饰（见图2-12），盒形灯通体鎏银。

出现更多的铜工艺品。宰家墩汉墓北耳室出土铜珠5粒，当为饰件。

钱币的数量更多。邗江甘泉2号汉墓出土的五铢钱重达42公斤，已锈结成块状。邗江甘泉老虎墩汉墓出土五铢钱约148枚。

扬州地区冶铜业的代表性器物之一是釭：

据学者研究，全国各地区出土的汉代釭有9件代表性作品，分别是出土于湖南长沙一座西汉墓中水牛造型铜牛灯；出土于河北省满城汉墓的长信宫灯；出土于广西合浦望牛岭一座西汉晚期木椁墓中的2件铜凤灯；出土于江苏睢宁刘楼东汉墓的铜牛灯；出土于江苏扬州邗江东汉墓的错银铜牛灯；出土于山西朔县西汉墓和山西襄汾西汉墓及陕西神木店塔村的各1件雁鱼灯。雁鱼灯均为鸿雁衔鱼造型，应该是出自相同的工艺。但牛灯却各不相同，虽然同以牛为造型，却各具地方特色。长沙西汉墓的铜牛灯灯体似水牛，睢宁刘楼东汉墓的铜牛灯为当地青牛的造型，扬州邗江东汉墓的错银铜牛灯为黄牛形象[①]。可见，由于生产釭的基本原理相同，皆有固定的

---

① 陈跃：《浅论汉代釭灯》，《文博》2008年第6期。

烟道以收集烟炱,这一技术在汉代得到了广泛的传播,但各地出土的釭造型不尽相同,应该是各地的工匠根据本地物产的特色就地制造的,因此,扬州地区出土的铜牛灯应该为当地冶铜作坊所产。其实扬州地区出土的铜釭不止错银铜牛灯1件,1991年甘泉乡巴家墩西汉墓亦曾出土1件鼎形铜釭(见图2-13),该灯装饰虽然简洁,但设计精巧,烟道的安排十分合理,亦不失为汉代釭中的精品。[①]

图 2-12 1980 年甘泉乡双山广陵王刘荆墓出土错银牛灯(左)

图 2-13 1991 年甘泉乡巴家墩西汉墓出土铜釭(右)

代表性器物之二是铜镜:

汉代中期,铜镜得到广泛使用,进入铜镜制造的高峰期,扬州汉墓中出土的铜镜数量相当多,据学人刘勤统计,仅仪征博物馆就收藏有汉墓出土的铜镜200多面,仪征汉墓出土的铜镜中,汉式镜居多。仪征汉镜的种类有:刘集联营赵庄汉墓M9出土的四叶蟠螭纹铜镜,2003年5月新城凌桥东云汉墓出土的四乳瑞兽铜镜,刘集白羊村汉墓出土的七乳瑞兽纹铜镜,1992年10月陈集杨庄村汉墓出土的七乳禽兽纹铜镜,1983年6月仪征胥浦化纤工地出土的

---

① 张元华主编《邗江出土文物精粹》,广陵书社,2005年,第86页。

宜子孙七乳瑞兽镜，2003年5月8日新城镇凌桥村东云组出土的瑞兽博局铜镜，1999年6月胥浦镇先进村出土的西王母禽兽博局铜镜、刘集镇白羊村出土的禽兽简化博局铜镜，1989年6月胥浦镇肖南村出土的四乳神兽纹铜镜，1981年6月胥浦镇甘草村出土的寓浮雕双龙镜等。早期有保留战国风格的蟠螭纹镜，中期有草叶纹镜、星云镜、日光镜、昭明镜、四螭镜等，镜上的地纹逐渐消失，镜钮成为半球状，到了西汉晚期至新莽时期，出现数量繁多的青龙、白虎等四神纹样的博局镜，东汉时期流行高浮雕的龙虎镜、神兽镜等，纹饰丰富，制作精良，反映了汉代铜镜发展进入繁荣鼎盛时期[①]。

关于扬州地区出土的铜镜的产地问题，刘勤亦进行过深入探讨。刘先生认为，仪征汉墓中出土的带楚风的铜镜多是传承性质，而汉镜则源于广陵铸镜业。因为从考古发现看，馆藏汉代铜器品种较多，从邗江宝女墩汉墓出土的铜鼎上有"广陵服食官"铭文和仪征国庆螃蟹地汉墓出土的铜钫上有"食官"铭文来看，扬州出土的大多数铜镜的生产，应属"广陵服食官"掌管之内。再加上吴王濞都广陵时，扬州地区有较丰富的矿产资源，足见汉代扬州是铜器生产的重要地区。

三　铁器制造业

汉代扬州地区的铁器制造业从西汉早期就已出现，西汉早期代表性墓葬扬州邗江西汉刘毋智墓和扬州地区农科所汉墓群都发现了铁器。

扬州邗江西汉刘毋智墓出土铁器2件，包括灯和短剑。灯1件，斜直口，浅盘，平底，盘底中心有一圆锥形凸起。细长柄，柄中部鼓凸，下部外撇，折收成覆盘式足。圈足底壁饰数周凸弦纹。

---

① 刘勤：《江苏仪征汉墓出土铜镜赏析》，《中国文物报》2006年第3期。

口径 17.2 厘米、底径 14.2 厘米、高 25.6 厘米。短剑 1 件，扁茎，有圆穿，匕身因漆鞘黏连而面目不清。漆鞘首端镶鎏金铜箍，箍的一面附方形穿以系带。髹褐色漆，两面纹饰相同。鞘身针刻变形鸟首纹、云气纹，间以黑漆描绘的云气纹，两端针刻弦纹与菱形纹。残长 34.6 厘米、宽 4.8 厘米、厚 2.1 厘米。扬州地区农科所汉墓群发现的铁器有环首铁刀 1 件配有褐色漆鞘，残长 28 厘米、宽 2.5 厘米。

从上述铁器标本看，这时期的铁器似乎主要用于生产一些小型的生活用器如灯，和兵器如剑等。这些器物上有一定的装饰。

至西汉中期，铁器的发现增多，在仪征烟袋山汉墓，邗江胡场 5 号汉墓，仪征胥浦 101 号西汉墓和高邮天山汉墓中都发现有铁器。

属西汉中期的张集团山汉墓的四座墓中不见铁器，可能由于这四座墓皆为女性墓。仪征烟袋山汉墓则出土较多铁器，计 12 件。有环首刀、镇、斧、釜、剑、削等，还有多件铜制的车马器明器，种类有衔、镳、当卢、苦、辕饰、崎饰、盖弓帽、管络饰、冒形器、铜环、铜泡、扣件等。邗江胡场 5 号汉墓出土铁剑一把。仪征胥浦 101 号西汉墓出有铁刀 1 把和铁削 1 把。

烟袋山汉墓出土的环首刀刀身套有黑色漆木鞘，通长 29.2 厘米、身宽 2 厘米。铁镇 1 件，制成伏豹状，周身涂朱色。宽 9.5 厘米、高 3.2 厘米。铁斧 1 件，刃口制成弧形，不仅便于砍砸，还便于切割，通长 13.4 厘米。铁釜 1 件，口径 26 厘米、腹径 42 厘米、高 27 厘米，形制有别于今天的铁锅，这一腹径超过口径的造型，很明显是为了获得更大的容积，因为同样高度和直径的容器，球体的容积最大。5 件铁剑和 3 件铁削虽属明器，但残长都达十七八厘米，基本上是按实物仿制的。

邗江胡场 5 号汉墓出土铁剑一把。长 97 厘米。把手处用两木片相夹并以绳线绑扎，顶端有一小圆孔，近把手处有鎏金痕迹，剑身横断面呈菱形，双刃。铁剑套入剑鞘。鞘长 75 厘米，上髹黑漆，一面有三道平面凸棱，另一面为角形平面凸棱。在剑鞘中部装有一玉璏，两端呈弧形，中有一长方形孔，便于佩带。

仪征胥浦 101 号西汉墓出土铁器有：铁刀 1 把，残长 51.5 厘米，铁削 1 把，残长 7.5 厘米。

从这批西汉中期的铁器看：西汉中期的铁器制造业已逐步发达，器物的种类较早期增多。除制造生活用器外，这时期还出现更多的兵器和车马器，且在铁器制造中也普遍使用了鎏金工艺。烟袋山汉墓的车马器大多鎏金，胡场 5 号汉墓的铁剑上也有鎏金痕迹。不仅如此，这一时期的铁器更加重视装饰效果，以增加器物的美感。胡场 5 号汉墓的铁剑剑鞘中部装有一玉璏，两端呈弧形，中有一长方形孔，便于佩带。

扬州地区西汉晚期、新莽时期至东汉初期的代表性墓葬有：邗江"妾莫书"墓，邗江胡场汉墓，邗江姚庄 101、102 号汉墓，江苏仪征盘古山西汉墓 M1、M2，扬州平山养殖场汉墓，M1、M2、M3 属西汉中晚期，M4 为新莽时期，邗江杨寿乡宝女墩新莽墓，邗江郭庄汉墓，凤凰河第三期工程发现的 9 座新莽墓，扬州东风砖瓦厂汉代的木椁墓群，扬州东风砖瓦厂第 8、第 9 号汉墓，仪征新集螃蟹地 7 号汉墓。

邗江"妾莫书"墓出土铁釜 2 件。圆底。1 件双耳较完好，均有熏烧的痕迹，为实用器。

邗江胡场汉墓 M2 在椁板底部拼缝处发现铁斧 3 件，当为入葬前遗留在下面的。

邗江姚庄 101 号汉墓头箱出土铁削 1 件。锈蚀，刃部残。平脊，环首，残长 25.5 厘米、宽 1.9 厘米。同墓侧厢内发现铁戟 2 件。形制尺寸相同。骰为铜质鎏金，矛、戈部分均为铁质，已锈蚀。外有漆鞘。通长 29 厘米、宽 21 厘米。同出二铜镦，长 14 厘米、径 3 厘米。木柄已朽烂，从戟锋与镦的出土位置测得戟带柄长约 2.2 米。同墓足厢出土铁削 4 件，分为两种造型，一种为环首，外有薄木胎漆鞘，髹褐漆。另一种为扁环首，后端为把手，两种形制的漆鞘相同。姚庄101号汉墓女棺出土铁削3件，与男棺扁环首式铁削相同。

邗江县姚庄102号汉墓出土铁器较多，计7件。器类主要有提梁卤、炉、剑、削等。提梁卣1件，斜唇口内敛，圆鼓腹，腹部有棱边，内为圆底，外为方形底座。肩部两侧置环链，中间联有提梁，提梁呈璜状，两端为龙首。口径12厘米，底边长17厘米，通高18厘米。削2件，形制、尺寸相同。单刃，环首，外置夹纻胎褐色漆鞘。长26厘米、宽2.2厘米。炉1件，口外侈，斜直腹内收，平底，下置三蹄足。炉壁上有四道竖条状气孔，并置一对环耳，炉底有一"十"字形的气孔。口径24厘米、底径15厘米、壁厚1.2厘米、高12.5厘米。剑3件，分三式。Ⅰ式1件，剑外为酱紫色夹纻胎漆鞘，鞘上满饰针刻斜菱形纹饰。椭圆形铜剑首，剑柄与剑身间置菱形铜剑镡，剑尾部为扁形铜剑珌。长78.5厘米、宽2.5~3.2厘米。Ⅱ式1件，剑外为酱紫和黑色相间的夹纻胎漆鞘，鞘的一端饰有针刻斜菱形纹饰，一端饰有等距离的平行线纹。剑身与剑柄之间饰有减地浅雕饕餮如意纹玉剑镡，剑鞘上饰有减地浅雕饕餮如意纹玉剑璏，剑鞘尾饰有减地浅雕饕餮如意纹玉剑珌，长76厘米、宽3.2~3.5厘米。Ⅲ式1件。剑外为酱紫色夹纻胎漆鞘，剑身与剑柄之间饰有铜剑镡，长62厘米、宽3.2~3.5厘米。

宝女墩新莽墓M104出土铁权1件，呈馒头状，顶有一半环钮，底径8.5厘米、高4.5厘米，重737克，出土铁炉1件，出土时铁炉放置在承盘内。承盘敞口，平沿，浅弧腹，圆底，三蹄足，口径30.5厘米、高10厘米。炉敞口，平底，三蹄足与承盘足相错，与炉底焊连。炉底、腹镂长方形和椭圆形灰孔，残高13厘米，通高24厘米。

扬州平山养殖场汉墓出有铁剑4件。其中1件外套褐色漆鞘，剑鞘口、剑茎、剑首等部位包有锯齿纹铜饰，剑茎的漆鞘上间饰两组几何纹图案、纹饰纤细工整，长60厘米，其他铁剑均为褐色漆鞘，木质剑柄，素面无纹。出土铁削2件，形制相同，环首单面刃，外套褐色漆鞘，长 25 厘米、宽 1.6 厘米。

凤凰河第三期出土有铁剑。

仪征新集螃蟹地 7 号汉墓出土铁剑 2 件，茎扁平，剑身断面呈扁菱形，外有剑鞘，其中 1 件长 96 厘米、宽 3 厘米。出土铁削 1 件，斜锋，直刃，直背，后端附一环首，外有漆鞘，长 39 厘米、宽 2.8 厘米。扬州东风砖瓦厂汉代的木椁墓群铁器共 9 件，其中有剑 4 件，刀 2 件，匕首 3 件，均有漆鞘。伴同出土的有玉剑珥和木剑珥，特别是 M3 玉剑珥上还残留有少许包金，金皮上还有花纹。

扬州东风砖瓦厂第 8、第 9 号汉墓出土的铁器有铁刀 1 件。出于 M8 男棺中部，环首，漆鞘朱黄色，上饰云纹和羽纹，全长 196 厘米。铁削 1 件，出于 M8 男棺中部，环首，长 16 厘米、宽 1.5 厘米。铁剑 1 件，出于 M9 男棺，锈蚀严重，漆鞘保存完好，外髹褐色漆，在鞘挂鼻两旁有一段红漆，上针刻菱形纹。铁矛 1 件，出于 M8 男棺外右侧，长 203 厘米。矛头铁质，杆木质髹褐漆，镦为铜质。出土铁锅、釜各 1 件，为灶之附件，上置陶甑。

明确被看成是东代初至东汉后期的代表性墓葬有：扬州七里甸汉代木椁墓，江苏邗江甘泉 2 号汉墓，邗江甘泉老虎墩汉墓，邗江甘泉 1 号汉墓，仪征石碑村发现的 2 座，邗江县槐泗桥汉代多耳室拱顶砖室墓、宰家墩汉墓。

七里甸木椁墓发现铁釜 1 件，小平底，鼓腹，敛口，高 13.5 厘米，口径 12.6 厘米，腹径 21 厘米。器外留一层厚厚的烟痕，为实用物。锅 1 件，圜底，平口，有两耳，高 8.5 厘米，径 14 厘米。

江苏邗江甘泉 2 号汉墓出土铁器炉 1 件，锈蚀严重，炉身为敞口盆形，下有柱形足，口径 26 厘米、残高 12.5 厘米。剑 1 件，已锈坏，现仅余残段三截。此外还发现一柄金壳铁刀。在漆奁内还有一面铁镜。

宰家墩汉墓出土铁器有剑、三足炉、镜、齿等，均严重锈蚀残断。剑两把，一份残长 56 厘米，1 件残长 42 厘米，均出于前室北壁。三足炉 1 件，圆形，三矮足，口径 31.5 厘米、高 15.5 厘米、足高 5 厘米，出于前室南壁。齿三件，1 件残缺，2 件残断。1 件长 13 厘米，面上有四齿；1 件长 15 厘米，面上五齿，均宽 2.5 厘米、齿高 3.5 厘米，镜一面，已残破，径约 24 厘米，出于前室前部。钉六根，扁平状，一根长 34 厘米、五根长 32 厘米，为棺钉，出于后室①。

邗江甘泉老虎墩汉墓出土铁器：铁三足炉 1 件，锈蚀严重。炉身为敞口盆状，下有柱形足，口径 37 厘米、高 15 厘米。铁灯 1 件，锈蚀严重。上呈直腹盘状，中央有插芯，圆柱形柄，以下残。盘径 13 厘米、残高 15 厘米。铁镜 1 件，锈蚀严重，直径 16.5 厘米。铁臿 1 件，锈蚀严重。器体呈"U"字形。长、宽均为 14.5 厘米。铁剑 1 件。出于前室，断成 9 段。圆首，茎断面为菱形，一字形格，叶窄长，断面呈菱形。剑首、剑格和剑璏用白玉和玛瑙装饰。剑首为白玉，上有黑斑，表面外圈饰谷纹，内圈饰浅刻云气纹，径 4 厘米、厚 0.5 厘米。剑格为白玉，带褐黄斑，长 5.6 厘米、宽 2 厘米。正面用高浮雕手法镂一长 7 厘米的蟠螭，作回首状；背面刻如意纹、谷纹等。格长 5.6 厘米、宽 2 厘米。剑璏为玛瑙质，带紫斑，长方形，浮雕蟠螭纹。中间有一长方形孔，两端略弧，长 6.5 厘米、宽 2.4 厘米、厚 1.5 厘米。剑通长 96 厘米、宽 4 厘米。有铁棺钉数根，均出于后室，其中部分较完整，钉头和钉体为方形，长约 15 厘米。

仪征石碑村汉代木椁墓出土的铁器种类有：臼、铁刀、铁剑计 5 件，臼 1 件。臼外部呈正方形，平底有蜂窝状铸痕，底壁厚重而四壁较薄，内部呈卵圆形，由大而小逐渐向底收缩。每边长 9.1 厘米、残高 6.2 厘米。与臼伴出的还有杵，为长条形圆棍，上细下粗，长 42.5 厘米。出土时两物靠在一起。有铁刀 2 件。1 号墓和 2 号墓各出 1 件，形制相同，皆宽背薄刃，锋及柄部均残，器表锈蚀

---

① 印志华、吴炜：《邗江县两座汉代砖室墓发掘简报》，《东南文化》1986 年第 1 期。

严重。1号墓出的1件，外表留有木纹痕、麻布以及褐色漆皮，残长56厘米。2号墓的1件，出土时刃鞘保存较好，鞘的两端均用铁片包住，木胎，外髹一层薄的褐色漆，残长76厘米。铁剑2件，两墓均有出土。茎部断缺，器表亦有剑鞘痕迹。

扬州地区汉墓中出土的众多铁器，反映出两汉时期扬州地区冶铁业十分发达，除扬州地区上述各时期墓葬中出土的铁器外，在邻近的东台三灶亦曾出土过1件古铁镬，学人曹爱生通过查阅相关资料及分析实物照片认为，该器物应为汉代的煮盐牢盆。理由有三：一是现存铁镬的地方古名为三灶，直至民国初年废灶兴垦前，这里的人们自古以来就一直以煮盐为生。汉代，这里是吴王刘濞的领地。吴王濞凭借煮海为盐而成为巨富，进而发动了旨在夺取中央政权的叛乱。在盛产海盐的地方出现古代的煎盐器物极有可能。二是《汉书·食货志》《史记·平准书》中均有"因官器作煮盐，官与牢盆"之语。清光绪年间的《两淮盐法志》中也有"汉制煮盐，官给牢盆"的记载。通过这些记载可知，我国古代曾以"牢盆"作为煎盐工具。三是根据考古发现及史料记载，我国煮卤为盐的工具演变大致是这样的：史前为盉形器（陶器）；汉代为牢盆；到了唐宋元时期，则是盘铁；明清主要是锅镦。由此可见，汉代扬州地区的冶铁作坊已能生产如铁镬这样的大型铁器。[①] 曹氏的论证不是没有理由，因为汉代曾在多处设置过铁官，据学者统计，"汉代郡国诸县铁官共49所，其中山东（12）、江苏（7）、河南（6）、陕西（5）、山西（5）、河北（4）、四川（3）、安徽（1）、甘肃（1）、北京（1）、辽宁（1），东北至辽宁、西至甘肃、西南至四川，基本覆盖了全汉之域的大部分地区，而又以河北、山东、江苏沿海一线为核心区，共有23所，占总数的近一半；其次为中央腹心之地陕西、河南两省，共有11所，占总数$1/4$；其他地区分占四

---

① 曹爱生：《东台古铁镬考》，《盐业史研究》2009年第3期。

分之一。"① 在全国设 49 处铁官，江苏有沛郡（沛县）、东海郡（下邳、朐县）、楚国（彭城）、临淮郡（盐渎、堂邑）和广陵国（广陵）5 处②。

四 漆器制造业

中国的漆器制造由来已久，早在春秋战国时代生产的漆器就已非常华美，如曾侯乙墓出土的漆棺上就发现有星象图。汉代，由于统一的多民族封建帝国的建立，社会经济的迅速发展，漆器制造业出现了前所未有的兴盛局面。有史料记载，汉代人对漆器偏爱的程度远超过铜器。一般认为，当时著名的工官漆器的产地有蜀郡和广汉郡，因此有"蜀广汉主金银器，岁各用五百万"之说。意谓蜀郡和广汉郡工官所生产的金箔和银箔漆器，每年花费达五百万两白银。这一说法由来已久，笔者查考《汉书》原文，发现这一说法值得商榷，因为蜀广汉工官所主"金银器"与"漆器"实在是两个概念，不能因为漆器上使用了金箔和银箔的装饰，就理所当然地将这两者混为一谈。之所以产生混淆的原因是因为汉代如淳在给《汉书·贡禹传》"三工官"条作注时曾说："《地理志》河内怀、蜀郡成都、广汉皆有工官。工官，主作漆器物者也。"后人便将广汉工官的"主金银器"与"漆器"混为一谈。对于如淳的这一说法，颜师古早已进行过反驳，颜师古说："如说非也。三工官，谓少府之属官，工室也，右工室也，园匠也。上已言蜀汉主金银器，是不入三工官之数也。"③ 可见，颜师古认为，如淳所说的蜀郡、广汉地区的主金银器的"工官"不在汉代的"三官"之列。因为，《汉书·百官公卿表》载："少府属官有考工室，武帝更名考工。"因此，由少府管辖的"三工官"之中并没有"主金银器"之说，

---

① 孔祥军：《汉代铁官制度的设立和考察》，《江苏商论》2009 年第 4 期。
② 苏文：《从考古资料看两汉时代的江苏经济》，《东南文化》1989 年第 3 期。
③ 《汉书·贡禹传》，第 3071 页。

但三工官中的考工到底有没有主漆器这一项，则无从查考。颜师古所说三工官中的"考工"实际上就是主漆器生产的。汉代所设的"考工"分面地域甚广，不仅限于因如淳之误而指的怀、蜀郡成都和广汉，而是如汉代的铁官一样在多数地区遍置。这些由工官所生产的漆器不但价值不菲，一般百姓也无权享用。《盐铁论·散不足》篇："今富者银口黄耳，金罍玉钟，中者野王纻器，金错蜀杯"描述的就是贵族们使用着名贵漆器的状况。

汉代漆器的主管系统为少府，考工有令有丞，令为考工的长官，丞为令的助手。虽然汉代漆器制造业中有工官作坊专门满足皇室和各级高级贵族的需要，但并不代表漆器的制造仅限于几个工官作坊。为满足全社会日渐兴起的对漆器的需求，在其他地区漆器制造业也日渐兴盛，从最初的仿工官产品到后来的自主创新，漆器工艺的水平不亚于工官生产的漆。从考古发掘看，全国漆器大量出土的地区并不多，据中国社科院中国考古网站的漆器资料库[①]介绍，全国范围内出土汉代漆器的地点有：

湖北：随州市孔家坡 M8，荆州萧家草场 M26，云梦龙岗 M13，云梦睡虎地 M1、M2，枝江县西汉早期木椁墓，房县松嘴 M57，襄阳擂鼓台，荆州高台 M5、M12、M4、M2、M6、M33、江陵凤凰山，江陵高台 M18，江陵张家山 M136，江陵凤凰山 M8、M9、M10，光化五座坟 M3、M6、M5。

湖南：长沙砂子塘西汉墓，长沙马王堆 M1、M2、M3，沅陵虎溪山 M1，长沙咸家湖西汉墓，长沙伍家岭，长沙徐家湾，长沙汤家岭西汉墓。

江苏：江都凤凰河 M20，仪征烟袋山汉墓，仪征张集团山 M2、M1、M3、M4，邗江县胡场汉墓 M1、M2、M3、M5，盱眙东阳汉墓 M2、M3、M4、M5、M6、M7，连云港市海州西汉侍其䌛墓，扬

---

① http://www.kaogu.cn/cn/detail.asp?ProductID=8051.

州平山养殖场 M1、M3，连云港海州霍贺墓，邗江姚庄 101 号西汉墓，邗江县姚庄 102 号汉墓，东海尹湾汉墓 M6，扬州西汉"妾莫书"木椁墓，仪征青浦 M101 西汉墓扬州邗江县郭庄汉墓，邗江县杨寿乡宝女墩新莽墓 M104、M105，扬州市郊平山养殖场 M4、M6，扬州东风砖瓦厂 M2、M4、M5、M6、M7、M8、M9，连云港网疃庄西汉木椁墓，盐城三羊墩 M1，扬州七里甸汉代木椁墓，邗江甘泉 2 号汉墓。

安徽：六安县城西窑厂 M2，六安市九里沟 M176、M177，霍山县西汉木椁墓 M1、M3、M4，阜阳双古堆西汉汝阴侯墓 M1、M2，天长县三角牙 M1，天长县汉墓 M3、M6、M9，寿县茶庵马家古堆 M1。

山东：章丘洛庄汉墓，临沂银雀山 M1、M2、M3、M4、M7、M8、M9、M10、M28、M32、33，临沂金雀山周氏墓群 M10、M11、M13、M14，巨野红土山西汉墓，莱西县岱野 M1、M2，沂水县龙泉站西汉墓，诸城县西汉木椁墓。

四川：荥经古城坪 M2，成都东北郊西汉墓葬，成都东北郊西汉墓葬，成都龙泉骤区北干道 M5、M17、M25、M26，成都凤凰山西汉木椁墓，成都洪家包西汉木椁墓，重庆市临江支路 M3，绵阳永兴双包山 M2。

广东：广州汉墓 1048 号墓（先烈路黄花岗），广州汉墓 1097 号墓（广州西村石头岗），广州汉墓 1134 号墓（广州三元里马鹏岗），广州汉墓 2060 号墓（广州西村增涉广州冷冻厂），广州汉墓 4013 号墓（广州先烈路龙生岗）。

广西：合浦西汉木椁墓，广西贵县罗泊湾 M1。

贵州：清镇平坝 M56、M13、M15。

云南：晋宁石寨山 M23。

甘肃：天水放马滩 M1、M4、M5、M14，武威磨咀子 M48、M62、M49，武威雷台汉墓。

河南：泌阳 M3，河南南阳市麒麟岗 M8。

河北：满城刘胜墓，河北满城窦绾墓，河北阳原三汾沟汉墓群 M9。

北京：大堡台汉墓。

山西：长治分水岭 M17，山西浑源毕村 M1 西汉中期，山西孝义张家庄汉墓 M14。

辽宁：大连前牧城骡 M802。

其中，出土漆器地点较多的地区有：湖北、湖南、江苏、安徽、山东、广东等省，其中江苏境内出土的漆器集中出现在扬州地区，在一个不大的区域范围内，扬州地区竟有多达 14 处地点出土有漆器，且从数量上看，扬州地区出土的漆器也远超出其他地区出土的漆器，似可以说明，扬州地区在当时应当是一漆器制造业中心[①]。从漆器制造技术看，扬州地区出土的漆器中虽也有部分漆器因有铭文直接标示为广汉郡工官所作，漆器制造技术已很精湛，但与最上乘的工官产品在生产技术方面还是有一定的差距。2004 年，徐州一收藏家曾向南京博物院无偿赠送了 1 件西汉时期的七子奁，被专家鉴定为真品，估价至 500 万元。据学者研究，该奁的独特之处在于使用了一般认为在唐代才出现的描金技法。描金，是指在漆器上直接描绘金色花纹，方法有两种，一种是用金屑掺入漆液直接描绘，一种是用牛胶或漆液描绘成纹样后再撒上金粉后晾干，形成金色花纹。比这种工艺更为普通的做法是"金属贴花工艺"，即用极薄的金银箔剪成所需的形状粘贴。学者认为，该奁的发现说明汉代已具备成熟的描金技法。而据学者分析，扬州地区出土的两件同类产品，邗江胡场汉墓和邗江姚庄 101 汉墓出土的七子奁，均未采用描金技法[②]。笔者认为，这种技法只能出现于能代表当时漆器制作最高水平的工官作坊中，扬州地区汉墓中未见上乘的描金工艺，

---

① 扬州汉墓漆器的资深研究者张燕基于多年对扬州漆器的研究，认为扬州汉墓漆器多数应为扬州本地所产。笔者赞同她的观点。参见张燕《扬州汉墓漆器研究》，《中国汉画学会第十二届年会论文集》。
② 杨海涛：《罕见的西汉描金七子奁》，《文物世界》2005 年第 5 期。

可见，汉代的工官漆器除少量的由皇帝直接赏赐外，其余应该都是在当地所产。扬州地区出土的汉代漆器中少量漆器虽可见工官标志，但不排除是由工官监制生产的漆器。漆器研究者宋治民对汉代漆器制造业进行过划分，有三种类型：一是各类官府手工业生产的漆器；二是私营漆器作坊所产的漆器；三是工官监制私人作坊承制的漆器。在漆器上有工匠铭文的应该是私人作坊的标志。① 因此，从扬州地区整体的情况看，这三种作坊有可能都存在。扬州汉墓出土的许多漆器上都有针刻铭文如"工冬""工克""中氏"等。据宋先生所言，这是私人作坊在扬州普遍存在的表现。笔者认为从漆器制造风格看，扬州的私人作坊，在汉初即已出现，属西汉初期的刘毋智墓中出土的漆耳杯，底部针刻有"吴家"和"千二"字样，所刻文字粗糙，应该就是私人作坊的产品（见图2-14）。从漆器的图片看，《简报》所说的制造精致亦属溢美之词。刘毋智墓属西汉初期墓，至西汉中期发后，整个两汉时期扬州漆器的制造水平也正是在最初的仿制中得到迅速提高。

以下就扬州各期墓葬出土的漆器看各不同时段的漆器生产。

图2-14 扬州刘毋智墓出土的漆耳杯和底部"吴家"和"千二"的字样

---

① 宋治民：《汉代的漆器制造手工业》，《四川大学学报》（哲学社会科学版）1982年第2期。

汉代扬州地区的漆器制造业从西汉早期就已出现，西汉早期代表性墓葬扬州邗江西汉刘毋智墓和扬州地区农科所汉墓群都发现了漆器。

西汉刘毋智墓出土漆器73件，绝大部分为木胎，少量为夹纻胎。扬州地区农科所汉墓群漆器15件，均为薄木胎或木胎。部分漆器的器表有纹饰装饰，少数器物上有文字。从两墓出土的器物看，器类主要有：耳杯、盘、卮、奁、盒等。纹饰通常有宽S形纹、三角纹和圆点纹、卷云纹、梅点纹、云气纹、鸟纹、几何纹、X纹、回纹、涡纹、双B形纹、梳齿纹、圆点纹、波折纹、弦纹、勾连云纹、点纹等。漆的色泽通常有：黑色、褐色、朱色、深褐色、青褐色，一般为内朱外褐。纹饰的方法有彩绘、针刻等。铭文方法有烙印、刻划、戳印等。

比较复杂的漆器通常是漆奁。这时期的漆奁一般为四子奁或六子奁，即套奁，指分别有子盒4件和6件的成套奁（见图2-15）。刘毋智墓出有漆奁2件。夹纻胎，圆盒形，内有造型不一的子奁，针刻云气纹。包括四子奁和六子奁各1件。四子奁1件（M1C：39）。母奁盖面隆起，奁身呈圆筒形，圆唇，直壁，平底。奁内有子盒4件，其中大、小圆盒各1件，椭圆形、马蹄形盒各1件。圆盒、椭圆盒的盖面隆起，上面针刻云气纹，器壁刻弦纹。马蹄形盒盖作盝顶式，针刻云气纹，壁刻弦纹。母奁与子奁的外表髹黑漆，内面髹朱漆，均针刻云气纹。母奁盖顶刻3圈纹饰带。外圈边刻梳齿纹，间以X纹，盖内刻云气纹；中圈刻画梳齿纹与云气纹，盖顶中央刻画云气纹。盖壁刻饰弦纹与云气纹，口径20.3厘米、通高10.6厘米。在马蹄形盒（M1C：39-4）内，放有木篦2件（M1C：39-4-1、39-4-2）。六子奁1件（M1：10、11）。器形、纹饰与四子奁相似，唯子盒数量不同。包括长方形子盒大、小各1件，圆形子盒大、小各1件，椭圆形、马蹄形子盒各1件，口径29.4厘米、通高15.5厘米。其中马蹄形盒（M1：10-6）内29放有木梳2件，大长方形盒（M1：10-1）内放有铜刷5件，小长方形盒（M1∶10-2）内放有铜针1件。

图 2-15　汉代描金七子奁的奁盖和内部套奁

可见扬州地区西汉早期漆器的制作材料一般为木质，且器表髹漆。器类主要为简单器形，如耳杯、盘、卮、奁、盒等，也有复杂器形如四子奁、六子奁等套奁的出现。纹饰以各种几何形纹和云气纹为主，鸟纹等，动物纹偶见。在制作工艺上，添加纹饰的方法通常有彩绘、针刻。

西汉中期的代表性墓葬仪征张集团山汉墓、仪征烟袋山汉墓、邗江胡场5号汉墓、仪征胥浦101号西汉墓、高邮天山汉墓中都发现大量漆器。

扬州地区西汉中期漆器的制作用料仍以木胎为主，器表髹漆。与早期相比，出现了皮胎漆器和竹胎漆器。仪征烟袋山汉墓出土1件皮胎耳杯，保存较差，仅存胎骨，用一块整皮制成，可看出云状斑块。邗江胡场5号汉墓出土的四件奁中有1件为竹胎圆奁。

器物的种类有了新的增加。

仪征张集团山汉墓M1出土漆器有案、六博盘、卮、盘、耳杯、四子奁等，共20件。另有木俑8件。M2出土漆器9件，有盘、耳杯、四子奁等。另有木俑4件。仪征张集团山汉墓M3出土漆器9件。有盘、耳杯和四子奁。M4出土漆器8件，有盘和耳杯。仪征烟袋山汉墓出土漆器耳杯15件，还有瓠、鼎足、蹲足、笥盖、六子奁、漆书铭器盖等。另有残破漆器多件。邗江胡场5号汉墓出土漆器 36 件（套），器类有：案、奁（含三足奁、七子奁、马蹄形奁、圆奁、长方形奁）、双层漆筒（内含小漆盒五件）、盘、勺、耳杯等。仪征胥浦 101 号西汉墓出土漆器 20 件，均为木胎。器类有：耳杯、案、器盖、盒、盘、勺、碗等。高邮天山汉墓出土大量漆器，器类有：勺、耳杯、坐榻等，天山汉墓的漆棺虽然不是一般意义上的生活用漆器，但亦可见其时漆器工艺的广泛运用。可见与早期相比，六博盘、瓠、筒等都是新出现的器类，奁的种类已由四子奁、六子奁发展为更复杂的七子奁。尤其是出现了案和坐榻等大型漆器，不仅反映了其时经济力量的增强，也反映了漆器业的日趋发达。

中期漆器的纹饰也日趋复杂。

仪征张集团山汉墓出土漆器纹饰有几何形纹、云气纹、描银凤鸟纹、卷云纹、点纹、弧点纹、曲线纹、弧线纹、圆点纹、云雷纹、网纹、折线纹和变形鸟纹等。仪征烟袋山汉墓出土漆器纹饰有三角纹、带状纹、流云纹、兽面纹、龙纹、山纹、虎纹、鹿纹等。纹饰的方法除漆绘外，出现了描银、描金的手法，不仅使色泽更加光彩夺目，也使漆器看起来更高档。[①] 如仪征张集团山汉墓 M1 出土的 1 件漆案上在凤鸟纹身上使用了描银手法。烟袋山汉墓出土筒盖 12 件，分大小两种。小型的 10 件盖外为黑漆朱绘流云纹和几何纹边框，朱绘纹中心部位均描金，出土时仍金光闪亮。大型的 2 件，在中心部位的流云纹中绘有一龙，龙露出头、胸部及前爪，张口吐舌，形象生动，龙身饰鳞状纹并描金。文字一般是漆后再阴刻，或是烙印。漆的主色彩一般为褐色、红色、黑色、酱褐色等。在漆绘纹饰时一般用朱绘，但也出现一些组合色彩，如邗江胡场 5 号汉墓出土的漆案 1 件，边框沿面和外壁髹酱褐色漆，分别用朱红绘两道直线，中央涡纹和点划几何纹，内壁红漆。案面最外一组红

---

① 此处《简报》中所说的描金、描银与前揭杨海涛《罕见的西汉描金七子奁》中所说的方法不同，而是指色彩中出现了金银色彩。

漆，中央一组酱褐色漆，绘红色云纹。里面一组用金黄和灰绿两色绘几何图案和云纹。同墓出土的双层漆笥1件。器盖顶周沿用土黄、朱红两色绘以三角形和椭圆形为主的几何纹。仪征胥浦101号西汉墓漆案案面上髹褐漆和朱红漆相间的四组图案。高邮天山汉墓封棺漆绘木板，以赤、黄、黑、白诸色绘虺龙形图案、人物、走兽、云气纹。改变了早期漆器色泽和图案相对单调的状况，显得更为美观。

复杂器物的精美程度超过早期。

如烟袋山汉墓出土的1件六子奁，要远比刘毋智墓的四子奁和六子奁更为华美。该奁器表、器顶、器口沿内侧及器外底部均器黑漆朱绘纹饰，器内为朱漆，足部为黑漆朱绘兽面纹。器外壁及口沿内朱绘几何纹，腹部绘流云纹、山纹、虎、鹿等。虎作张口卷尾回首状，鹿为回首狂奔形。器盖纹饰由外向内分作四圈：第一、第三圈内朱绘几何纹；第二圈内为朱绘流云纹，云纹中镶贴银箔白虎四只，成等距离分布；第四圈内镶贴一个柿蒂状银箔及朱绘鹿纹。内部的子盒同样有繁富的装饰，奁内有子盒6件，其中长方形、椭圆形、马蹄形各1件，圆形3件。圆形子盒的盖微隆起，中部贴有柿蒂银箔。椭圆、马蹄形子盒的盖均凸起，镶贴四叶、三叶柿蒂银箔；长方形子盒的盖呈盝顶形。各子盒器表及盖均黑漆朱绘云气纹，盒内为朱漆。邗江胡场5号汉墓出土奁4件，有三足奁、七子奁、圆奁。其中1件竹胎圆奁最为精美，奁外髹露褐色漆，内髹朱红色漆，奁盖顶部镶贴银箔柿蒂图案，盖身贴有等距银箔白虎3只，边缘用朱红勾勒。漆笥在早期墓中不见，可能是这时期新出现的器物。其制作也十分考究，标本为邗江胡场5号汉墓双层漆笥，木胎，通高26厘米、长31厘米、宽15厘米。笥内有上、下两层。器表和器内口沿髹红色漆，余为红漆。盝顶，弧角，四角各嵌一铜钉。盖通高13.5厘米。盖顶周沿用土黄、朱红两色绘以三角形和椭圆形为主的几何纹，中绘云纹，盖身上下沿绘以菱形为主的几何纹，中绘云纹。漆笥上层器身上壁长29.5厘米、宽13.9厘米、内深 7.5 厘米，与器盖套合，下壁长 31 厘米、宽 15 厘米、高 8.5 厘米，扣入下层器身。髹黑漆、素面，下部酱褐漆，上、下沿用朱红、土黄两色绘菱形为主的几何图案，中绘云纹。漆笥下层高 12 厘米、长 29.5 厘米、宽 13.5 厘米、内深 10 厘米。平底，底沿绘以菱形、三角形为主的几何纹，底部四角嵌有与盖顶同样之铜钉。双层漆笥上层放小漆盒 5 件：一是长方形盒 3 件，形制、大小、纹饰全同，通高 9 厘米、长 12.5 厘米、宽 7.2 厘米；器表及内口沿髹酱褐色漆，朱绘云气纹和几何纹，内红漆，素面。出土时，盒内分装甜瓜籽和禽类遗骸。二是正方形盒 1 件，通高 9 厘米、长宽 6 厘米，纹饰同长方形盒；出土时内存西瓜籽。三是圆筒形盒 1 件，直径 5.6 厘米、高 7.5 厘米。口面凹入筒面 0.7 厘米，一侧有一梯形小孔。外髹褐色，内红色，壁底沿朱绘几何纹，余为素面。

扬州地区西汉晚期、新莽时期至东汉初期的代表性墓葬有：邗江"妾莫书"墓，邗江胡场汉墓，邗江姚庄 101、102 号汉墓，江苏仪征盘古山西汉墓 M1、M2，扬州平山养殖场汉墓，M1、M2、M3 属西汉中晚期，M4 为新莽时期，邗江杨寿乡宝女墩新莽墓，邗江郭庄汉墓，凤凰河第三期工程发现的 9 座新莽墓，扬州东风砖瓦厂汉代的木椁墓群，扬州东风砖瓦厂第 8、第 9 号汉墓，仪征新集螃蟹地 7 号汉墓。

西汉晚期至东汉初期，漆器制造业有了质的飞跃。制作材料方面，虽仍多属木胎，但更为轻便的夹纻胎大量增加，此类轻便的漆器多用于如漆耳杯等小型漆器上。

如邗江"妾莫书"墓出土的部分漆耳杯，彩绘漆罐，漆圆盆等，皆使用夹纻胎。邗江胡场汉墓 M1 1 件七子奁为夹纻胎。M2 有夹纻胎漆耳杯 5 件，夹纻胎漆盘 5 件。邗江姚庄 101 号汉墓头箱有夹纻胎漆碗 1 件，夹纻胎铜扣漆耳杯 1 件，足箱出有夹纻胎针刻漆盘 6 件，夹纻胎漆碗 2 件，女棺中出有夹纻胎漆壶 1 件。姚庄 102 号汉墓男棺出土面罩为薄木胎加裱夹纻，有夹纻胎漆碗 1 件，夹纻胎漆奁 1 件，夹纻胎漆耳杯 18 件，夹纻胎漆盘 2 件。扬州平山养殖场汉墓有夹纻胎漆盘6件。宝女墩新莽墓M104出土漆盘6件，只有1件是木胎，其余均为夹纻胎。还有夹纻胎漆耳杯3件。扬州东风砖瓦厂汉代木椁墓群出土夹纻胎彩绘漆耳杯4件等。制作材料方面的革新使漆器更为轻便易用，且取材较之木料更为方便，在制作方面用漆量比木胎器更多，从一个侧面可反映出此时期漆产量的增加和漆器得到更广泛的使用。

器物的种类大量增加。

邗江"妾莫书"墓出土的漆器计百余件，器类有耳杯、彩绘漆箱、彩绘漆笥、彩绘漆案、彩绘漆罐、漆圆盆、桃形小漆盒、漆碗、盘、壶、方盒以及刷柄、筐、几等。邗江胡场汉墓M1漆器计69件，器形有碗、奁、案、几、杯、盘、勺、魁、笥、合等10种。邗江姚庄101号汉墓出土漆器120余件，器类极为丰富，有漆案、漆几、漆盘、漆碗、漆耳杯、铜扣漆耳杯、漆勺、漆樽、漆砚、漆黛板、漆六博局、方形漆板、漆盾、漆弩、漆弓、漆箭缴轴、漆箭杆、漆盒、漆笥、铜扣漆盘、漆量、漆凭几、漆面罩、漆枕、漆鞘、银扣嵌玛瑙七子漆奁、粉彩面罩、粉彩枕等。邗江姚庄101号汉墓发现特殊的器物品种漆砚。平面呈风字形，由砚盒和砚池两部分组成。砚面与砚盒之间有三角形的泄水孔，塞一木雕羊首形栓。扬州东风砖瓦厂汉代木椁墓群随葬有漆器70余件，器形有盒、耳杯、案、仓、壶、盘、面罩、枕、几、虎子等。仪征新集螃蟹地7号汉墓出土漆木器16件，虽保存较差，但仍可以看出器形的有耳杯、案、奁、盘、面罩、枕等。

器物的纹饰方面除保持传统的几何形纹饰外，这时期的纹饰以云气纹和云龙纹为主纹饰，出现了越来越多的动物纹饰和植物纹饰。

邗江"妾莫书"墓出土的漆器动物纹饰的种类多达10余种，如鹦鹉、孔雀、大雁、鸳鸯、天鹅、鹿、虎、豹、猪、猴、狐狸等。还有些取材于神话故事的纹饰，如朱雀、天马、云龙、怪兽和羽人等。漆耳杯外表上绘有对称的朱雀图案，口沿、耳上绘几何纹。有的器内绘云龙纹，在各种鸟兽轮廓的金箔上用墨笔勾画出细部纹饰。彩绘漆箱盖上朱绘云气纹，再饰以鸟兽羽人。彩绘漆笥纹饰基本相同，多为云气、云龙纹，中间用羽人和飞禽走兽图案为饰。几件大笥盖顶上纹饰别具一格，如在云气纹中彩绘大雁1只，作飞翔状，有的彩绘龙一条。彩绘漆案其中2件纹饰相同，彩绘云气纹补以鸟兽羽人。另1件云气纹方正规矩，补以龙、兽、鸟、羽人。1件尚完整的彩绘漆罐，全身贴有鸟兽和云气纹金箔，盖面上贴四兽金箔。漆圆盆2件，盖上贴有金银箔鸟兽纹，盆全身朱绘云气纹。邗江胡场汉墓M1出土的三足奁，其中1件盖面文饰分为四圈，第一和第三圈以朱绘菱形为主几何图案，第二和第四圈内彩绘流云纹，间有鸟兽，所绘鸟兽均非常逼真。奁身文饰作三段布局，口、底沿文饰均为朱绘菱形为主的几何图案，腹部亦彩绘流云纹和鸟兽，形象极生动，有龙、虎、鹿、狐、狼、雁、小鸟等多种；足部绘兽面纹。随同三足奁出土的漆勺1件，勺内针刻孔雀一只。出土七子奁1件，器壁上、下及内壁口沿朱绘点划几何纹，腹部和器内顶和底中央髹黑漆处绘流云纹。器身底部点划几何纹中镶贴银箔白虎2只。盖面纹饰同样分为四圈，第一、第三圈层内朱绘几何纹，第二、第四圈层内朱绘流云纹。第四圈层内流云纹中镶贴银箔白虎4只，成等距离分布，顶部镶贴柿蒂纹银箔。出土漆碗2件，1件器表腹部朱绘菱形、圈点和锯齿纹组合的几何图案，口沿、圈足分别朱绘一道弦纹；器内口沿朱绘线条和圆圈组合的几何图案，底部用黑漆绘3只首尾衔接、成等距离分布的朱雀。另1件器表腹部朱绘云气纹和锯齿纹，口沿内外分别绘如意纹和云气纹。底部亦绘三朱雀。出土大漆案1件，边框内外髹黑漆，朱绘几何纹。案内髹红漆四组，黑漆一组。黑漆一组朱绘星云纹，红漆两组素面，两组有纹饰，其一用金色粉绘几何图案；其二用金色粉和黑漆绘星云纹。案底髹黑漆，中部朱漆隶书"千秋"二字。中漆案1件，边框内外髹黑漆，用朱红和灰绿绘几何因案。案面一组黑漆，两组红漆。红漆上用灰绿、墨黑、银粉绘星云纹，黑漆上用灰绿、土黄、赭红三色绘星云纹和鸟兽。小漆案2件，边框内外紫红色地，朱绘盘扣几何纹，案面两组红漆，一组紫红漆，红漆上用黄和灰绿绘几何纹和星云纹；紫红漆上用朱红和暗绿绘星云纹。出土耳杯40件，部分内红外黑。口沿及两耳上朱绘鸟头纹，耳翼下绘点划几何纹，腹部绘朱雀四对，相向而立，对称分布。部分外褐红色，内朱红色。口沿、两耳朱绘流云纹，腹部绘朱雀四对。出土笥14件，器形相同，主体纹饰为流云纹。邗江姚庄101号汉墓头箱出土漆案2件，唇边饰几何纹，案面外边为宽5.4厘米的回形纹饰带，中心一道条形纹饰带，皆褐漆底，用朱、黑两色绘云气纹，间饰羽人、鸟兽。漆樽1件，内外口沿均饰连续几何纹，外壁朱绘流云纹，腹部两侧各置铜铺首一个。在内壁利用铺首背面凸起部分作为鳖身，用黑漆绘一鳖，鳖头前伸，嘴角出长须，四肢短健，后拖长尾。漆黛板1件，外髹褐漆，边缘饰连续几何纹。中间用朱漆绘纤细流畅的火焰状云气纹，云气纹中间饰羚羊、锦鸡等动物。漆六博局1件，通体髹褐漆，局中心、边框及足等部分均朱绘几何纹和火焰状云气纹，间饰羽人及麒麟、青龙、白虎、朱雀等。漆盒1件，外髹黑色漆地，用渴漆绘云气纹，在云气纹内饰羽人、神兽、飞鸟，神态各异，极精细。邗江姚庄101号汉墓侧厢出土漆笥，内施朱漆，外髹褐漆。盝顶边缘朱绘连续几何纹，中间绘线条粗放的云气禽兽纹。四壁所饰纹饰大致与顶盖相同。漆盘1件，盘口沿饰菱形几何纹，外为黑地朱绘的双线缠连纹及圆圈纹，内底为黑地朱绘云气纹，间饰鹿、雀等。内腹为朱漆地褐绘云气纹。邗江姚庄101号汉墓足厢出土针刻漆盘6件，形制、大小纹饰均相同，外壁满髹褐漆，口沿部分针刻双线纹，线内用黄漆点绘整齐的圆点。外壁折腹处也刻有线纹间黄漆圆点。盘内壁、内底髹褐漆，内壁上部饰线条简洁的连续如意纹，内底为针刻双线纹带，中心部分针刻三神兽，并用黄漆在嘴、眼、足、尾等部位点绘，增加神兽的动感。铜扣漆盘1件，盘内底中心部位饰一火焰球状云纹，周饰火焰状云气纹，云气纹中饰2条龙，龙昂首张口，直对火焰球。盘外壁折腹以上饰褐地朱绘的火焰状云气纹。漆耳杯36件，可分为与头厢耳杯相同的2式。共中Ⅱ式耳杯有彩绘四瓣梅花纹和变体龙纹。漆面罩1件，外髹褐漆，边沿绘斜菱形几何纹，其他部位用深色绘云气、禽兽、羽人等。内髹朱红漆，绘黑色云气纹、禽兽、羽人等。漆枕1件，通体髹褐漆，上饰彩绘云气禽兽纹，菱形几何纹勾边，枕托髹朱漆，绘褐色云气纹。漆盒2件，其中1件盒盖盝顶中心绘朱色云气纹，菱形几何纹勾边，四壁均绘朱色纤细的云气纹，间饰小禽兽。银扣嵌玛瑙七子漆奁1件，奁上有几组画面清楚的金箔画装饰，图案有羽人踞坐操琴、羽人骑狼等。羽人体形、面相与人相似，头后梳高髻，肩背部出羽翅。奁盖外壁以三道银扣形成两个纹饰带，纹饰带主要以金银贴箔组成山水云气纹，在山水之间装饰羽人祝祷、车马出巡、狩猎、斗牛、六博、听琴等。上下围以几何纹带。奁身外底饰四个相交的同心圆，内绘飞燕、夔龙，外绘云气纹，菱形几何纹作边。外壁纹饰与盖身外壁相似。奁内髹朱漆，内口饰一周菱形几何纹，内底为流畅的云气纹。展现在人们面前的俨然就是一幅神仙世界图。奁内七子盒构造与纹饰与奁相似，有长方形漆子盒2件，1件纹饰除柿蒂纹、云气纹等外，还有由金、银箔剪贴成山水禽兽图案，有羽人、锦鸡、孔雀、羚羊、熊、马、虎、大雁及羽人等内容。另1件形制及装饰手法与前件相同上有用金银箔剪贴山水、人物、禽兽图案，有羽人牧马、人物骑射、弹瑟，以及鹿、雁、羚羊、锦鸡、狼、虎、孔雀等内容。椭团形漆子盒1件，上有用金银箔剪贴成山水、人物、禽兽图案，主要有人物骑射、孔雀、锦鸡等内容。邗江姚庄101号汉墓女棺出土漆盒2件，1件上有用金箔剪贴的虎、羚羊、獐等动物图像。另1件在盝顶盖中心饰一条朱绘龙纹，龙张牙舞爪，形象逼真。漆奁2件，其中1件小漆奁顶盖纹饰带在简练的大幅云气纹中，间饰各种形态的小鸟。漆奁盖、身外壁的两组纹饰带上，有山石、树木、云气掩映，无数神态各异人、神、动物杂置其间，有的信步漫游，有的追逐嬉戏。1件银扣嵌玛瑙七子奁，装饰同前足箱中出土的奁，顶盖两道纹饰带上，于如意云气纹中,间饰虎、羊、驼、鸟、羽人等图案。粉彩面罩1件,顶面雕镂部位用红黑二彩绘蟠龙和孔雀细部。邗江县姚庄102号汉墓出土面罩2件,男棺出土面罩用酱红、褐、黄三色漆绘成大幅的火焰状云气纹,顶部中心为一大型的银平脱纹饰带,漆面和银平上展现的禽兽皆以金银箔刻画出来,髹饰于漆面上,再以黑漆点画其羽毛、眼睛。女棺出土面罩上有云气纹及羽人和各种禽兽,有凤、锦鸡、羽人、獐、鹿和一些非龙非虎的怪兽。榼1件,于云气纹中间饰鸟兽。枕2件,分为2式。Ⅱ式枕上部绘褐红色火焰状云气纹,云气纹中间饰有锦鸡、飞龙、狐狸、羽人、獐、鹿、羚羊等鸟兽。奁1件,有用土黄色漆绘云气纹、梅花鹿、羽人、锦鸡等和两道土黄色漆绘成的云气、鸟兽纹装饰带。耳杯Ⅰ式:1件双耳的外沿饰针刻条纹和朱绘涡纹,内饰褐绘白虎一对。Ⅱ式1件,Ⅲ式2件,皆有朱绘变体兽纹。宝女墩新莽墓M104出土漆盘Ⅱ式2件,中部为以云纹分成的三组相同的纹饰,每组以一熊状兽为主体,兽作蹲姿,前爪作舞状,大耳,吻尖凸有长须。1件残漆盘上针刻三组纹饰,每组以飞廉式的神兽为主体,间以云气纹。耳杯Ⅰ式3件,外腹饰四组相对凤鸟纹,以云纹相隔,每组为相对两只凤鸟,凤鸟昂首,长冠,一爪着地,一爪上举。Ⅱ式8件,外腹朱漆绘四组相对的凤鸟间圆涡纹。案2件,1件在纹饰带内以黑漆绘细密的云气纹间以少数小鸟、喜鹊、羊、獐、羽人等纹饰,黑漆内填少量黄漆。案背髹黑漆,中心有朱漆隶书。另1件通髹黑漆作地,案面以朱漆绘云气纹,间以羽人、双角怪兽、牛、羊、獐、喜鹊等禽兽纹饰,纹饰的内线以黄色漆勾填。邗江郭庄汉墓漆奁1件,绘朱漆,奁顶为一银柿蒂平脱,一周饰有银白虎平脱,白虎作行走喷焰状,周围间饰云气与几何纹图形。奁身饰有云气纹和鸟兽纹。奁马蹄形漆盒1件,顶部有一银柿带平脱,下绘一奔鹿。圈形漆盒1件,顶部亦有一银柿蒂平脱,四周绘有朱雀。耳杯有两式,Ⅱ式为木胎上内髹棕色漆,再用黑漆绘柿蒂纹、如意云和蟾蜍,外髹黑色底漆,朱绘如意云和鸟兽。扬州东风砖瓦厂汉代木椁墓群M4出土彩绘漆耳杯

4件，花纹相同，纹饰为如意纹和朱雀纹。"大皇"漆耳杯1件，外黑地朱绘如意纹和变体朱雀纹。漆面罩4件，M3女棺内的彩绘漆面罩，以朱、绿、黄绘云气纹和鸟兽、羽人等形象，纹饰精细。扬州东风砖瓦厂第8、第9号汉墓出土彩绘漆枕1件，枕表面髹黑漆，两侧朱绘云气纹，夹有彩绘羽人、小鹿、狐狸、鹤和长尾鸟等。仪征新集螃蟹地7号汉墓出土面罩1件，纹饰有飞动的流云，云彩中有青龙、白虎、羽人、鹿、鸟兽等，还有双龙穿壁图案。枕1件于云气纹中间以凤鸟振翼高飞的形象。

　　器物的色彩日趋丰富，出现一些前所未见的新的色彩。

　　邗江"妾莫书"墓出土的漆耳杯杯身贴有金箔。彩绘漆奁盖呈赭色。邗江胡场汉墓M1出土的三足奁器表呈酱红色，随同三足奁出土的漆勺1件，呈酱褐色。出土漆碗2件，器表及内口沿髹黑褐色漆，余者红漆。出土大漆案1件，案内髹红漆四组，黑漆一组。黑漆一组朱绘星云纹，红漆两组素面，两组有纹饰，其一用金色粉绘几何图案；其二用金色粉和黑漆绘星云纹，黑地红彩或红地黑彩加上金粉的方法使漆器表面光彩照人，十分醒目。中漆案1件，边框内外髹黑漆，用朱红和灰绿绘几何图案。案面一组黑漆，两组红漆。红漆上用灰绿、墨黑、银粉绘星云纹，黑漆上用灰绿、土黄、赭红三色绘星云纹和鸟兽。小漆案2件，边框内外紫红色地，朱绘盘扣几何纹，案面两组红漆，一组紫红漆，红漆上用黄和灰绿绘几何纹和星云纹；紫红漆上用朱红和暗绿绘星云纹。出土耳杯40件，部分内红外黑，部分外黑内红，部分外褐红色，内朱红色。同一种器物竟使用了三种不同的上色方法。出土盘中漆皮保存较好者1件，器内红漆一组，无纹饰，黑褐色漆一组，朱绘星云纹，器表髹黑褐色漆，口沿朱绘星云纹，壁绘点划几何纹。出土笥14件，器形相同，纹饰均用朱红和暗绿两色描绘。邗江姚庄101号汉墓头箱出土漆案2件，皆褐漆底，用朱、黑两色绘云气纹。漆几通体髹褐漆。漆盘外壁满髹褐漆，朱绘云气纹。内壁上部亦髹褐漆，朱绘云气纹，下部髹朱漆。发现两种不同色泽的漆耳杯，一种内外皆髹黑褐色漆，另一种外髹褐漆，内髹朱漆。漆勺1件，内髹朱漆，口沿墨绘连续几何纹，中间墨绘火焰状云气纹。外髹黑漆，朱绘火焰云气纹。漆黛板1件，外髹褐漆，边缘饰连续几何纹。中间用朱漆绘纤细流畅的火焰状云气纹。漆六博局1件，通体髹褐漆，局中心、边框及足等部分均朱绘几何纹和火焰状云气纹。漆盒1件，外髹黑色漆地，用渴漆绘云气纹。邗江姚庄101号汉墓侧厢出土漆笥，内施朱漆，外髹褐漆。漆盘1件，外为黑地朱绘的双线缠连纹及圆圈纹，内底为黑地朱绘云气纹。邗江姚庄101号汉墓足厢出土针刻漆盘6件皆为外壁满髹褐漆，口沿部分针刻双线纹，线内用黄漆点绘整齐的圆点，外壁折腹处也刻有线纹间黄漆圆点。盘内壁、内底髹褐漆，内壁上部饰线条简洁的连续如意纹，内底为针刻双线纹带，中心部分针刻三神兽，并用黄漆在嘴、眼、足、尾等部位点绘，增加神兽的动感。漆樽1件，外髹黑漆，内髹朱漆。漆面罩1件，外髹褐漆，边沿绘斜菱形几何纹，其他部位用深色绘云气、禽兽、羽人等。内髹朱红漆，绘黑色云气纹、禽兽、羽人等。漆枕，通体髹褐漆，上饰彩绘云气禽兽纹，菱形几何纹勾边，枕托髹朱漆，绘褐色云气纹。漆盒2件，1件外髹黑漆，内髹朱漆；1件内外均髹渴漆，盒盖盝顶中心绘朱色云气纹，菱形几何纹勾边，四壁均绘朱色纤细的云气纹，间饰小禽兽。银扣嵌玛瑙七子漆奁1件，奁身及奁内七子盒都有金银箔和玛瑙装饰，尤其是玛瑙的颜色经过精心挑选，分别使用了红色、黄色两种不同的玛瑙。从子盒内残存的酱褐色稀糊状粉末、白色稀糊状粉末、绛色粉末和黑色粉末来看，当时人们已能熟练掌握颜料的调色技能。邗江姚庄101号汉墓女棺出土漆盒2件，1件盒外为褐漆地，朱色绘云气纹，盒内髹朱漆；另1件外髹褐漆，内髹朱漆。粉彩面罩1件，表面装饰是先在木胎上涂一层灰色粉彩地，再在粉彩地上用黑彩勾边。粉彩枕1件，枕上上一层灰色粉彩。邗江县姚庄102号汉墓出土面罩2件，其中男棺出土面罩内满髹酱黄色底漆，上用酱红、褐、黄三色漆绘成大幅的火焰状云气纹。面罩外满髹酱红色底漆，顶部以金银箔装饰禽兽，再用黑漆点画其羽毛、眼睛。女棺面罩内髹褐红色底漆，用黑漆绘成火焰状云气纹。云气纹中以土黄漆勾绘成禽兽图案，并以黑漆点画其羽毛、爪足、眼睛。面罩外满髹酱红色底漆。另一处纹饰有红、黄、黑三色勾绘的羽人、鸟兽等动物纹饰。榃 1 件，盖内外皆髹酱褐色漆，盖顶饰有土黄色漆绘榃身通体髹酱褐色底漆，用土黄色漆绘纹饰。枕 2 件，分为两式。Ⅰ 式枕通体髹酱褐色漆，Ⅱ 式枕通体髹酱褐色底漆，上绘褐红色火焰状云气纹。奁 1 件，通体外髹酱紫色底漆，内髹酱红色底漆，有用土黄色漆绘纹饰。耳杯Ⅰ 式 1 件，内外满髹黑色底漆，有朱绘、褐彩纹饰。Ⅱ 式 1 件，Ⅲ式 2 件，耳杯外满髹酱紫色底漆，朱绘、褐绘纹饰。扬州平山养殖场汉墓出土面罩，内髹朱漆，外髹褐漆。扬州平山养殖场汉墓出土漆案 2 件，其中 1 件案面中部用橘黄、橘红两色漆绘云气纹，外围以褐漆为地，朱漆绘云气纹。下接蹄形足，髹褐漆；另 1 件髹土黄色漆作地，上用黑、褐漆绘多层次云气纹和几何纹。宝女墩新莽墓 M104 出土案 2 件，1 件以朱漆作地，黑漆绘纹饰，黑漆内填少量黄漆；另 1 件通髹黑漆作地，案面以朱漆绘纹饰，纹饰的内线以黄色漆勾填。宝女墩新莽墓 M105 出土笥饰，1 件。两岔羊角形，通髹褐漆。下面下端用朱、黄色漆绘云气纹。邗江郭庄汉墓漆奁 1 件，奁风马蹄形漆盒 1 件，外髹棕色底漆，上绘朱色云气、几何纹，盒内髹朱漆，顶与底绘有云气纹。圆形漆盒 1 件，外棕色底上绘有朱漆云气、几何纹。耳杯有两式，Ⅱ 式为木胎上内髹棕色漆，再用黑漆绘纹饰，外髹黑色底漆，朱绘纹饰。扬州东风砖瓦厂汉代木椁墓群 M4 出土彩绘漆耳杯 4 件，花纹相同，外壁为黑地朱绘，内为朱地黑绘。"大皇"漆耳杯 1 件，外黑地朱绘，内朱地黑漆隶书。漆面罩 4 件，M3 女棺内的彩绘漆面罩，内朱外赭色，以朱、绿、黄绘纹饰。东风砖瓦厂汉代木椁墓群"这批漆器的胎形作法，有纯木的，有用薄木胎，有夹纻胎三种。这三种胎的漆器，从表面纹饰来看，有单色如外黑内朱，有单色地上绘单彩，如黑地朱绘和朱地黑绘；还有单色地上用两色或多色彩绘；在比较珍贵的器物上，采用黑地金银彩绘和朱地金银彩绘两种。色调丰富多彩，红色中有朱红、褚红，还有蓝紫、粉绿，乳白和金银等色。"扬州东风砖瓦厂第8、第9九号汉墓出土彩绘漆枕1件，枕表面髹黑漆，两侧朱绘纹饰，边沿用朱褐色绘纹饰。仪征新集螃蟹地7号汉墓出土面罩1件，外髹酱褐漆，以朱、灰、绿、黄色漆绘飞动的流云，内髹朱漆，以褐漆绘双龙穿壁图案。枕1件，枕身通体髹褐漆，用朱、灰漆勾绘漫卷云气纹，间以凤鸟振翼高飞。枕托以朱漆为底，褐、灰漆勾绘云气纹。

漆器上的扣件及金银箔的使用也比前两个时期增多。

邗江"妾莫书"墓出土的彩绘漆案中的1件，边沿嵌铜钉，马蹄形案足，并镶有鎏金铜扣。1件尚完整的彩绘漆罐，全身贴有鸟兽和云气纹金箔，腹下贴三角形金箔一圈，在口沿、腰和底部嵌银箍。盖中心嵌银片柿蒂，上套铜环，盖面上贴四兽金箔，边沿嵌银扣。漆圆盆的盖中心为银片柿蒂座，有环，边沿和中间嵌银箍一道，空间贴金银箔鸟兽纹。桃形小漆盒，在木胎上用银扣口加固。邗江胡场汉墓M1出土的三足奁器盖顶部嵌柿蒂形铜饰。七子奁器盖上镶贴银箔白虎4只，顶部镶贴柿蒂纹银箔。邗江胡场汉墓M2出土的残漆片中有镶贴金箔的圆形小奁残片。邗江姚庄101号汉墓头箱出土的漆碗1件，在碗的一侧有一铜环形耳。铜扣漆耳杯1件，双耳铜扣鎏金。漆樽，腹部两侧各置铜铺首一个。邗江姚庄101号汉墓出土方形漆板1件，出土时四角置博山形铜镇。漆盒1件，盝顶式盖，盝顶四角嵌铜乳丁。邗江姚庄101号汉墓侧厢出土漆笥，盝顶式盖，盝顶四角饰鎏金铜乳丁，漆笥两侧各饰一铜铺首，笥底四角亦饰鎏金铜乳丁。邗江姚庄101号汉墓足厢出土铜扣漆盘1件，口沿有鎏金铜扣。漆樽1件，盖顶有柿蒂形铜饰，底有三蹄状铜足。漆面罩1件，盝顶中心饰鎏金铜柿蒂，四角饰鎏金铜乳丁各一颗，四角边沿亦饰鎏金铜乳丁。盝顶下三面带立板，左右之板下方开马蹄形气孔，孔上外壁各饰铜铺首一枚。后立板中间开一长方形气孔，气孔置有网状铜格板，四角以铜乳丁加固。面罩内上顶及左右壁各嵌铜镜一面。漆盒2件，1件盝顶式盖，四角饰鎏金铜乳丁。银扣嵌玛瑙七子漆奁，奁外表纹饰由银扣和金银贴箔组成，盖顶部正中为六出银柿蒂，柿蒂中心嵌一颗直径约1.8厘米的红玛瑙，在周围每瓣中各嵌一颗鸡心形红玛瑙。奁身及奁内七子盒都有金银箔和玛瑙装饰。邗江姚庄101号汉墓女棺出土漆奁2件，1件小漆奁以银扣装饰，1件银扣嵌玛瑙七子奁1件，以银扣和银箔装饰。足见当时以金银箔装饰的方法已在一些贵重漆器上广泛使用。粉彩面罩1件，盝顶四角饰柿蒂形鎏金铜饰，角上钉铜泡钉。邗江县姚庄102号汉墓出土面罩2件，男棺出土面罩顶部为一大型的银平脱纹饰带，以金银箔组成禽兽纹饰。女棺面罩盝顶下三面为立板，后立板中部开一长方形气窗，窗上置铜网罩。盝顶中心为一方形装饰区，内为一银鎏金柿蒂纹，柿蒂四周嵌有16颗鎏金铜泡钉，盝顶四周的侧面于两凤之间镶有一颗硕大的鎏金铜泡钉，作双凤戏珠状。面罩顶部四周镶嵌了43颗镶金铜泡钉。枕2件，分为二式。Ⅱ式枕的周边饰有47颗鎏金铜泡钉。奁1件，奁盖中心为一银柿蒂平脱，周边饰有三道银扣和两道银脊，盖身亦饰有两道银扣，奁盒上下饰有三道银扣。盘2件，宽平铜扣口。扬州平山养殖场汉墓出土面罩，以铜镜作装饰，铜镜用瓦灰和生漆作结合剂黏在木胎上。漆案2件，其中1件下接三鎏金铜兽足。宝女墩新莽墓M104出土漆盘Ⅰ式和Ⅱ式各两件，均为鎏金铜扣边。耳杯1式3件，鎏金铜扣耳。圆案1件，有相间的鎏金铜乳丁为饰。宝女墩新莽墓M105出土案1件，残剩案边。案面及边有铜乳丁装饰。邗江郭庄汉墓漆奁1件，奁顶为一银柿蒂平脱，一周饰有银白虎平脱。奁中放置彩绘小漆盒3件，马蹄形漆盒1件，圈形漆盒1件，长方形漆盒1件，顶部均有一银柿带平脱。漆面罩4件，其中M3女棺内的彩绘漆面罩，上部用鎏金铜扣，嵌在面罩上部一圈。仪征新集螃蟹地7号汉墓出土面罩1件，顶部为覆斗状，中间镶嵌鎏金铜柿蒂，四角贴铜铆钉。

东汉初至东汉后期的代表性墓葬有：扬州七里甸汉代木椁墓，

江苏邗江甘泉 2 号汉墓，邗江甘泉老虎墩汉墓，邗江甘泉 1 号汉墓，仪征石碑村发现的 2 座，邗江县槐泗桥汉代多耳室拱顶砖室墓、宰家墩汉墓。

东汉初至东汉后期，漆器制造业渐退居次要地位，这时期的墓葬中个别墓葬似乎已不再使用漆器随葬，仪征石碑村汉墓中的随葬品按质料主要分铜器、铁器、釉陶器及石器等，唯独不见漆器。但扬州七里甸汉代木椁墓，邗江甘泉老虎墩汉墓，邗江甘泉 2 号汉墓，邗江甘泉 1 号汉墓中都还使用漆器随葬，可见使用漆器随葬到漆器在墓葬中消失经历了一个缓慢的过渡过程。

这一时期虽然已很少有墓葬中随葬有漆器，但并不意味着漆器制造技术的衰落。相反，通过为数不多的标本，我们见到漆器制造业的水平更上了一个新的台阶。

从制作工艺看，这时期制造出更为牢固的漆器。七里甸汉代木椁墓出土的耳杯 11 件，使用了更好的木质材料，为楠木质材，而且在木胎的部分口沿处绕一段麻布，然后髹漆，借以使器物加固。个别有涂泥灰后再加漆。出土的漆勺 2 件，其中 1 件于口沿部绕一段绢，然后再髹漆。显然这样做的目的就是使漆器更加经久耐用。

从色彩看，这时期的漆器色泽也发生了变化，出现了如焦茶色等区别于传统偏深色的色调，使漆器的外观更为透亮。七里甸汉代木椁墓出土漆盒 6 件，均外漆焦茶色，里漆红色。漆盘 1 件，漆焦茶色。木棺自身也是漆成了焦茶色。

这时期的漆器纹饰和装饰效果更强。邗江甘泉老虎墩汉墓墓内仅发现了一些漆器残片，可辨器形有耳杯、奁、盘、小盒等。在装饰工艺方面采用了贴金箔、铜银扣、彩绘、镶嵌等技术，铜扣上鎏金。江苏邗江甘泉 2 号汉墓出土九子奁 1 件，周围使用了三道鎏金铜箍。盖面有铜皮平脱的内框和柿蒂纹，框内四角有四个铜泡，柿蒂四叶和中心共镶水晶泡五粒。奁内 1 件小长方形漆盒上嵌有三粒水晶泡。下层为九子小奁盒，小奁盒底部均以薄铜皮为胎，盖面均有铜片平脱的边框和柿蒂纹，也嵌水晶泡和琥珀小泡。2号汉墓还发现较多的残破漆器，从可辨器形看，器物的口沿和耳部往往有刻花鎏金铜扣，刻神兽、云气等纹饰。甘泉1号汉墓因为被盗，也发现了较多的漆器残片，从现有的发现看，当时的漆器往往有附着于漆器上的鎏金铜扣、器足等。

总之，从扬州出土的漆器来看，扬州地区西汉早期漆器造型简单，以木胎为主，纹饰多以几何形纹饰为主，色泽多以黑、褐、青褐色等深色调为主，器形也带有战国秦楚之简单的小型器物的风格，多为耳杯、盘、卮、奁、盒等，相对复杂的漆器通常是漆奁，一般为四子奁或六子奁，即套奁，指分别有子盒4件和6件的成套奁。

至西汉中期，漆器的制作用料仍以木胎为主，器表髹漆。与早期相比，竹胎漆器增加，出现了皮胎漆器。仪征烟袋山汉墓出土1件皮胎耳杯，保存较差，仅存胎骨，用一块整皮制成，可看出云状斑块。邗江胡场5号汉墓出土的四件奁中有1件为竹胎圆奁。色泽日趋丰富，漆的主色彩除褐色、黑色等传统色调外，红色、酱褐色等也成为该时期主色调。如张集团山汉墓，器物的种类也日趋繁富，出现一些中大型漆器。西汉中期的代表性墓葬仪征张集团山汉墓、仪征烟袋山汉墓、邗江胡场5号汉墓、仪征胥浦101号西汉墓和高邮天山汉墓中出土的器类除早期出现的器类外，新出现了六博盘、瓠、笥、漆书铭器盖等，奁的品种多样化，有三足奁、七子奁、马蹄形奁、圆奁、长方形奁，笥有双层漆笥，出现了案和坐榻等大型漆器。中期漆器的纹饰也日趋复杂，除几何形纹外，更多地出现了动物纹（龙、凤、虎、鹿等）。纹饰的方法除漆绘外，出现了描银、描金的手法，不仅使色泽更加光彩夺目，也使漆器看起来更高档。

发展至西汉晚期、新莽时期至东汉初期，器物的种类更是大量增加，在该时期代表性墓葬邗江"姜莫书"墓，邗江胡场汉墓，邗江姚庄101、102号汉墓，江苏仪征盘古山西汉墓M1、M2，扬州平山养殖场汉墓，邗江杨寿乡宝女墩新莽墓，邗江郭庄汉墓，凤凰河第三期工程发现的9座新莽墓，扬州东风砖瓦厂汉代的木椁墓群，扬州东风砖瓦厂第8、第9号汉墓，仪征新集螃蟹地7号汉墓中出土的漆器中新出现的器类有：漆砚、漆盾、漆量、漆凭几、漆面罩、漆枕、漆鞘、银扣嵌玛瑙七子漆奁、粉彩面罩、粉彩枕、漆弩、漆弓、漆箭缴轴、漆箭杆等，可见漆器的制作面更是渗透了社会生活的各个方面，甚至发展至兵器领域。其色泽更加艳丽美观，红、黄、绿等色彩更加大胆地使用，成为这一时期漆器的主色调，并出现了多种复合色彩，如灰绿、土黄、赭红等色彩。日用漆器有轻便化倾向，大量漆器使用了夹纻胎。在器物的纹饰方面除保持传统的几何形纹饰外，这时期的纹饰以云气纹和云龙纹为主纹饰，出现了越来越多的动物纹饰和植物纹饰。如邗江"妾莫书"墓出土的漆器动物纹饰有龙、虎、鹿、狼、鹦鹉、孔雀、大雁、鸳鸯、天鹅、鹿、虎、豹、猪、猴、狐狸、小鸟等。邗江姚庄101号汉墓漆器上的动物纹有羚羊、锦鸡、麒麟、青龙、白虎、朱雀、熊、马、虎、大雁、鹿、狼、驼、獐、喜鹊、鹤、长尾鸟、小鸟等。还有些取材于神话故事的纹饰，如朱雀、天马、云龙、怪兽和羽人等（见图2-16、图2-17、图2-18）。该时期器物的更大的变化是漆器上的扣件及金银箔的使用也比前两个时期增多，此外宝石镶嵌也使漆器更为华美。代表性器物是银扣嵌玛瑙七子漆奁。

东汉初至东汉后期，扬州汉代漆器制造业从数量上看渐退居次要地位，但从质量上看，漆器制造技术仍旧保持着较高水平。该时期出土的墓葬扬州七里甸汉代木椁墓，江苏邗江甘泉2号汉墓，邗江甘泉老虎墩汉墓，邗江甘泉1号汉墓，仪征石碑村发现的2座，邗江县槐泗桥汉代多耳室拱顶砖室墓、宰家墩汉墓等以砖室墓居多，墓葬中个别墓葬似乎已不再使用漆器随葬，但一些汉墓中都还使用漆器随葬，可见使用漆器随葬到漆器在墓葬中消失经历了一个缓慢的过程。

从制作工艺看，七里甸汉墓中用楠木制作的耳杯，用麻布或绢布加固器物口沿的方法可生产出更为经久耐用的漆器。从色彩看，这时期的漆器色泽也发生了变化，出现了如焦茶色等区别于早期偏深色或中期偏艳丽的色调，使漆器的外观更为透亮。七里甸墓的漆器不但小型漆器大量使用焦茶色，连木棺自身也是漆成了焦茶色，似乎有些许返璞归真的效果，这样制造的漆器显得更为大气。但色调的改变并不代表该时期的漆器制作不重装饰效果，反而装饰性更强，如邗江甘泉老虎墩汉墓漆器在装饰工艺方面采用了贴金箔、铜银扣、彩绘、镶嵌等技术，铜扣上鎏金等技术。江苏邗江甘泉2号汉墓漆器上的水晶泡和琥珀小泡装饰，使漆器更加富丽堂皇。当然，东汉以后，历史上随着瓷器的兴盛，漆器业最终还是衰落了，但作为特定历史时期曾经出现过的漆器技术，在历史发展的长河中却始终没有消失，在今天也仍然发挥着作用，扬州至今仍是著名的漆器工艺品产地，可以说正是有着深厚的历史文化渊源。

图2-16 1988年杨庙乡王庙101号西汉墓出土彩绘水草鱼鹭纹漆匜

图2-17 1985年甘泉乡姚庄101号西汉墓出土银扣金银贴饰鸟兽人物云气纹漆奁

图2-18 1985年甘泉乡姚庄101号西汉墓出土针刻云纹漆罐

当然，优美的漆器制造的背后，是贫穷的劳动者的辛勤劳动。《后汉书·申屠蟠传》载："申屠蟠字子龙，陈留外黄人也。九岁丧父，哀毁过礼。服除，不进酒肉十余年。每忌日，辄三日不食。……家贫，佣为漆工。"① 说明当时的漆器制造业在汉代分布极广，且漆工的地位十分低下，往往由贫寒人家子弟来担任。

五 纺织和编织

历史上，纺织和编织业的发展往往与一地区能否提供足够的原料有关。如前所说，扬州地区地处长江中下游，气候湿润，河道密布，因此很适合如麻、桑等植物的生长。考古发现扬州地区的纺织业有麻布纺织和丝绸纺织。编织业有蒲编和草编、苇编、竹编等。

凤凰河第三期工程发现的9座汉墓中，随葬的五铢钱都用细木条串着，再用麻布包缠放在腰部两侧，七里甸木椁墓发现的耳杯11件，部分口沿处绕一段麻布再髹漆，说明麻布在当时得到普遍使用。扬州东风砖瓦厂汉代木椁墓群以M3为代表的第二类墓椁底下面有芦席铺垫的痕迹。M1女棺内的底部，清理时发现有一块草席。七里甸木椁墓下葬时在棺底椁上之间曾垫有一张大小与棺同

---

① 《后汉书·申屠蟠传》，第1750~1751页。

形，用蒲草编织的席子。邗江胡场汉墓侧厢中部有编织品残片，邗江胡场5号汉墓头厢中也发现有编织物。邗江姚庄101号西汉墓尸骨下垫有席类编织物。邗江县姚庄102号汉墓出土竹笥1件，长方形，用细竹丝编织而成。高邮天山汉墓在"题凑"和外藏椁之上，普遍铺设数层织席，编制品有竹器三四件，有竹篮、竹簸箕等，作者认为这是考古发现中的一个新收获，是当时工人筑墓用的工具。仪征胥浦101号西汉墓纱面罩1件，由两层翼纱用漆黏连定形，再用竹片做边框相夹，出土时罩在死者头部。此外，扬州地区出土的漆器中出现的大量夹纻胎漆器势必对纺织品有大量需求，也会促进纺织业的发展。

七里甸木椁墓残丝绢一片。丝绢的组织十分工整，经纬均匀，由于腐蚀，只留着网状痕迹。出土漆勺2件，其中1件口沿部绕一段绢，然后再髹漆。扬州东风砖瓦厂汉代木椁墓M3男棺中有丝织物残片。男棺人骨架头部底下，发现有几小片丝织物的残迹。邗江姚庄101号汉墓足厢出土漆盒2件。标本M101：191为方漆盒。盝顶式盖，外髹黑漆，内髹朱漆，素面，木胎，边长14.2厘米、高10厘米。出土时盒内有黑色折叠的丝织品，似方帽。标本M101：194为长方形漆盒，盝顶式盖，四角饰鎏金铜乳丁。漆盒内外均髹渴漆，盝盖顶中心绘朱色云气纹，菱形几何纹勾边，四壁均绘朱色纤细的云气纹，间饰小禽兽。

邗江甘泉2号汉墓出土九子奁1件，奁内上层置一面用丝织物包裹的铁镜。邗江胡场5号汉墓出土箭缴17件，其中出于竹箕内的1件，器上绕有丝线团。

最能说明扬州汉代丝织业发展的是出土于仪征胥浦101号西汉墓出土的简牍文字，按文字内容可分为"先令券书"、何贺山钱、赙赠记录、衣物券。"先令券书"记述墓主朱凌遗嘱，内容有："妪言……以稻田一处、桑田二处分予弱君；波田一处分予仙君。于至十二月，公文伤人为徒，贫无产业，于至十二月十一日，仙君弱君各归田于妪，让予公文。妪即受田，以田分予公文，稻田二处，桑田二处。田界易如故，公文不得移卖田予他人。"从该文牍可知，汉代扬州地区的一般百姓家中拥有的田地一部分属于桑田，而桑田在当时财产中所占的比重应当超过稻田，因为桑田往往对田地的高度有要求，不能处于地势低洼的地带，稻田则喜低洼。此外，稻田所创造的经济价值则远不能与桑田相提并论，笔者曾了解过今东台一带的农业生产，以 2011 年为例，一亩稻田按亩产 1300 近稻谷计算，扣除农药、化肥等成本，每亩地实际收入只有 1000 元左右，加上种一季麦子，充其量每亩地从事粮食种植的收入不超过 2000 元，而桑田则不同，每亩桑田一年至少能养殖三批蚕（春蚕、夏蚕、秋蚕，个别农户还会养殖冬蚕），每批蚕平均收入 1500 元左右，则一亩桑田全年可收入 4500 元左右，所以东台范公堤以东地区农户家有桑田和稻田并种的往往都重视桑田。朱凌临终时将稻田两处和桑田两处给予公文，不但可说明汉时农村桑田在农村家庭中所占的比重较大，而且也体现了死者临终前对公文在财力上的大力支持。桑田的大量存在从侧面说明当时扬州地区的纺织业较为发达。同墓出土的木牍衣物券一块有隶体墨书四行："高都里朱君衣：绮被一领，禅衣二领，禅裳一领，素绢一领，绿袷一领，绫袍一领，红袍二领，复裳二领，禅襦二领，青袍二领，绿被一领，绣襦一领，红襦一领，小缜三领，绵袍三领，袆被一领，绪绞一绰一两，凡衣禅复廿五领"。据木牍遣册记载，胥浦 101 号墓共随葬衣物 25 件（领），惜实物已全部朽坏，不能对照印证。此墓出土的衣物券所载衣物名称有绮被、禅衣、禅裳、绿袷、绫袍、红袍、禅襦、青袍、绣襦、红襦、小缜、绵袍、袆被、绰、绪绞、禅复；衣物质地有绮、绢、绫、绵等；颜色有素、青、红、绿、五彩。从中也反映出西汉晚期扬州地区丝织物的丰富。结合上所见朱凌拥有的桑田来看，扬州地区盛产蚕茧，当地应该有发达的缫丝业和纺织业，惜未能发现纺织工具等实物。但从扬州邗江县姚庄 102 号汉墓出土的 1 件染炉来看，扬州地区存在纺织手工业作坊是肯定的，该染炉由承盘、炉和染杯三部分组成。染杯形如耳杯，长 15.4 厘米、宽 12 厘米、高 4.4 厘米。炉身呈长方形，口大底小，斜直壁，平底，镂空。炉身腰部有宽平方边的腰沿，腰沿上方为镂空博山式支边，悬空支撑着染杯，腰沿下为炉膛。炉壁四周有 14 道竖条状气孔，炉底亦有条状气孔 10 道，炉下有一横穿炉底的长方形孔道，炉底两侧置四蹄足。炉下为长方形宽平沿承盘。染炉长 16.6 厘米、宽 12 厘米、通高 14.2 厘米。该染炉在今天看来似乎在形制上偏小，但汉人衣物多由丝绸面料制成，丝绸面料自身就不占体积。另外，亦不排除该染炉是为随葬而特意制作的明器，这件染色工具套件的出现能反映当时的纺织业在扬州地区的发展。[①]

六 木器与骨器

汉代扬州地区的木器制造业从西汉早期就已出现，扬州邗江西汉刘毋智墓发现的竹木器和骨器代表了西汉早期的发展水平。

木器制作中的棺椁制作，是特殊的木器行业。扬州邗江西汉刘毋智墓从残存的棺椁判断，该墓由正藏椁和外藏椁两部分组成。棺、椁的材料均为楠木质。外藏椁的制作方式为在边板近两端处挖槽和卯眼，挡板侧端作燕尾榫与之插合，边板直接与底板拼连。底板近南北两端下面横垫两根圆形枕木，枕木上用长三角形插榫固定两侧边板。边板、挡板、底板均为两块木板拼合，底板与边板的端面嵌长条形双燕尾榫扣连，再横铺 4 块盖板。

在实用器物方面，刘毋智墓出土有木槌 1 对，为用杉木制成的扁圆锥体。用杉木制成的封泥匣 5 件。杉木质制成的刀形木牌 1 件，一侧薄似刀锋，另一侧厚，厚边高凸，似刀背。厚背侧有两穿孔，用以系绳。梳 2 件，标本 M1∶10-6-1，长 8.7 厘米、宽 6.2

[①] 关于该染炉的用途，目前存在争论，有两种意见：第一种意见认为该器物为炊器；第二种意见认为该器为染器。笔者倾向于第二种意见，尚无确切证据证明该铜器属炊器。从汉代丝绸服装的品种十分丰富的情况看，对素色丝绸面料进行染色应该是经常进行的事，用铜质器具染色更易于清洗。因为铜可以回收再利用，故汉墓中不常出现也是很自然的事。

厘米、齿距0.4厘米、背厚1.5厘米。篦2件，M1：39-4-2，齿密实，几无间隙。长8.6厘米、宽6.1厘米、背厚1.5厘米。

在装饰性木器方面，刘毋智墓出土木雕构件2件。两件均为楠木质，长方形。1件用分层浮雕的技法，雕刻出错落重叠的山峦、盘绕山峰的昂首四爪螭龙、牴角相斗的两头瑞兽。部分动物髹黑漆（见图2-19）。另1件分层浮雕出重叠的山峦、跨越山峰的黑熊、山谷间奔跑的野猪，以及蹲坐于高虬枝干上的人物。木雕构件与同墓发现的竹雕构件可以搭扣，它们应是1件装饰器物的组成部分。俑1件，为蹲坐的半身像，高33.5厘米。

图2-19 2004年杨庙全套王庙"刘毋智"西汉墓出土木周全残件

刘毋智墓出土竹器2件。竹片饰1件。椭圆形长竹片状，截面呈弧形。竹皮面用朱漆与青褐色漆绘饰勾连云气纹，竹背面墨绘勾连云气纹。竹雕构件1件，截取毛竹筒的1/3制成板瓦状，在外弧壁上浮雕重叠的山峦、峭立的松柏、出没于山谷间的野兽。山峦轮廓与主体斜削减地（见图2-20）。《简报》作者认为此饰件应是1件完整器上的一部分，因被盗墓者破坏，不知原器形状。但由此可见西汉早期就已出现了竹雕工艺。

刘毋智墓出土骨器有骨笄4件，大、小各2件。器形相同，笄首双面磨光，圆尖状，笄身呈篦齿形，标本M1C：82，大笄，身作9根篦齿形，长14.6厘米、宽0.9厘米。标本M1C：84，小笄，身作5根篦齿形，长11.5厘米、宽0.5厘米。

图 2-20 2004 年杨庙镇王庙"刘毋智"西汉墓出土竹雕残件

西汉中期，棺椁的制造更为复杂，仪征张集团山汉墓 M1 木椁长 4 米、宽 3 米、高 1.8 米，用粗大的楠木拼合而成。有纵铺的椁底板 4 块，椁墙板 4 块，椁顶横置的盖板 6 块。椁内用隔板分隔成棺室和四个边厢。隔板与隔板以及隔板与椁墙板的交接处有截面为长方形的木桩。木桩固定在椁底板的浅榫眼内和椁墙板的浅竖槽内，隔板则卡在木桩的浅竖槽内。边箱的上部均有薄板，薄板厚 2 厘米，一般宽 40~50 厘米，长度随边厢的宽度而异，头箱、足厢、西边厢均长 50 厘米，东边箱长 58 厘米，卡在隔板与椁墙板的浅槽内。椁中部为棺室，棺室长 2.42 米、宽 1.4 米。棺室上部亦有薄板，3 块，长均为 1.42 米、宽 0.3~0.4 米，盖在隔板之上。棺室内置一棺，棺用整段楠木刳空成棺底和棺侧墙。侧墙两端内侧开竖槽，插入两端板，棺的两侧墙板与盖交接处有凹凸槽卡合，使棺盖不能左右移动。棺长 2.36 米、宽 0.94 米、高 1 米。棺盖之下有一薄天花板。天花板镂孔，镂成极复杂的图案。两端及中部镂成三个璧形，之间用弧线交叉相连，填以繁缛的卷云纹，长 200 厘米、宽 60 厘米、厚 2 厘米。木棺外髹黑漆，内髹红漆，天花板朝上的一面髹黑漆，朝下的一面以黑漆为地，描以红漆和金、银。仪征烟袋山汉墓椁室由"正藏"和"外藏椁"两部分组成。"正藏"均用粗大楠木拼合而成，于枕木上置椁底板，板门和框板构成正藏南壁。正藏东西两壁各用 3 块板迭拼而成，北壁板亦 3 块。各板之间多以高低缝相扣的方法连接，由 7 块盖板构成其顶部。"正藏"内部分成头厢、足厢、边厢和棺室等四部分。椁内为棺室，内置两棺，依椁东壁并列安置。两棺结构相同，用整段楠木剖成，均外髹黑漆，内髹朱漆，女棺盖内侧用鎏金小铜泡布置出北斗星像图，两棺外侧壁均用鎏金四叶形铜片做装饰。"外藏椁"较之"正藏"则构建质量较差。邗江胡场5号汉墓M5东椁规模较大，制作也较讲究，椁盖板用高低榫拼合，东西向搁置于椁壁之上，每边伸出椁壁约5厘米，盖板面髹酱褐色漆，其上满铺草席。四周椁板每壁2块，厚约19厘米，用高低榫投合。在东西两壁端，凿凹槽，插入南北两壁。椁底扳由四块楠木采用高低榫拼合，南北向放置，椁内由一道板厚8厘米的隔墙，将椁室分为棺室和侧厢两个部分，隔墙西壁用减地浮雕方法制成门楣，有日月和双弦穿壁纹。椁内上口没有五根横梁，中间一根横贯棺室和侧厢，置于东西两壁内口及隔墙上口燕尾槽内。棺室和侧厢上各置两根，用子母榫连接椁壁和隔墙。横梁边上凿半槽，安放天花板。棺室天花板四块，有减地浮雕双弦穿壁纹，侧厢天花板两块，无纹饰。仪征胥浦101号西汉墓墓室结构保存完好，椁室由5块杉木板横铺构成底板，四周椁墙板用木板以高低榫拼合而成，椁外盖板亦由5块杉木板横铺，外盖板下，由隔梁和薄板组成椁室内盖板。椁内有隔梁两条，将椁室分成头厢、边厢、棺室三部分。椁板内侧及隔梁均挖槽口，头厢上置薄木板6块，棺厢上置薄木板5块，边厢上置薄木板2块。隔梁与薄木板组成一个完整的天花装置。棺室墙板东壁（前面）由直棂窗和对开的木门组成，南、西、北3壁各用2块木板拼就。

西汉中期，实用木器制造业也非常发达。张集团山汉墓虽没有出土实用木器，但仪征烟袋山汉墓出土了大量实用器。有：木握1件，木杖1件，梳篦3件，木几足饰1件，木插座1件，封泥匣1件，木盾5件，木碓1件。较有特色的器物为木盾，呈上圆下方形，正面中部有一条上下凸起的脊。背中部有一圆形铜质把手。说明这时期的木器除应用于居家、行走、日常生活外，还应用于军事。邗江胡场5号汉墓亦出土了大量竹木器，有长矛木柄，竹木弓和竹弓、箭箙、箭缴、弓箭架，二十五弦瑟明器，双管器，墨绘小木板，彩绘小板及竹箕等。其中与弓箭有关的竹木制品和木制二十五弦瑟明器展现出较为高超的木工技艺。竹弓长116厘米，弓背用三片约等厚的薄竹片相贴，厚0.8厘米、中间宽2.3厘米，两端渐窄并作弧形弯曲，这一制作方法，能保证竹弓具有足够的弹性而又不至折断。二十五弦瑟明器，器内中空，面微弧，两端髹酱褐色漆，各有弦眼二十五个，从实用器的角度看，要制作这件乐器，不但器内中空的器壁要符合乐律，不能有丝毫偏差，而且内部的制作亦需光滑，因此是极为精细的木工活。邗江胡场5号汉墓在男棺头部还出骨簪3件。仪征胥浦101号西汉墓木器有：彩绘木板、木盒、木棒、木枕1件，木梳2件。标本M101∶88有齿14根，高、宽均为7.2厘米。木篦1件，马蹄形，有齿100根。篦高7.2厘米、宽6.7厘米，木剑1件（M101∶94），为明器。断面呈菱形，无剑把、剑格，全长80厘米。高邮天山汉墓出土木器占一大半，有俑、卮、车、四孔四足器、奁、盘、壶、耳杯、案、坐榻、勺、箭、笮（矢箙）、戟、弩机和盾牌。这些物品表现出极为发达的木器制造能力。

　　仪征张集团山汉墓M1和M2都出土了用楸木制作的侍女俑，其发髻和面部及体部特征皆栩栩如生。仪征烟袋山汉墓则出土了较多的木俑，达126件。种类齐全，有人俑、马俑和狗俑等。人俑又包括仪仗俑、侍俑、伎乐俑、杂耍及优倡俑等。人俑均用减地薄肉雕的方法刻有五官细部，施以黑、白、红等彩绘。各俑的大小造型不一，刻镂的服饰造型也各有千秋，如仪仗俑着短袍，腰部微束，双臂下垂，两腿直立，显得气势威严；立侍俑多身着长袖连衣裙，裙边拖地，前部微露双脚，腰部收缩，双手拱举或平托于胸前，侍者的形象让人一目了然；坐侍俑其中一式上身直立，双腿踞坐，双手平举胸前。杂耍优倡俑则突出其滑稽效果，其中1件为大头矮身短腿的形象，下身特小，另1件有极其夸张的腹部，可以想象当时的艺人在表演中让人忍俊不禁的形象。伎乐俑则突出其动作和表情的戏剧性效果，Ⅰ式1件为圆光头，裸体，双手拱举胸前，肚脐外露，面部表情生动活泼，下颌前伸，嘴尖翘起作吹哨状。Ⅱ式1件头戴鬼脸式盔。Ⅲ式1件表情生动，双臂展开，似正在向观众展现其技艺，还有5件残存头部的均作眯眼大笑或张口伸舌大笑状，表情逼真。其余狗俑和马俑的雕刻均比例协调，特征分明，尤其是马身上凸起的肌肉仿佛让人看到了这匹马在战场上勇猛直前的勃勃英姿。邗江胡场5号汉墓出土木俑13件，分为坐俑、立俑、舞俑等（见图2-21）。其墨绘眉、眼。耳、鼻、口，用减地薄肉雕，手部圆雕。彩绘主要有黑、白、红色，少数还施金粉。仪征胥浦101号西汉墓出土木俑15件，分为叉腿男俑，男吏俑，男侍俑，携童女侍俑，坐乐俑等。由于这些木俑均残破，无法观其工艺，但从可辨种类看，当时的木器制造业所制木俑品类已更丰富，尤其是携童女侍俑，通过1件器物刻出一大一小两个人形，改变了1件器物就是一个单俑的传统，使俑的造型显得更生动活泼。

图2-21　邗江胡场5号汉墓出土的木坐俑（左）和木舞俑（右）

扬州地区西汉晚期、新莽时期至东汉初期的代表性墓葬有：邗江"妾莫书"墓、邗江胡场汉墓、邗江姚庄101、102号汉墓、江苏仪征盘古山西汉墓 M1、M2、扬州平山养殖场汉墓，M1、M2、M3 属西汉中晚期，M4 为新莽时期、邗江杨寿乡宝女墩新莽墓、邗江郭庄汉墓、凤凰河第三期工程发现的 9 座新莽墓、扬州东风砖瓦厂汉代的木椁墓群、扬州东风砖瓦厂第 8、第 9 号汉墓；仪征新集螃蟹地 7 号汉墓。

西汉晚期、新莽时期至东汉初期，棺木制造更为厚重，用料更多。

邗江"妾莫书"墓椁室长 7 米、宽 4.5 米，墓底有 8 米长的垫木两根，在垫木上横铺 12 块 30 厘米厚的底板，再在底板的东、西、北三边，每边立放三块由高低榫相衔接的楠木壁板，四角各置 1 根粗大方柱，与椁板榫接，南边设有两扇木门。外椁室正中偏北处用 6 块 16 厘米厚杉木纵铺内椁室底板，在底板的东、西、北三边，用 16 厘米厚的板凿高低榫立成内椁壁板，四角相互套榫。椁南端的底板上有门窝和残存木门。内椁长 4 米、宽 8 米、残高 0.80 米。内椁（即棺室）放置漆棺 1 具，棺长 2.40 米、宽 1 米，内朱漆，外黑漆，从漆皮剥落的情况看为多次髹漆。棺盖为盝顶式。棺用整木剜成，凿榫插入头档和足档。棺盖与棺身用子母榫投合。在外椁的东、西、北三壁各凿 3 方孔，南壁门侧各凿 1 方孔，孔径 25×10 厘米，离椁底高 1.30 米。北壁和南壁相对的孔内还搁着 1 根长方木作过梁担，中部已断。由此推断所有相对的孔内都应搁置过梁。这样南北、东西相对纵横交错。在梁上平铺 5 厘米顶板与盖板均已朽残。

邗江胡场汉墓 M1 规模与邗江"妾莫书"墓相比规模为小，但椁板厚度亦达 24 厘米，均为楠木。且该墓椁室的营建更逼近死者生前居所的布置：椁内有纵横隔梁各一，下设隔墙，将椁室分隔成棺室、头厢和侧厢三部分。横隔梁搁置于东西两壁上口槽内，隔墙作阑干式建筑，边框投合用子母榫，内分四档，上部两档，装菱形格窗，下部两档，东侧装对扇木门，西侧装单扇木门，上下皆配有门转和门臼。竖隔梁南端搁置于横隔梁上口槽内，北端搁置于北壁上口槽内，隔墙亦为阑干式建筑，内分八档，上部四档南北两侧整菱形格窗，中部两档装浮雕建筑板画，下部四档，南部装对扇木门，北部装浮雕建筑板画，中部一挡装直棂窗，窗分七小档，一档装单扇小门。棺室长2.4米、宽0.82米，顶部盖有天花板，天花板由5块木板拼合，板上浮雕双弦空壁纹。棺身系整段楠木刳凿而成，棺盖和棺身用双子母槽紧密投合，盖下有1块薄薄的赭红色的天花板。

邗江姚庄101号墓椁室比前两墓有更为复杂的椁室结构。椁室由椁底板、椁壁、内天花板和椁盖板组成。底板计12块，东西向横铺，底板上东、西、北三边均以2块厚0.28米的楠木侧立构成椁壁板，板间均采用高低榫连接，椁壁的南端用3块楠木竖立在底板上，其中西侧1块用方榫固定在椁底板上，东侧2块组成双扇对开的板门，有门枢与门臼。椁内分为头厢、侧厢、足厢和棺室四部分，各厢之间皆有直棂窗和板门相通。头厢与侧厢、棺室之间有隔墙，隔墙的中间为双扇对开板门，门西侧为五格直棂窗，侧厢向南与头厢间有板门相通，与足厢间有直棂窗相隔。与棺室间有直棂窗门组成的隔墙。隔墙中间为五格直棂窗，窗南侧为两扇对开板门，足厢与侧厢、棺室间有隔墙。隔墙中间为双扇对开木板门，门的两侧均为五格直棂窗。室内并列放置漆棺2具，棺下横向垫2根高0.1米的枕木。东侧为男棺，长方形盝顶式，外施黑漆，内涂朱漆。棺由整段楠木刳成。

姚庄102号墓椁室在同期墓葬中同样使用了复杂的结构，由底板、椁墙、盖板三部分组成。木椁内分为棺室、头厢、足厢、东侧厢、西侧厢五部分，各厢之间皆有直权窗式的隔墙，隔墙上置有双扇对开或独扇单开板门。棺室内两棺均为整木刳成，两头抽有燕尾槽，嵌入挡板，棺盖与棺身用双轴槽子母榫咬合，棺底垫有枕木。

杨寿乡宝女墩新莽墓M104椁室与姚庄102号墓大致相同。木椁用楠木块板拼构而成，有双扇对合的木门结构，椁室内可分头厢、足厢、南北边厢和棺室5部分。棺身用整木刳成，两端嵌入挡板，盖为盝顶形，与棺身用燕尾榫密合。棺外髹褐漆，内髹朱漆。M105 也椁室用楠木板拼构而成，方法同 M104，分头厢、足厢和棺室。

凤凰河第三期工程发现的 9 座汉墓，棺都是用整木剚成槽形，再在两头侧壁削浅槽，插入厚度相同的木板为前后合。这一技术普遍存在于扬州汉墓之中。

仪征新集螃蟹地 7 号汉墓葬具为一椁一棺。椁底板 6 块，采用高低槽错缝拼接。椁室东、西、北三壁各用两块板以高低缝迭拼而成，南壁正中安有对开的两扇门。椁室内用 3 块隔板分隔成头厢、足厢、边厢和棺室 4 部分。棺用整段楠木刳空成棺底和棺侧墙，两端嵌入头挡和足挡。

西汉晚期、新莽时期至东汉初期，实用木器随葬的种类与前一时期相比有些品类逐渐消失，但此时期的木器制造业更为发达，一是出现了反映大型木器的明器随葬，而是木器的制作更加与艺术的结合更为紧密，部分木器就是艺术品。邗江胡场汉墓出土的木器有：木猪圈 1 件，前为小屋，后设院落，院内近屋处有一木槽，有木雕猪 1 件。木楼梯 1 件，长 75、宽 12、厚 7 厘米，分 15 档，用一整木刳成，傍有扶手。这两件器物于今看来都不失为珍贵的艺术品。邗江胡场汉墓 M2 出有骨尺 1 件，残长约 $7/10$，按尺上刻度推算，全长为 23 厘米，其上针刻文饰，填以色彩，有飞鸟和走兽，制作甚精。邗江胡场汉墓 M1 出有木板彩画"人物图"和"墓主人生活图"。彩绘多用工笔，少有写意，当时墓主人生前平时生活的反映，极富艺术色彩。邗江姚庄 101 号汉墓头厢出土木器有：凤形木雕，木牛座，木弓箭架，博山饰木砚，木梳篦，不仅种类出现新品，从制作工艺看，除一般性器物外，部分实用器物也向艺术化方向发展。如凤形木雕原为一器物的底座，但却刻意雕成一只昂首翘尾的凤鸟，木牛座亦为一底座，在牛背上插 64 厘米高的木杆，木杆中部套入一木雕鸠鸟，鸠鸟之上为一覆盆状伞盖，顶端饰圆形和椭圆形顶盖，显示出非同一般的艺术创意。木砚本为实用器，但却通过制成博山形，雕有羽人、瑞兽，变成实用器与艺术品相结合的珍品。足厢出土木握2件，呈橄榄形，制成流线型的原因应该是便于手握。木剑2件，其中1件漆鞘分段着色，髹朱红、灰褐色底漆，再分别绘上纹饰，再在鞘后端饰一鸡心状白玉饰，在木柄上贴金箔，首部安装包银铁环。另1件柄上端贴金箔，有带线雕虎首卷云纹的玉制剑格，鞘面饰有线雕虎首卷云纹的一块穿带佩玉，两件木剑看起来十分时尚。邗江姚庄101号汉墓女棺出土骨尺1件，一头穿孔，便于穿挂。尺度23.1厘米。刻度中间空白处有针刻云气纹，云气纹间刻龙、虎、羊、锦鸡等飞禽走兽。长25厘米、宽1.8厘米、厚0.31厘米，这件骨尺与胡场汉墓长度相同，但更显得精致。邗江县姚庄102号汉墓出土木器有木握、木刻人面像等，同时还出土竹、骨器，竹笥、骨笄、骨擿、骨钗等。木握呈圆柱体，髹朱漆，竹笥为长方形，用细竹丝编织而成，用于存放钱币。扬州平山养殖场汉墓出土木器有：木笥8件，木梳7件。扬州平山养殖场汉墓还出土牛角笄1件（M1：5），有七齿，长24厘米、宽1.2厘米。宝女墩新莽墓M104出土木雕龙首1件，出土于棺内，用楠木雕刻成尖嘴的龙首形，残长5厘米。扬州东风砖瓦厂汉代的木椁墓群木器共25件。其中有梳8件，篦招件，枕2件，木俑2件。扬州东风砖瓦厂第8、第9号汉墓木器11件，8号墓7件，9号墓四件。梳篦2件，梳20齿，篦117齿。案几1件，长88厘米、宽28厘米，面作长方形，两端有榫眼，每边四根马蹄状足。弓箭架1件，已残，边框上墨绘云气纹，每边有两只挂钩。仪征新集螃蟹地7号汉墓出土木梳2件，大小形制基本相同，棕褐色，木胎，马蹄形，齿端较薄，把手处较厚。

西汉晚期、新莽时期至东汉初期，木俑制造业更为普遍，邗江胡场汉墓虽不是王侯墓，但出土的木俑却多达30件，分为侍俑、舞俑、乐俑、说唱俑四类。人俑的形象各异，特征分明，如侍俑的手臂有双手拱于腹前、肘部贴于腰际、小臂微弯向上、自然下垂等姿势，舞俑有小臂向上、右臂弯曲向上者，乐俑的表情有1件面有忧虑，两件面带笑容，说唱俑无论什么姿势，均喜形于色。说唱俑雕刻精细，五官清晰，表现出高超的木雕技法。邗江姚庄101号汉墓头厢木俑11件，可辨俑类有坐乐俑和舞俑两类。坐乐俑双手作抚琴状；舞俑，着长裙，手下垂作舞蹈状。侧厢内出土木俑5件，可辨器类有舞俑和侍俑。女棺内出土木侍俑4件，形制相同，用黑漆绘五官及服饰，人物形象逼真，简报作者说其形象端庄、清秀，足见工匠的雕刻技法娴熟。邗江县姚庄102号汉墓出土木刻人面像1件，其为一开口微笑的老妇形象，眉弓高耸，双眼内凹，颧骨较高，下颌圆，额前发角呈连弧式，人物形象逼真，十分传神。扬州平山养殖场汉墓出土大量彩绘木俑，计23件，分为：坐乐俑8件，舞俑3件，侍俑8件，仪仗俑4件。俑的形态各异，8件坐乐俑分为两种着装，一种上着红色衣衫，领口为黑色的大夫领，下着黑色长裙；另一种上着黄色衣衫，大夫领，衣衫上有红色的条纹，下着红色长裙。侍俑分为三式，亦分着不同衣衫。扬州东风砖瓦厂汉代的木椁墓群木俑朽蚀严重，已不易看清原来的细部。扬州东风砖瓦厂第8、第9号汉墓亦出土俑6件，均拱手侍立姿态，俑身涂灰白色粉，面部用墨线勾画。

东汉初至东汉后期的代表性墓葬有：扬州七里甸汉代木椁墓，江苏邗江甘泉2号汉墓，邗江甘泉老虎墩汉墓，邗江甘泉1号汉墓，仪征石碑村发现的2座，邗江县槐泗桥汉代多耳室拱顶砖室墓、宰家墩汉墓。

七里甸木椁的构建用材为楠木，椁底底部南北向平铺底板四块，每块木板的连接缝采用高低榫的办法构成，为了防止木块的裂损，在每块椁木的两头都采用银锭榫来加固。东西两壁南端，各凿有一道直槽，将两条木头横插进去构成椁的南壁（下面的一条是由两段用梢榫拼合而成的），使椁壁的位置固定下来，不会移动或倾塌，同时，为防止上面雨水和淤泥泄入，每条木板接缝处都有高低缝相接，表现出高超的木构造建筑工艺。仪征石碑村汉代木椁墓1号墓木椁为楠木，棺用整段楠木剖成。2号墓棺匣的形状与1号墓完全一样，亦用整段楠木斲成。此后，随着砖室墓的逐渐兴起，木椁墓逐渐淡出人们的视线。

七里甸墓葬中发现的漆耳杯11件，均为楠木胎，说明扬州地区的楠木不仅用于制作棺木，也用于日用器皿的制作。邗江甘泉老虎墩汉墓出土骨钗1件。

迄今为止，在扬州地区发现的木椁墓不但数量多，而且已构成了完整的年代序列。木椁是大型木器，因此，木椁的制作应该更能代表一个地区木器制造业的水平，从扬州地区木椁的构建形式看，不但其构制精巧，且形式多样。有学者对汉代扬州地区的木椁墓形制进行过分类，将扬州地区的汉代木椁墓分为"黄肠题凑"木椁墓，重椁墓（内外两重椁），带四椁厢的木椁墓，带三椁厢的木椁墓，带两椁厢的木椁墓，有头厢（或足厢）无边厢的木椁墓和不分厢的木椁墓七类。专家发现在扬州地区，尽管前四种规格较高的木椁墓只在西汉时出现，但木椁墓中数量占主体地位的几种类型延续时间却相当长，有的甚至直到东汉中期，这也从一个方面说明了汉代扬州地区在文化上的保守性与滞后性[①]。这大概也可以说明扬州地区木器制造业发达的其中一个原因。

汉代扬州地区的大型木器制作除棺椁以外，不可忽视的就是木船制造业。尽管在扬州地区的汉代考古中至今尚未发现船的实物，但已有许多迹象表明，汉代扬州地区曾经出现过造船业，且能制造规模较大的木船。《史记·淮南衡山王列传》描绘吴王治广陵时期的盛大气象时说，吴王之时曾"内铸消铜以为钱，东煮海水以为盐，上取江陵木以为船，一船之载当中国数十两车，国富民众。"可见吴国之时便有规模较大的船只，其装载量可抵几十辆车。从高邮天山汉墓出土物品看，天山汉墓出土的木构建上有"船官"和"食官"字样，应当就是广陵国内专设的机构，字样出现在外藏椁

---

① 周俊：《扬州地区汉代木椁墓初探》，《东南文化》2004年第5期。

的棺木板盖板和挡板上，有十九块刻字板，内容多为"广陵船宫材板广二尺四"、"厚尺二寸丈四尺一板"，挡板一块，实测长度为259厘米，宽度为55厘米，厚度为12厘米，刻16字，"广陵船官材板，广四尺，厚十寸，长丈四尺"等[①]，这是汉代扬州地区设有造船业的确证。从板材的长度和厚度来看，所用木料尺寸巨大，这些板原先应当用于制造船只，因为造棺椁所需，才调集来充作造墓物资，所以恰恰可以印证史书对吴王时期曾建造大船的记述。

七 玉、石、玻璃器

两汉时期，随着社会经济的发展，贵族和百姓对玉的喜好程度增加，玉器制造业因此也兴盛起来，汉代扬州地区的玉、石器制造业从西汉早期就已出现，西汉早期代表性墓葬扬州邗江西汉刘毋智墓和扬州地区农科所汉墓群都发现了玉器、石器。

西汉早期，扬州地区出土的代表性玉器是玉质印章和用于敛尸的葬玉系列。扬州邗江西汉刘毋智墓出土玉器有玉印1件，白玉质，方体，顶层凸起平台，两侧有对穿。印面篆刻阴文"刘毋智"。其边长1.6厘米、高1.2厘米。扬州地区农科所汉墓群出土玉器2件，有：玉琀1件，蝉状，长3.7厘米、宽2.5厘米。鼻塞1件，圆柱形，高1.7厘米。

至西汉中期玉器的品种大为增加，它们不限于敛尸用的葬玉，墓葬中出土的玉器有些则可能是墓主生前使用过的玉饰。该时期的代表性玉器有：玉璜、玉瑱、玉璧、玉耳珰、玉瑗、玉衣片等，如玉耳瑱就未必属敛尸玉系列。

仪征张集团山汉墓M1出土玉器和料器有：玉璜2件，放置在死者胸部，一左一右。玉呈乳黄色，局部有黑色瑕斑，半透明，两面均有凸起的谷纹，中部有一小穿。瑱2件，放置在死者头骨处。

---

① 梁白泉：《高邮天山一号汉墓发掘侧记》，《文博通讯》1980年第1期。

其深蓝色料器，半透明，截面呈八角形，一端大，一端小。M2出土玉饰1件，置棺内死者头部。其圆饼形，无纹饰，黄绿色，半透明。玉饰残片1件，与圆形玉饰叠放在一起，可能作为玉琀。残片原为管形或弧形，外刻画变形鸟纹和勾连云纹。黄绿色，半透明。残长4.2厘米，厚0.1~0.3厘米。

仪征烟袋山汉墓出土玉、石器有：璧1件，青玉制成，呈青灰色，有黑色斑纹。两面线刻纹饰相同，仅位置略异。内圈刻织蒲纹，外圈刻两组对称的变体对龙纹，内外周缘均刻弦纹一道。直径15.2厘米、直径2.7厘米、厚0.35厘米。耳瑱一对，白玉制成，呈小圆柱状，直径0.9厘米、长2.1厘米。

高邮天山汉墓玉器有璧、瑗、玉片。

个别墓葬的"敛尸玉"则全用石料代替，如仪征胥浦101号西汉墓出土石琀1件，作蝉形，长5.5厘米、宽3厘米。另有眼障、鼻塞、耳塞各2件，肛门塞1件。眼障似柳叶形，两端各有一小孔。标本M101：92，长4.4厘米、宽1.5厘米。鼻、耳和肛门塞均为实心，呈圆柱体。鼻、耳塞，标本M101：93，直径0.7~0.9厘米、高2~2.2厘米不等。肛门塞（M101：96）径0.6~0.7厘米、高4.6厘米。

出现大型石器——石磨。东汉桓谭《新论》中曾记述了这一谷物加工工具的普及带来的便利，"宓之制杵臼，万民以济；及后世加巧，因延力借身重以践碓，而利十倍杵舂；又复设机关，用驴、骡、羊、马及役水而舂，其利乃且百倍。"

仪征烟袋山汉墓出土石磨一副，由粗砂岩制成，圆形，分上、下两扇。上扇面有一凸起的回形漏斗，斗中以隔梁分成两半，各有一长方形进物孔，孔附近刻有便于进物的凹槽，磨盘侧面有一方孔供装木杆。下磨盘的中心部位有一方孔，供装磨轴。两扇磨盘的工作面光滑，下扇中部微隆起。通高9.8厘米、盘径17.5厘米。

仪征胥浦101号西汉墓亦出土石磨1副。砂石质，分上下两扇，上扇中间凸起一圈，圈内有两个长方形小孔。上扇径16.4厘米、下扇径 15.6 厘米。

至西汉晚期、新莽时期至东汉初期,玉石器发现的数量更多,种类也有所增加,该时期墓葬出土的玉器更多的是墓主生前的佩饰与把玩的物品。

邗江"妾莫书"墓出土的玉、石器有:玉璧6件,其质地为青玉和白玉。表面纹饰有浅刻织蒲底纹上加刻涡纹,或内圈刻织蒲纹,外围刻夔龙纹。也有素面的。直径 12~20 厘米(见图 2-22)。玉环6件,质地亦分为青玉和白玉。1 件白玉扁平呈弧形,双面浅刻。在两端浅刻兽头纹,穿三小孔,长 10.3 厘米、宽 1.3 厘米。1 件青玉浅刻蚕纹,长 17.6 厘米、宽 3.2 厘米。余为素面,中间均穿一孔(见图 2-23)。玉饰佩件 10 件,皆用白玉制成,其中玉觿3件,2 件相同,为扁平角状,另 1 件略宽大。均浅刻云纹,一端为兽头状。螭虎形玉器1件,两面雕刻,中间穿一大孔,四角穿小孔。余6件,2 件完整,两面浅刻云纹。2 件残,上刻豕鱼和云纹等;另3 件形状不规则,1 件雕夔龙纹,穿一小孔,1 件刻云雷纹。玉舞人3件,白色。1 件略小,舞人长裙甩袖,两面浅刻简练,上下穿孔。高 5 厘米。玉贝饰九粒,白色。一面凸起,中间刻一道贝齿痕,上下有两孔,长 1.6 厘米(见图 2-24)。

清出琉璃近六百片[①]。大小不等,有长方形、梯形、三角形、圆形等 14 种。长方形玻璃片数量最多,长 6.2 厘米、宽 4 厘米,最小的梯形片长 6.2 厘米、上宽 1.1 厘米、下宽 0.8 厘米,厚度均为 0.4 厘米。多数素面,在圆形和少数长方形片面模印蟠螭纹饰。长方形片的纹饰中心并有四瓣形花一朵,少数花心上还保留一点金箔。圆形片上穿三孔,余均四角穿孔(见图 2-25)。只一片孔内残存一小截金属物,经原扬州师范学院化学系化验内含铜较多。

---

① 关于琉璃,有学者认为在中国古代琉璃与玻璃其实属同一种产品,只不过是透明度不同。但在我国传统考古学中则习惯根据透明度来区分,不透明的称"料器",半透明的称"琉璃",透明度与现代玻璃接近的称"玻璃"。参见黄启善《广西古代玻璃制品的发现及其研究》,《考古》1988 年第 3 期。

玉器有璧、璜、舞人、佩饰、贝饰等。这些玉器均与琉璃片混杂一起，多有穿孔，当为墓主人的佩饰。

玛瑙4件，有圆形、长方形等。椭圆珠1粒，中间穿孔。

嵌玉鎏金铜带板1件，边框为四龙绞，内嵌细雕蟠螭纹白玉片，长8.5厘米、宽3.8厘米。

石器仅存沙石磨一片，为明器，有三孔，径16厘米。

图2-22 1977年甘泉乡"妾莫书"西汉墓出土蒲纹、涡纹玉璧

图2-23 1977年甘泉乡"妾莫书"西汉墓出土猪鱼龙纹玉环

图 2-24　1977 年甘泉乡"妾莫书"西汉墓出土玉舞人造型玉佩

图 2-25　1977 年甘泉乡"妾莫书"西汉墓出土的玻璃衣片

邗江姚庄 101 号汉墓女棺亦出土串饰，出土于颈、胸部，共 9 颗。质地有玛瑙、玉等。种类有珠、管、壶及羊、鸟形饰等，皆穿孔（见图 2-26、图 2-27、图 2-28）。

邗江县姚庄 102 号汉墓出土玉、石器计 16 件，主要有石磨、玉蝉、玉猪、串饰、带钩等。

石磨 1 副，白沙石质，圆形，上下两扇，直径 17 厘米、高 5 厘米。玉猪 4 件，质地均为和田玉，猪作匍匐状，长 11.5 厘米、宽 2.2、高 2.9 厘米。玉鼻塞 2 件。M102：17，青玉质，八角棱形柱状。长 2

厘米、直径0.7厘米。玉带钩2件，M102：7，白玉质。钩作鹅形，曲颈回首，鹅首作钩头，鹅掌作钩钮，整个带钩洁白纤细，长3.3厘米、高1.7厘米。M102：12，青玉质，形体较敦厚。长2.8厘米、高2厘米。玉蝉1件，羊脂玉，洁白无瑕，长5.6厘米、宽2.8厘米。玉肛塞1件，白玉质。呈八角棱形柱状，一端粗，一端细，长6.7厘米、直径1.1～1.4厘米。玉串饰5件，M102：27，紫晶葫芦，高1.3厘米。M102：26，琥珀羊，长1.5厘米、高1.2厘米。M102：29，琉璃鸽子，长1.5厘米、高1.7厘米。M102：25，玛瑙枣核形串管，长2.4厘米、直径0.6厘米。M102：28，墨玉兽，长1.1厘米、高1厘米。

图2-26、图2-27 邗江姚庄101号汉墓出土的玉串饰：玉壶（左）煤精饰（右）

图2-28 邗江姚庄101号汉墓出土的猪形玉握

扬州平山养殖场汉墓玉石器有：玉琀2件。M4：52呈蝉形，汉白玉质，长5.5厘米、宽2.5厘米。玉饰2件，M1：3为八角锥状，长6厘米、7厘米，大头直径1.5厘米，小头直径1.1厘米。琉璃塞4件，呈梯形圆柱体，长1.8厘米、直径0.7厘米。

宝女墩新莽墓M104出土玉猪2件，大小形制相同，M104：76

灰白玉质。圆雕加线刻，简沽流畅。猪作伏卧状，吻部凸出，前后蹄皆屈收腹部，短尾。吻下及尾部各有一小穿孔，长11.4厘米、高2.8厘米。宝女墩新莽墓M104出土玉塞2件，灰白玉质。1件为不等边八角梯柱形，1件为等边八角梯柱形。

宝女墩新莽墓M104还出土玻璃衣片约19片，大多残碎，出土于盗洞内。长方形，四角自背面穿孔，纹饰中嵌金箔，但多已剥落。有两片背面墨书"王"字，长5.5厘米、宽4.1厘米、厚0.3厘米。纹饰可分为5种：①白虎纹1片。白虎作昂首，张口，竖耳，翘尾，后爪扬起。白虎左上方一圆圈。②柿蒂纹3片。以大小相同的五个菱形组成柿蒂纹，是四叶柿蒂的一种变形。③勾连云纹4片。有边框，框中饰一方S形勾连云纷。④变形云纹10片。有边框，框中饰四个对称的直线变形云纹。⑤素面1片。

邗江郭庄汉墓琉璃璧1件，直径为11厘米，璧面涂有墨色，饰方格纹。出土时已破碎。

凤凰河第三期工程出土了石磨。

扬州东风砖瓦厂汉代的木椁墓群玉石器有玉蝉1件，石琀2件，石磨2副。

扬州东风砖瓦厂第8、第9号汉墓其他料珠7颗，翠绿色，扁圆形，径0.5厘米，中有穿孔。黛板两块，一块长14.5厘米，另一块装于褐漆扁木匣内，长8.3厘米，板上留有墨迹。

在M9男棺头部还发现石质小棒一根，穿孔饰件两块，形如枣核，稍扁，上穿两孔。

东汉中晚期，玉器制造工艺更为复杂，质料取材更广泛。最具代表性的墓葬是江苏邗江甘泉2号汉墓和邗江甘泉老虎墩汉墓。

甘泉2号汉墓出土珠玉珍宝类，包括各种软玉（阳起石和透闪石）、玛瑙、琥珀、珍珠、绿松石等制作的饰物和印章等，共17件。计有：玉人、珍珠、玉珠、玉管、绿松石小珠、玛瑙管、虎钮玛瑙印等（见图2-29），还出土有玻璃、琉璃制品。

玻璃器现只余三个残片。原为平底钵、盆之类的器皿。玻璃片为紫黑色和乳白色相间的透明体,其花纹似用两种不同颜色的玻璃熔成乳胶状,然后搅拌而成。器物用模铸法制作,外壁有模印的辐射形凸棱为饰。此玻璃器皿,与中国传统的玻璃(琉璃)器,有较大的区别。此外尚有玻璃珠和散在墓空前部、盗洞内多已风化的琉璃片。

江苏邗江甘泉2号汉墓墓内还发现象牙尖、滑石猪等。另有一鼓形石,扁圆形,砂石制成,表面粗糙,且凹凸不平,直径53厘米、厚20厘米,用途不明。

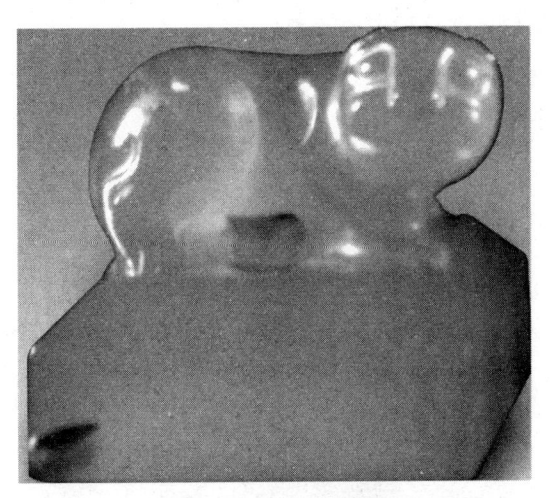

图2-29 甘泉2号汉墓出土的虎钮玛瑙印

邗江甘泉老虎墩汉墓出土玉飞熊砚滴1件。出于前室。玉质较纯、为新疆和田白玉。有圆形银盖,盖顶置一小环。盖高1.6厘米、径2厘米。砚滴作立体圆雕,造型为一飞熊作跪坐状。中空,顶部开圆口。熊张口,卷舌、有双翼,右前掌平托灵芝仙草,左前掌垂直,后双足聚拢于身下,底部雕有卷曲的长尾。砚滴雕琢精细,造型优美,是1件珍贵的实用工艺品,通高7.7厘米、宽6厘米、厚4.5厘米(见图2-30)。

邗江甘泉老虎墩汉墓出土"宜子孙"玉璧1件(见图2-31)。蓝田玉质。双面透雕,局部采用浅刻的手法。内上饰对称的二螭虎,螭虎之间雕"子""孙"二字。璧外有出郭,出郭饰一凤,其腹下雕一"宜"字。璧郭径7厘米、孔径2.1厘米、出郭高2厘米。

玉环1件，和田玉质。双面透雕，兼用浅刻和浮雕的手法。玉环通体饰蟠螭纹，郭径10厘米、孔径1.7厘米。

玻璃杯1件，残件。从残片看，杯为侈口，圆柱体，球形底，表面已风化，断面呈翠绿色，口径约7.8厘米、残高9.2厘米。

邗江甘泉老虎墩汉墓出土绿松石珠3颗，中有孔，长0.7厘米。云母片约18片，宽7厘米左右。椭圆形琉璃珠10余颗，梅核20多颗。

仪征新集螃蟹地七号汉墓出土玳瑁环1件，置棺内。环小而轻薄，利用玳瑁天然纹理做成装饰品。

邗江县槐泗桥汉代多耳室拱顶砖室墓出土有密蜡坠、水晶珠等，均出于墓室内。

图2-30 邗江甘泉老虎墩汉墓出土的辟邪玉壶

图2-31 邗江甘泉老虎墩汉墓出土的"宜子孙"螭凤纹玉璧

据学者统计，扬州地区出土的汉代玉器数量约有 200 件，20多个品种①，不仅如此，在邻近的安徽天长三角圩一座汉墓中一次就出土玉器达 90 件之多。此处在汉代为广陵、高邮两县之地，墓主人为桓平，其身份为汉广陵国的谒者。② 在玉石器和玻璃工艺方面，突出的成就是引入了漆器上常用的金银箔技术，生产出美轮美奂的包银箔玻璃蝉和嵌贴银箔玻璃蝉，1 件 1988 年出土于扬州市发电厂汉墓男棺内的嵌贴银箔玻璃蝉，高 5.2 厘米、宽 2.9 厘米，灰白色玻璃质地，背部凸出腹部低凹明显。平头头颈之间以一道浅阴线分隔，身部双翼有阴槽加以分隔。头颈中部和双翼上均分别贴有大菱形纹饰一组，每组纹饰均用正方形小银箔 5 片均匀规律地分贴组合而成。银箔的每一个菱角皆统一向上，整体组合形成一个大菱形纹，所贴银箔略高于平面，在肩和身部阴槽内则分别嵌贴条形银箔，蝉眼处留有贴银箔的明显痕迹③。

两汉时期，玉器的流行地区一般都属经济发达的地区，如江苏徐州地区，在汉代曾是东部沿海的重要侯国所在地，因此也成为全国出土汉玉数量最多、类别齐全、富于特色的地区之一。狮子山、北洞山等楚王墓出土玉器质地绝佳，工艺精美，代表了我国已出土汉玉的最高水平。金、银、铜、丝缕玉衣和镶玉漆棺等都是汉玉中的重器④。扬州地区众多玉石器的出土，也充分证明了汉代扬州地区经济发展的繁荣。

据扬州学者研究，汉广陵国玉器带有明显的地方特色，反映出扬州当地有玉器制造业。学者认为"关于广陵国玉器的地方特色汉广陵国玉器多是当地生产的，当然也不排除有外地生产的可能

---

① 周长源：《西汉广陵国精美微雕串饰》，《艺术市场》2004 年第 3 期。
② 赵树新：《天长三角圩桓平墓玉器》，扬州博物馆天长市博物馆编《汉广陵国玉器》，文物出版社，2003，第 17~19 页。
③ 周长源：《扬州出土的汉代玉蝉和玻璃蝉》，《艺术市场》2004 年第 9 期。
④ 参见王黎琳《徐州出土汉玉概论》，《徐州工程学院学报》（社会科学版）2009年第 2 期。

性，因汉代玉器有用于赏赐、馈赠的情况。汉代京都生产玉器，各较大的诸侯国也生产玉器，这些从考古发现中也能得到证实。如广州南越王墓、河北满城中山王刘胜夫妇墓、北京大堡台汉墓、徐州楚王墓，均有大批玉器出土，其中一些玉器的造型及艺术风格等反映出一定的共性，但也有一些玉器工艺品具有明显的地方特色，如广陵玉器与相近的徐州楚王墓出土的玉器相比，便呈现出一些不同的特色：首先，是制玉用料不同，徐州楚王陵出土的玉器大多用料较大，而扬州汉广陵国出土玉器大多用料较小；其次，是琢刻的风格不同，徐州楚国玉器的琢刻风格一般雄浑豪放，体现出北方人的豪壮之气，而扬州汉广陵国玉器则大多琢刻精细，体现出秀而巧的水乡特色。扬州汉广陵国经济富强，是百工聚集的手工业生产基地，这些从汉墓中出土的漆器、玉器、铜器、金器等都可以得到证明。一些汉墓中出土许多殉葬碎玉，也正是手工业制作的旁证。"[①] 同样，学者发现，桓平墓中出土的玉器用材质量参差不齐，有的玉器是材质上等的羊脂玉，而有的则质地较差，还有许多玉器是墓主收集的战国古玉改制而成，反映了墓生前喜好古玉的习惯，[②] 这些大量改制的古玉也从侧面揭示出广陵国玉器制造业的发达。

汉代扬州地区不但有发达的玉器制造业，而且与玉器制造行业相近的孪生行业玻璃制造业也初露端倪。地质学者对玉器展开的地质考古学研究已经发现，汉代玉器的来源明显不同于新石器时代良渚文化等地的玉器"就近取材"的原则，新石器时代的玉器往往有比较单一的来源，而汉代玉器的来源则为多源。扬州高邮神居山2号汉墓的"软玉器多源特征，不同于邻近的江南史前玉器原料来源相对简单而可以就近取材，是符合中央集权专制王朝皇族的供需

---

① 徐良玉：《论扬州汉墓出土玉器》，扬州博物馆天长市博物馆编《汉广陵国玉器》，文物出版社，2003，第14页。
② 赵树新：《天长三角圩桓平墓玉器》，扬州博物馆天长市博物馆编《汉广陵国玉器》，文物出版社，2003，第17~19页。

牲特征的"。经过鉴定，高邮神居山 2 号汉墓所用玉按今天的标准大都属真玉，即俗称质量上称的软玉，但有些则使用了今天所说的假玉，即琉璃或玻璃制品。专家发现，汉代王侯用玉使用假玉的现象不是孤例，不但南越王墓中使用了一定数量的假玉，高邮神居山 2 号汉墓，扬州西汉妾莫书墓"玉衣"的琉璃衣片，河北定县东汉中山穆王刘畅夫人铜镂玉衣的白大理石片都是明证。对于诸侯王葬制中为什么会使用假玉的问题，专家的解释是，在我国古代的《周礼·冬官·考工记》中早就已对用玉进行过分等级，只有天子才能用全玉，诸侯只能用瓒（三玉二石），所以汉代诸侯王用玉中杂有假玉，这是出于以避用全的古代礼制[1]。但笔者认为，专家的说法似乎忽视汉代玉器与玻璃的价格问题，玻璃制品在汉代许多墓葬中都有发现，且学界已经公认中国汉代的玻璃制品有相当一批是从国外传入我国的，质量上乘的玻璃的价格在一定程度上可能超过玉器。当然，在一些中小型墓葬中出现的玻璃应该是为本地铸造，价格当然也不可能高，如安徽天长县杨村汉代墓葬群中就曾发现 1 件玻璃璧，为标本 M1∶5，背面平整光滑，正面饰小方块凸点，可见到明显的浇铸痕迹，璧面上有许多气孔。[2] 笔者认为，这应该是国内产品，因出土的地点与今扬州邻近，亦曾是汉广陵国故地，不排除当地所产的可能，研究两广古代玻璃的专家已经发现，部分学者认为，笼统地将出土的玻璃器皿看成是外来的立论是欠妥的，因为中国古代玻璃上常见的花纹如凸弦纹，与两广地区汉墓中出土的其他陶铜器的花纹一致，具东汉时代的民族风格[3]。笔者认为，这是中国国内生产玻璃的证据之一。也有学者对广西是否存在玻璃生产持谨慎态度，认为虽然广西发现的古玻璃既不同于西方的钠钙玻璃系统，又有别于中原地区的铅钡玻璃系统，在没有获得充分的科

---

[1] 闻广：《高邮神居山二号汉墓玉器地质考古学研究》，《文物》1994 年第 5 期。
[2] 安徽省文物考古研究所、天长县文物管理所：《安徽省天长县杨村汉墓》。
[3] 黄启善：《广西古代玻璃制品的发现及其研究》，《考古》1988 年第 3 期。

学证据之前，不能贸然下结论，但中国自己生产玻璃的历史最早可追溯到先秦时代，这是毫无疑问的[①]。同样，扬州地区是否是一个古代玻璃的产地，有待于今后继续探讨。退一步说，即使扬州地区还不具备直接生产玻璃的能力，但对玻璃原材料进行加工，就扬州地区的技术条件而言，是没有问题的。因此，结合在汉代扬州地区出土大量玉器中有如玻璃等所谓"假玉"的存在，从汉代扬州地区发达的玉制制造业来看，汉代扬州不仅玉器有广阔的市场，而且玻璃和琉璃的制造加工业亦很发达，特别是玻璃的制造在一定程度上可满足中下层人士的需求。

八 金、银、铅等特殊金属器

七里甸木椁墓出土铅质饰品1件。铅质饰品正反面上有五个小型"五铢"钱组成的图案，钱纹之间夹有四乳，廓上有孔，系穿钱之用。邗江姚庄101号西汉墓头箱中出土铅弹丸共出土26颗。标本M101：17球体，底面平，出土时呈灰白色，直径1.4厘米。

宝女墩新莽墓M104出土金戒指2件，形状相同。M104：74以金片环曲而成，上加一道齿状箍，直径1.8厘米、宽0.2厘米、重1.5克。出土银柿蒂形扣1件，提环缺，扁四叶柿蒂形，每叶上有一鸡心状孔，为漆奁顶盖上的饰件，直径9.1厘米。

宝女墩新莽墓M104出土银扣饰4件，系漆奁盖、身不同部位的饰件。大小可分3种，直径分别为21.5厘米、18.6厘米和14.1厘米、宽0.9厘米。

仪征烟袋山汉墓出土铅剑首1件（1：394）。

扬州邗江西汉刘毋智墓出土金饰片1件，呈桃形，用金箔锤成，四边中部均穿两孔。顶尖处有一个双角卷曲的小羊首。主题纹饰是两个相背的羊首侧面像，巨角弯曲，目立耳，鼻孔喷张，似正

---

① 黄淼章：《广州汉墓中出土的玻璃》，《岭南文史》1986年第2期。

在以角相抵。其高 4.8 厘米、宽 4.5 厘米。

江苏邗江甘泉 2 号汉墓出土金器有：泡形饰 3 件。圆形鼓泡形，两端平齐。两面有相同的掐丝花瓣形图案，两侧有孔，互相贯通。M2：46 宽 1.4 厘米、厚 0.7 厘米，重 7 克。

亚形饰 2 件，体较扁平，两面正中均嵌圆形绿松石，长 0.9 厘米、宽 0.8 厘米，重 2 克。

品形饰 2 件，表面各用细如苋子的小金珠黏连成重环纹，两面基本相同。M2：60 高 2.1 厘米、宽 1.5 厘米、厚 0.6 厘米，重 4.7 克。

盾形饰 1 件，一面有掐丝圈点花纹，一面有"宜子"二字。侧面有心形和圆形浅框，原似有嵌饰。中空，上下有孔贯通，高 1.5 厘米、宽 1 厘米、厚 0.5 厘米，重 2.3 克。

挂锁形饰 1 件，器身如一短圆棒贯串的三个算珠，算珠间有两个小环用以系挂。算珠表面均有一周长方形绿松石镶嵌物，其中多数已脱落，宽 2.4 厘米，重 8.3 克。

"王冠"形金圈 1 件，为一金片卷成的环形饰，大小如同指环。上缘呈八角形，表面有精细的掐丝花纹，每个角上部有绿松石等嵌饰，形状很像欧洲古代的王冠，重 2 克。

空心金球 1 件，用两个较大的和 12 个较小的金圈拼焊成 24 个角的空心球，然后在金圈相接的 24 个空当处，再各用四粒细如菜籽的小金珠堆焊出 24 个尖角，立径 1.3 厘米，重 2.7 克。

龙形片饰 1 件，原可能是附着在器物表面的片状饰物，尾部已断缺。其制作极为精细，在如黄豆粒大小的龙头上竟能用细小的金丝、金珠制作出眼、鼻、牙、角、须和龙身上的鳞甲。龙头前部呈火焰形，中心原有嵌饰，全角犹如火龙戏珠。其残长 4.6 厘米。重仅 2 克。

嵌水晶泡金圈 1 件，直径 1.3 厘米，全重 2.3 克。

金壳铁书刀 1 件，刀身已严重锈蚀，从刀鞘形状可看出为扁条形。漆刀鞘，外裹一层云母片，还有一层变体卷云纹空花金壳。鞘两端均有长方形掐丝花纹金套各一,顶端均嵌有水晶片。刀长 26 厘米、宽 1.8 厘米(见图 2-32)。这里的金壳铁书刀应当就是《汉书》中提到的"金马书刀",《汉书》载:

> 文翁庐江舒人也,少好学,通春秋,以郡县吏察举。景帝末为蜀郡守,仁爱好教化。见蜀地辟陋有蛮夷风,文翁欲诱进之。乃选郡县小吏开敏有材者张叔等十余人,亲自饬厉,遣诣京师受业博士或学律令,减省少府用度,买刀布蜀物赍计吏以遗博士。如淳曰:金马书刀今赐计吏是也,作马形于刀,环内以金镂之。晋灼曰:刀,书刀。布,布刀也。旧时蜀郡工官作金马书刀者,似佩刀形,金错其拊。布刀谓妇人割裂财布刀也。师古曰:少府郡掌财物之府以供太守者也。刀,凡蜀刀有环者也。布,蜀布细密环也。二者蜀人作之皆善,故赍以为货,无限于书刀布刀也。如晋二说皆烦而不当也①。

但该墓出土的铁书刀形制上与如淳所说的"作马形于刀"形状的金马书刀有所不同,因此更应是当地产品。如 2009 年在安徽霍邱徐台清理了三座汉墓,在 M1 发现书刀 1 件,标本 M1:1,形制为圆环形刀柄,宽平脊,弧首,长 29 厘米、宽 1.5 厘米。这不是书中描述的形制,② 可见在各地都有生产。

图 2-32 江苏邗江甘泉 2 号汉墓出土的金壳铁书刀

此外尚发现大小的心形金片 16 片,尖端均有一细孔,可能为

---

① 《汉书·循吏传》,第 3616~3625 页。
② 周崇云:《安徽霍邱徐台汉墓发掘报告》,《东南文化》2009 年第 4 期。

衣物上的饰物。

江苏邗江甘泉2号汉墓还出土1件半球形银碗，有较深的腹腔，平底素面。

由上可见，汉代扬州地区，在特殊金属加工方面亦很发达，尤其是黄金的生产工艺细腻，反映出较高的生产水平。

九 乐器制造业

邗江胡场汉墓 M1 乐器共3件，均为明器，出土于头厢下层。其中有二十五弦瑟1件，面略鼓，空心，长39厘米、宽12厘米。两端髹酱褐色漆，各有弦眼25个，其中一端尚有四柱眼。弦眼分三组，前后交错，两侧各9，中部7，五弦乐器1件，扁头，椭圆颈，长方体身，内空。通长23.5厘米。两端各有弦眼5个，其中一段外有一柱眼。三弦乐器1件，长方形，面微鼓，空心，两端各有弦眼3个。

邗江胡场汉墓出土除出土3件乐器明器外，还出土一幅"墓主人生活图"，下半部分的画面是一幅宴乐场面描绘，画面右部为乐队，其中有弹瑟者，吹笙者等。胡场5号汉墓也出土二十五弦瑟明器1件。扬州平山养殖场汉墓出土铜带钩2件。其中1件为七弦瑟造型，瑟旁坐两人，一人鼓瑟，一人吹笙。江苏邗江姚庄101号西汉墓男棺中出土的1件银扣嵌玛瑙七子漆奁上有听琴和弹瑟的图案。

如前所说，木制二十五弦瑟明器等乐器的出现，应该皆依实用器制作而来，制作实用器时不仅要有高超的木工技艺，而且需要有专业的乐理知识修养，不但器内中空的器壁要符合乐律，不能有丝毫偏差，而且内部的制作亦需光滑，因此是极为精细的木工活。

扬州汉墓中不仅出现了乐器明器，还出土了铜制实用器，张集团山汉墓 M1 出有铜铃43件，上有半环形扁钮，内有铃舌，两面饰以网纹，网格内填小乳丁。出土钲1件，扣之声音清脆。

乐器的生产与汉兴以后的音乐风气的转变有关，一般认为，汉以前，古代音乐有"正声"与"新声"的对立发展，"正声"是指符合儒家诗教"温柔敦厚"传统的音乐，即所谓"乐而不淫，哀而不伤"的音乐。而"新声"则是新秦时期是郑卫之音为代表的所谓"淫声"，即所谓"亡国之声"。据音乐史研究方面的专家考察，被儒家视为淫乐的"新声"在汉代得到了很大发展，但其时"新声"的内涵有所变化，已与"亡国之声"没有必然联系。不但使用了"变声"的乐曲可称"新声"，在原有旧曲基础上吸收异域音乐元素重新改编的乐曲也可称"新声"，汉代"新声"影响最大的是楚声，它已渗透到官方用乐的每个场合。在音乐风气发生变化后，乐器的使用也发生变化。先秦时的乐器以钟磬等打击乐器为主，这些乐器适合演奏雅乐。而汉代的乐器以弹弦乐器和吹管乐器为主，如汉代画像石中出现的乐器，据不完全统计，建鼓出现32次，排箫26次，琴26次，竽12次，箫10次，埙7次，笙6次，瑟和各种笛5次，管4次，磬3次，钟1次，其中以管弦乐器最多。而这些管弦乐器除了中国原有的外，竖吹的箫、横吹的笛（羌笛）、胡茄、角、竖笙模等都是汉代以后，随着对外交流的扩大，丝绸之路的开拓，从西域传入的新乐器。这些乐器与打击乐器明显不同，其音色特点是纤细、清脆、柔婉，更擅长"新声"的演奏。[①] 扬州汉墓尚未见学者所述的从西域传入的新乐器，而是多见瑟之类，还有铜乐器，可见扬州距北方和西部的胡地较远，似未受到胡风的影响，对乐器的使用介于属"新声"的瑟和能演奏雅乐的铜打击乐之间，表现出过渡性特点。据上引不完全统计数据，瑟和各种笛在汉画像石中仅出现5次，而扬州地区汉墓中仅出现瑟造型明器就有5件，图案出现的次数也有3次，邻近的泗阳县三庄乡陈墩汉墓的一座女性墓中也曾出土二十五古瑟实物1件[②]，可见在扬州及其邻近地区出土较多的乐器明器和图案，由此可证明扬州

---

① 翟麦玲：《汉代"新声"初探》，《学术研究》2011年第3期。
② 史文贵：《汉墓古瑟》，《华夏文化》2003年第2期。

地区使用情况较为普遍，扬州当地应已能生产相关乐器产品。

十 印章的雕制

邗江县姚庄102号汉墓出土印章计5枚，为铜印、玛瑙印、琥珀印。

铜印3枚。M102∶4，龟钮，龟作爬行状，头上昂，龟背刻细棱纹，龟腹下的台面上刻水波纹和涡纹。阴面铭文被磨，通高2.2厘米、台面高0.9厘米、边长2.3厘米，标本M102∶38，龟钮，龟背刻西棱纹。出土时印文被磨。通高1.35厘米、台面高0.5厘米、边长1.35厘米。M102∶39，印钮为一仰天长啸的麒麟，麒麟作半蹲状，头有双角，利牙阔口，长须齐胸，背有双翼，长尾拽地，须发雕刻清晰。通体鎏金，出土时印文被磨，通高1.9厘米、台面高0.7厘米、边长1.3厘米。

琥珀印1枚，橘红色琥珀质。卧兽钮，兽腹下有一穿。印面上为线刻阴文"常乐富贵"四字。印的边角光滑圆润，有长期使用的痕迹，通高0.8厘米、台面高0.3厘米、边长1.1厘米。

玛瑙印1枚，浅黄色玛瑙质，虎钮，虎作匍匐环首状，虎腹下有一穿孔。出土时印文被磨，通高1.8厘米、台面高0.8厘米、边长2厘米。

安徽天长三角圩出土的桓平墓发现印章5枚，其中银印2枚，玉、铜、木质印章各1枚。两枚银印，一枚为瓦钮白文"臣平"印，另一枚为龟钮朱文"桓平私印"。玉印上有白文篆书，印文为"桓平之印"。学者认为在秦汉宫印系统中，王印是身份地位的绝对象征，但一般人的身份不可能拥有玉质官印，所以这个时期的玉质官印都不可能是实用印，应是作为殉葬印出现的。木印印文为"广陵宦谒"。[1]

---

[1] 赵树新:《天长三角圩桓平墓玉器》，扬州博物馆天长市博物馆编《汉广陵国玉器》，文物出版社，2003，第17~19页。

关于扬州地区出土的印章中时有无文印章的问题，笔者认为，可能与汉代的官印颁发和收取制度有关。自战国时期中央集权制度初步确立后，统治者往往借助于符玺来对臣下进行控制，当时"对于官吏的任免是以玺为凭的，给予将帅的命令，是以符为凭的。诸凡丞相、郡守、县令等官，都由国君任命时发给玺，免职时收回。如果要辞职，也须把玺缴回。"且"每年中央的重要官吏和地方的首长，都必须把一年各种预算数字写在木'券'上，送到国君那里去，国君把'券'剖分为两，由国君执右券，臣下执左券，这样国君便可操右券来责成臣下。到了年终，臣下必须到国君那里去报核。上计时由国君亲自考核，或由丞相协助考核。如果考核的结果，成绩不佳，便可当场收玺免职。高级官吏对下级官吏的考核，也采取同样的方法。"[1] 可见在战国时期，就有收玺或剥夺玺印的制度。至汉代，同样存在这样的情况，但汉代史书中一般都不直接记载"收玺"或"夺玺"，往往用"免"字记述官员被罢免之事实。只在司马彪《续汉书》中偶有直书收玺的记载，"孝灵宋皇后，敬隐宋贵人之从孙，执金吾酆之女。无宠，而久当正位，后宫幸姬众共潜恶，诬以祝诅。上信之，遂策收玺绶。后自致暴室狱，以忧死，父兄弟皆被诛。"[2] 可见汉代后宫或官员被罢免时应被没收玺绶，扬州胡场汉墓的墓主人"王奉世"其实已有狱事，按法应当没收玺印，但墓中却出土了印章，合理的解释则是墓主生前存在私刻的官印。至于说出土的无文印章可能是墓主将本应上交的印绶上的文字自行去除，应等于说是被褫夺玺印的办法之一。这一点还有待于更多资料的证明。

扬州地区经济发达的原因除自然条件较好，也与这一地区长期为诸侯国国都所在地有关。封建社会，统治一方的诸侯王往往是皇

---

[1] 杨宽：《战国史》，上海人民出版社，1998年，第218~271页。
[2] （清）汪文台辑，司马彪《续汉书》卷一，载《七家后汉书》，河北人民出版社，1987，第198页。

帝诸子，封建帝王对王侯严加提防的同时，给予他们以丰厚的经济待遇，来自朝廷的赏赐通常数额巨大，如汉昭帝时，"五年春正月"，广陵王至朝廷朝觐皇帝，汉昭帝除给他增加管辖的人口11000户外，还"赐钱二千万，黄金二百斤"。① 至汉宣帝时亦曾"赐广陵王黄金千斤，诸侯王十五人黄金各百斤，列侯在国者八十七人黄金各二十斤"。② 在这条记载中，广陵王获得的赏赐是其余15位诸侯王的10倍，这无疑给庞大的广陵王家族的奢侈消费提供了基础，对地方经济的发展也起到一种促进作用。

汉代扬州经济的发展也与扬州地方官的努力分不开。史载尹翁归的三个儿子皆为郡守，其中一个儿子"岁孺亦至广陵相，有治名"。③ 马援的族孙马棱，曾于"章和元年，迁广陵太守。时谷贵民饥，奏罢盐官，以利百姓，赈贫羸，薄赋税，兴复陂湖，溉田二万余顷，吏民刻石颂之。"④ 马棱的功绩在史书中颇有几分神话色彩，同书注引《东观汉纪》说"东观记曰：'棱在广陵，蝗虫入江海，化为鱼虾，兴复陂湖，增岁租十余万斛'"。⑤ 虽属神话，但从侧面反映了这位为官一方的地方官在时人心目中的影响。

---

① 《汉书·昭帝纪》，第231页。
② 《汉书·宣帝纪》，第249页。
③ 《汉书·尹翁归传》，第3209页。
④ 《后汉书·马援传》，第862页。
⑤ 《后汉书·马援传》，第863页。

第三章 汉代扬州的科技成就

从扬州汉墓中的出土物品看,汉代扬州的科技已有了很大发展。陶器、漆器、铜铁器、金银器、骨器、木器等制造业方面都表现出发达的技术。

第一节 陶器制造技术

中国的陶器制造始于新石器时代,我国新石器早期文化中,黄河流域,长江流域,华南和东北的距今7000年以上的代表性遗址均发现有陶器,我国各地所出的年代较早的陶器,早期陶器为手制,有泥条盘筑法和捏塑法,制作粗糙,陶色以红陶为主,灰陶少见,火候较低(900℃),器物的造型和纹饰简单。至新石器时期中期,陶器制造仍以手制为主,普遍采用泥条盘筑法,出现慢轮法。陶色仍以红陶为主,灰陶增多,出现黑陶和白陶,火候提高(900℃以上),器物的造型和纹饰变复杂。新石器晚期,陶器制造的共同特点是:普遍采用轮制,出现模制,陶色以灰、黑陶为主,红陶次之,炉温高(1000℃以上),器物种类增多,大型器增多,出现代表这一历史阶段制陶技术最高水平的山东龙山文化中出现的"蛋壳黑陶"。自商代中期开始,出现被认为是原始瓷器的釉陶器。器表一般有石灰釉,呈青色、青绿色、青黄或黄褐色,烧成温度已达 1200℃ 左右，主要盛行于长江中下游地区，此种釉陶器的使用一直待续至汉代，汉代的墓葬中普遍出现了使用釉陶随葬的风气。对于釉陶器，有学者称之为原始瓷器，但学术界一般认为是釉陶而非瓷器，只有至东汉时期才出现了较成熟的瓷器。东汉时期长江中下游地区的浙江一带发现的东汉晚期瓷器已摆脱了釉陶的特性，出现了青釉瓷或黑釉瓷，但胎釉质量及工艺和魏晋南北朝时期的青瓷有很大差别，因此，汉代正是处于由陶器向真正意义上的瓷器——青瓷转变的阶段。扬州地处长江中下游地区，从扬州地区出土的陶器或原始瓷器的标本可见在这一转变过程中，生产技术实际上发生的提高。

首先，是陶窑结构的改变。

要烧制温度达 1200℃ 以上的陶器，窑炉结构应足以使温度升高，虽然在实际的考古发掘中至今尚未发现窑炉的实物，但工艺上的改进则是必然的。江都凤凰河第三期工程发现的汉墓中出土的釉陶火候就较高，并夹有砂质，质地较为坚硬[①]。邗江县杨寿乡宝女墩新莽墓出土釉陶 25 件，火候一般较高，质地坚硬，上半部施青釉[②]。扬州七里甸木椁墓出土的釉陶表面施上一层黄绿色的釉，火候很高，釉层已呈玻璃状，与战国、西汉时期的釉陶有所不同，其质量已相当接近西晋的青瓷[③]。邗江甘泉 2 号汉墓出土青瓷罐四只，从胎质、釉色及外部形制看，和浙江嘉兴出土的东汉青瓷罐基本相同。

其次，是陶器的着色与花纹更为复杂。

邗江甘泉老虎墩汉墓出土陶器均为釉陶，其中除陶罐施青釉外，其余皆施黄釉。陶井 1 件，米黄色胎，通体施青黄釉。陶灶 1

---

① 屠思华：《江苏凤凰河汉、隋、宋、明墓的清理》，《考古通讯》1958 年第 2 期。
② 扬州博物馆、邗江图书馆：《江苏邗江县杨寿乡宝女墩新莽墓》，《文物》1991 年第 10 期。
③ 南京博物院、扬州市博物馆：《扬州七里甸汉代木椁墓》，《考古》1968 年第 8 期。

件，米黄色胎，通体施黄釉。玻璃杯1件，残件。从残片看，杯为侈口，圆柱体，球形底，表面已风化，断面呈翠绿色。

最后，是陶器的修复技术出现。

邗江郭庄汉墓出土的1件釉陶壶是经过修复的，在口沿处经过黏修，用于黏修的黏合原料，据扬州漆器厂鉴定为生漆，可见其时曾用生漆做原料修补残破的陶器[①]。扬州地区农科所汉墓群M1亦曾出土釉陶甑1件，下部为釜，上部为甑，甑口残曾用生漆黏补[②]。

第四是陶器的种类几乎遍及日常生活用品的各方面，除实用器外，还有大量的用陶土制作的明器。扬州邗江西汉刘毋智墓出土陶郢爰25枚，器表鎏金，其形制与楚国流行的金版郢相仿，作冥币之用[③]。老虎墩汉墓出土陶井1件，米黄色胎，通体施青黄釉。陶灶1件，米黄色胎，通体施黄釉。

第二节 漆器制造技术

漆器制造业自战国以来，至汉代发展至巅峰。尽管在史籍记载中认为蜀郡和广汉郡的官工漆器在当时的王侯将相等达官贵人中普遍使用，但由于在扬州出土的漆器数量与全国其他地区相比非常丰富，如浙江、安徽等邻近地区出土漆器的数量就较少，所以学者们认为，扬州在汉代也是漆器的重要产地。因此，笔者认为，即使在一些墓葬中出土的漆器上明确有铭文表明这批漆器是来自广汉郡工官作坊的漆器，亦应视为扬州地区漆器水平的反映，理由是：一是从扬州地区汉墓出土的漆器数量来看，扬州地区无论是贵族还是平

---

① 印志华：《扬州邗江县郭庄汉墓》，《文物》1980年第3期。
② 扬州博物馆：《扬州地区农科所汉代墓葬群清理简报》，《文物资料丛刊》第9辑。
③ 薛炳宏、王晓涛、王冰、束家平：《江苏扬州西汉刘毋智墓发掘简报》，《文物》2010年第3期。

民墓都出土有漆器,与邻近地区相比,扬州地区漆器流行更为广泛。二是扬州地区的大量没有无铭文标志的漆器应当为扬州当地或邻近地域所产。从文化传播的角度来看,大量漆器在扬州地区的流行,必然会带动当地的漆器手工业的产生与发展,况且,在历史上当一个地区的产品在全国声名鹊起后,并不代表其他地区的产品水平不高。三是官府对产地的认可和历史学者的记述往往注意一个地区的产品更为突出的地方,如扬州地区在汉代,其冶铜业就很突出(详后),漆器制造反而被冶铜业的光辉遮蔽不显了。

汉代扬州漆器业承战国漆器业而兴,至少在下述方面有新的提高:

首先,是漆器的取材有新的突破。

除常见的竹木胎外,汉代出现了纯纱胎和皮胎漆器。如邗江胡场汉墓 M5 出土竹胎圆奁 1 件[1]。仪征烟袋山汉墓出土 1 件皮胎漆耳杯,用一块整皮制成,非常独特[2]。想必是因为皮胎漆器更为轻便,且使用更为轻便的缘故,这一漆器在全国范围内其他考古遗址中未见,可见未曾得到流行,但这一新的尝试反映出当时的扬州漆工的创新意识。最新的考古发掘成果表明,用皮胎生产漆器不是汉代首创,早在秦代就出现了皮质漆盾。[3] 但用于制造漆耳杯,其他地区未见。

其次,是漆器的工艺产生创新。

在扬州漆器的加固现象很普遍,汉代漆器的价值十分昂贵,"一铜杯当一漆杯十",所以对漆器的耐用度就十分注重。为生产更为经久耐用的漆器,扬州的工匠想方设法地提搞漆器的牢固程度,七里甸木椁墓在漆器的制作工艺上曾使用在部分口沿处绕一段

---

[1] 扬州博物馆、邗江县图书馆:《江苏邗江胡扬五号汉墓》,《文物》1981 年第 11 期。
[2] 《仪征新集螃蟹地七号汉墓发掘简报》,《东南文化》2009 年第 4 期(总第 210 期)。
[3] http://china.huanqiu.com/local/2012-06/2803366.html.

麻布，或是在口沿部绕一段绢，然后髹漆，借以使器物加固的办法①。此外，在漆器外围用铜扣、银扣环绕或是在漆器的四角或关键部位使用铜乳丁会使漆器更加牢固。

"妾莫书"墓在部分漆耳杯外围镶有鎏金铜扣、银扣，彩绘漆案上也镶有鎏金铜扣。1件彩绘漆罐的口沿、腰和底部嵌有银箍，罐盖边沿嵌银扣。2件漆圆盆的盆盖边沿和中间各嵌有一道银箍，口、腰、底部都嵌有银箍。②邗江姚庄101号汉墓出土1件漆盒，于盝顶式盖顶的四角嵌有铜乳丁。出土的大小漆笥均于笥底四角饰铜乳丁。出土的1件漆盘，于口沿处装有鎏金铜扣。1件漆面罩，于盝顶盖的四角和四角边沿都装有鎏金铜乳丁，盝顶下三面立板中的后立板中间开一长方形气孔，气孔置有网状铜格板，四角以铜乳丁加固。1件漆盒的盝顶式盖四角饰有鎏金铜乳丁。出土的1件七子漆奁，奁盖外壁施有三道银扣，奁内七子盒器表也镶银扣。③江苏邗江县姚庄102号汉墓男棺内出土的2件漆面罩，盝顶中心的柿蒂纹四周嵌有16颗鎏金铜泡钉，前桥中间绘有一对飞舞于云气纹间的彩凤，两凤之间镶有一颗硕大的鎏金铜泡钉，面罩顶部四周镶嵌了43颗鎏金铜泡钉。出土的2件漆枕，其中1件于枕的周边饰有47颗鎏金铜泡钉。1件漆奁的圆弧形盖顶中心于银柿蒂平脱纹的周边饰有三道银扣和两道银脊，盖身亦饰有两道银扣④。邗江杨寿乡宝女墩新莽墓M104出土漆圆案1件，沿面和沿边有相间的鎏金铜乳钉为饰。不仅如此，大型漆器制品如漆案上还用铜包角加固，M105出土包角3件，与漆案伴出。鎏金，呈曲折形⑤。仪征新集螃蟹地7号汉墓出土的1件漆面罩四角安装有铜铆钉⑥。江苏

---

① 南京博物院、扬州市博物馆：《扬州七里甸汉代木椁墓》，《考古》1968年第8期。
② 扬州博物馆：《扬州西汉"妾莫书"木椁墓》，《文物》1980年第12期。
③ 扬州博物馆：《江苏邗江姚庄101号西汉墓》，《文物》1988年第2期。
④ 《江苏邗江县姚庄102号汉墓》，《考古》2001年第4期。
⑤ 扬州博物馆、邗江图书馆：《江苏邗江县杨寿乡宝女墩新莽墓》，《文物》1991年第10期。
⑥ 《仪征新集螃蟹地7号汉墓发掘简报》，《东南文化》2009年第4期（总第210期）。

邗江甘泉2号汉墓出土漆器有1件九子奁，周围有三道鎏金铜箍。在墓室和盗洞内发现的许多残破漆器的口沿和耳部往往都安装有刻花鎏金铜扣①。邗江甘泉1号汉墓在棺室前及墓室东南角，发现较多的漆器残片及附于漆器上的鎏金铜扣、鎏金铜器口等②。邗江甘泉老虎墩汉墓出土的漆器虽然只是一些残片，但从可辨器物上仍可见使用铜银扣加固的方法。③

最后，装饰方法千姿百态，体现出发达的装饰技艺。

漆器除可作为日常用品而具有实用价值外，漆器自身的美观程度也是汉代扬州漆器制造业的工匠们追求的目标。扬州地区出土的漆器有许多都已不再单纯是1件日常的实用器具，而是一件件珍贵的艺术品。因为扬州漆器往往采用了更多的装饰手法。在工艺方面，扬州地区出土的漆器大多采用了用金、银、玉石和玛瑙进行装饰的手法，以增强漆器的美观度。

"妾莫书"墓出土的百余件漆器中，器面装饰常用的方法是用铜、银镶嵌，或是用极薄的金银箔制成美丽的图案后再敷贴在漆器的器表。该墓出土的1件彩绘漆罐的全身贴有鸟兽和云气纹金箔，腹下贴有一圈三角形金箔。盖中心嵌银片柿蒂，上套铜环。盖面上贴四兽金箔。2件漆圆盆盖中心为银片柿蒂座，有环，边沿和中间嵌银箍一道，空间贴金银箔鸟兽纹。《简报》作者认为，该墓出现的贴金箔漆器工艺说明漆器的这一工艺到西汉已经达到了相当高的水平，并为唐代发展金银平脱工艺奠定了技术基础④。

同样的方法亦大量出现于扬州地区其他地点汉墓出土的器物中。

郭庄汉墓出土的1件漆奁、1件马蹄形漆盒、1件圆形漆盒和1件长方形漆盒，顶部均采用银柿蒂平脱的方法，漆奁周围还采用

---

① 纪仲庆：《江苏邗江甘泉二号汉墓》，《文物》1981年第11期。
② 南京博物院：《江苏邗江甘泉东汉墓清理简况》，载文物出版社《文物资料丛刊》第4辑，第116～120页。
③ 徐良玉、印志华、吴炜：《江苏邗江县甘泉老虎墩汉墓》，《文物》1991年第10期。
④ 扬州博物馆：《扬州西汉"妾莫书"木椁墓》，《文物》1980年第12期。

银白虎平脱的方法装饰①。

邗江胡场汉墓 M1 出土的 1 件漆三足奁、1 件七子奁顶部分别嵌有柿蒂形铜饰、贴柿蒂纹银箔，三足奁盖面纹饰在第四圈层内流云纹中镶贴银箔白虎 4 只，成等距离分布。M2 亦出土有镶贴金箔的圆形小奁残片②。

邗江胡场汉墓 M5 出土竹胎圆奁 1 件，奁盖顶部镶贴银箔柿蒂图案，盖身贴有等距银箔白虎 3 只③。

高邮天山 1 号汉墓内棺盖上，漆绘交叉纹饰及柿蒂文，在文饰交叉处都缀一鎏金铜泡。④

扬州平山养殖场汉墓 M1 出土四方盝顶式漆面罩 2 件，罩内盝顶顶部中心以一直径 9 厘米的铜镜装饰，两侧马蹄状气孔的上部各有铜镜一面，铜镜用瓦灰和生漆作结合剂粘在木胎上。M4 出土的漆案下接三鎏金铜兽足⑤。

邗江姚庄 101 号汉墓出土的 1 件方形漆板，四角用博山形铜镇装饰。出土的大小漆笥两侧各饰一铜铺首，装饰手法相同。1 件漆樽的盖顶以柿蒂形铜片为饰，底部安装了三蹄状铜足。1 件漆面罩盝顶盖中心以鎏金铜柿蒂装饰，盝顶下左右立板下方的马蹄形气孔上外壁各安装有铜铺首一枚。面罩内上顶及左右壁各嵌铜镜一面，装饰手法与平山养殖场墓出土的面罩相同。特别值得一提的是该出土的 1 件银扣嵌玛瑙七子漆奁，用银扣和金银贴箔装饰奁的外表，盖顶部中心区域用六出银柿蒂为饰，柿蒂中心嵌有红玛瑙，周围蒂瓣各嵌一颗鸡心形红玛瑙，盖外壁用三道银扣构成两个纹饰带，主要以金银贴箔组成山水云气纹。奁内七子盒器表也嵌玛瑙，镶银扣，但纹饰与主奁相比，有明显变化，可见这件七子奁在制作过程

---

① 印志华：《扬州邗江县郭庄汉墓》，《文物》1980 年第 3 期。
② 扬州博物馆、邗江县文化馆：《扬州邗江县胡场汉墓》，《文物》1980 年第 3 期。
③ 扬州博物馆、邗江县图书馆：《江苏邗江胡场 5 号汉墓》，《文物》1981 年第 11 期。
④ 梁白泉：《高邮天山 1 号汉墓发掘简记》，《文博通讯》1980 年第 1 期。
⑤ 扬州博物馆：《扬州平山养殖场汉墓清理简报》，《文物》1987 年第 1 期。

中经过精心设计和构思：长方形漆子盒盝顶式盖顶中心由六出银柿蒂改为变体银双叶柿蒂纹，柿蒂中心和蒂瓣上镶嵌的玛瑙数量减少，且由红色鸡心形变为黄色鸡心形，柿蒂四周贴金箔，金箔上用黑漆绘云气纹。器表装饰亦有以金、银箔剪贴成的山水禽兽图案。其余子盒有圆形漆子盒、马蹄形漆盒、方形漆子盒、椭圆形漆子盒等装饰手法都同长方形子盒，饰有黄色鸡心形玛瑙和金银箔等。该墓出土木剑，一把于漆鞘后端亦以一鸡心状白玉为饰，在木柄贴有金箔，剑首饰以铁环首包银，另一把在柄上端贴有金箔。该墓女棺中出土漆盒，其中1件用金箔剪成虎、羚羊、獐等动物图案装饰。银扣嵌玛瑙七子奁1件，装饰手法同男棺中出土的七子奁，不同的是顶盖柿蒂中心镶嵌黄色玛瑙，蒂瓣各嵌一颗鸡心形红玛瑙，奁内子盒用银扣、红玛瑙、银箔等装饰。①。

江苏邗江县姚庄102号汉墓男棺内出有漆面罩2件，装饰手法与101号墓相似，盝顶中心用金银箔禽兽图案构成大型的平脱纹饰带。女棺内面罩盝顶中心的方形装饰区内由银鉴金柿蒂纹构成，蒂周嵌鎏金铜泡钉，前桥中间云气纹间绘有一对展翅的彩凤，两凤间用硕大的鎏金铜泡钉为饰，呈双凤戏珠的艺术效果。面罩顶部四周镶嵌鎏金铜泡钉多达43颗，同样，该墓出土的1件漆枕周边亦饰有47颗鎏金铜泡钉，这一用重铜泡钉装饰的手法，本地区其他汉墓未见，显得非常牢固和美观。出土的1件漆奁，盖顶中心以银柿蒂平脱为饰，周边饰有三道银扣和两道银脊，盖身亦饰有两道银扣②。

邗江杨寿乡宝女墩新莽墓M104出土漆圆案1件，沿面和沿边有相间的鎏金铜乳丁为饰。M105出土包角3件，与漆案伴出。鎏金，曲折形③。

---

① 扬州博物馆：《江苏邗江姚庄101号西汉墓》，《文物》1988年第2期。
② 《江苏邗江县姚庄102号汉墓》，《考古》2001年第4期。
③ 扬州博物馆、邗江图书馆：《江苏邗江县杨寿乡宝女墩新莽墓》，《文物》1991年第10期。

仪征烟袋山汉墓出土1件六子奁,器盖上云纹中等距离镶贴着4只银箔白虎,还镶贴有一个柿蒂状银箔及朱绘鹿纹。奁内6件子盒亦有柿蒂银箔装饰①。

仪征新集螃蟹地7号汉墓出土漆面罩1件,顶部中间镶嵌鎏金铜柿蒂,四角贴铜铆钉。②

邗江甘泉2号汉墓出土漆器有九子奁1件,周围有三道鎏金铜箍,盖面有铜皮平脱的内框和柿蒂纹。框内四角有四个铜泡,柿蒂中心和四叶瓣镶水晶泡五粒。奁内1件小长方形漆盒亦嵌有三粒水晶泡,奁内放置的九子小奁盒,装饰手法与大奁盒相似,盖面均有铜片平脱的边框和柿蒂纹,也嵌水晶泡,不同的是镶有琥珀小泡。墓室和盗洞内发现的多件残破漆器于口沿和耳部往往有刻花鎏金铜扣③。

邗江甘泉1号汉墓虽遭到破坏,但仍发现了较多的漆器残片及附于漆器上的物件,有鎏金铜圆泡、铜合叶、铜连接器、鎏金铜圆盖、鎏金花朵形铜饰、附于漆器上的鎏金铜器足、鎏金铜器口等,说明当时随葬的漆器不但数量有一定规模,而且由于铜饰件的大量使用,漆器的器形也相当精美。④

邗江甘泉老虎墩汉墓也只是在墓内发现了一些漆器残片,从可辨器物上可见其装饰工艺采用了贴金箔、铜银扣、彩绘、镶嵌等技术,铜扣上鎏金。⑤

由上可见,汉代扬州地区出土的漆器,几乎普遍形成了用金、银、铜等装饰的风格,不仅如此,某些高规格的漆器上还出现了玛瑙、水晶、琥珀等物品,表现出极强的装饰效果,这些都是战国年

---

① 南京博物院:《江苏仪征烟袋山汉墓》,《考古学报》1987年第4期。
② 《仪征新集螃蟹地7号汉墓发掘简报》,《东南文化》2009年第4期总第210期。
③ 纪仲庆:《江苏邗江甘泉2号汉墓》,《文物》1981年第11期。
④ 南京博物院:《江苏邗江甘泉东汉墓清理简况》,载文物出版社《文物资料丛刊》第4辑,第116~120页。
⑤ 徐良玉、印志华、吴炜:《江苏邗江县甘泉老虎墩汉墓》,《文物》1991第10期。

间的漆器所无法比拟的。

第三节　铜器等金属器制造技术

中国的铜器制造技术最早可追溯至新石器时代，其时最早产生的铜制造业是青铜铸造；经夏、商、西周和春秋时代，商晚期和西周早期，青铜冶铸技术发展至顶峰；春秋战国时期，伴随着铁器时代的到来，青铜冶铸技术不但没有衰退，反而因该时期生产力的发展而在技术上产生了普遍提高；大约至战国晚期，高水平的青铜铸造业才终于因铁器时代的冲击才真正产生衰退；至汉代，青铜铸造已不再是重要的生产部门[①]，代之而起的则是红铜器的制造和各种铜构件、铜装饰品的生产。

扬州地区的冶铜技术非常突出，史载吴王刘濞在此经营期间，即因为辖区内有铜山而使吴国的经济实力变得雄厚，因为汉初经过了一段经济上的自由发展时期，其时的中央政府允许郡国铸钱，导致谁能占有铜这一重要物资，谁就能在经济上占据主动地位，这是毫不奇怪的。考古发现也证明，两汉时期扬州时期的冶铜业独具地方特色。[②]

首先，扬州地区的冶铜工匠已能通过制模、锤打生产极为丰富的器类。

仅据考古发现的器类粗略统计就多达数十种，有铜嵌玉的鎏金带板，鎏金铜扣，铜箍，铜勺，螭虎铜镇，铜片（皮），铜轮盘，铜削，铜环，铜泡，铜乳钉，铜兽足，博山形铜镇，铜铺首，铜

---

① 马承源：《中国青铜器》，上海人民出版社，1988，第 3~4 页。
② 各地出产的铜器常常因地域的不同而出现差异，虽然初看相似，但一些细小的差别还是存在的。如安徽阜阳博物馆曾收藏阜阳红旗中学汉墓群 M2 出土的铜釜甑，其形制与扬州邗江姚庄 102 出土的同类器相似，但却在釜的中部有着更宽扁的外凸平沿。参见杨玉彬、杨钢锋《安徽阜阳博物馆收藏的汉代铜器》，《文物》2011 年第 5 期。

衾，宝石镶嵌铜杖首，铜柿蒂，网状铜格板，铜染炉，铜尺，铜盘，铜盆，铜镦，铜印章，铜带钩，铜弩机，铜承弓器，铜灯以及马匹上使用的各种饰件有马衔、马镳、当卢、辕饰、轿饰、管络饰、盖弓帽、冒形器、铜泡等。铜器种类的繁多说明当时的生产技术已十分成熟，基本上能按市场需求而定制适合市场需要的产品。

其次，扬州地区的冶铜工艺先进，创新特色显著。

扬州七里甸木椁墓在建造方法上，除传统的高低榫连接的方法外，在每块椁木的两头都采用银锭榫来加固。出土有铜指环 1 件，可见铜器工艺的革新[①]。

邗江"妾莫书"墓出土的 1 件鎏金铜带板上面嵌有玉石。边框为四龙纹，表现出高超的镶嵌技术。焊接工艺的出现为建造大型的更为复杂的铜器提供了可能，"妾莫书"墓 1 件螭虎铜镇座底中心有方形焊接的痕迹。出土器物中，除保存完好的铜器外，其他铜器均残缺不全，但都是鎏金的，说明鎏金工艺在当时已经发展成熟，成为一种普遍使用的工艺[②]。

邗江郭庄汉墓女棺的底部，四角各有一只铜制的轮盘，轮盘固定在方木上，放置在棺底四角，合理的解释是作移动棺木之用。铜轮盘中间有一圆孔，安放有一根方头圆轴，经考古专家测量，轴与孔径吻合隙度只有 0.1 厘米，可见其加工精密，可载重约 300 公斤，这一装置在汉墓中罕见，没有高超的技术或加工设备，要完成这一装置几无可能，工匠不仅需要掌握冶铜工艺，还需掌握一定的数学知识[③]。

邗江胡场汉墓 M5 出土铜削 1 件，通长 31.7 厘米、宽 1.6 厘米，一端装有椭圆状鎏金铜环[④]。

---

① 南京博物院、扬州市博物馆：《扬州七里甸汉代木椁墓》，《考古》1968 年第 8 期。
② 扬州博物馆：《扬州西汉"妾莫书"木椁墓》，《文物》1980 年第 12 期。
③ 印志华：《扬州邗江县郭庄汉墓》，《文物》1980 年第 3 期。
④ 扬州博物馆、邗江县图书馆：《江苏邗江胡场五号汉墓》，《文物》1981 年第 11 期。

邗江姚庄101号汉墓出土铜器有博山形铜镇、铜奁、铜乳丁、铜铺首、宝石镶嵌铜杖首、鎏金铜扣、鎏金铜柿蒂、铜镜、通体鎏金铜碗、麒麟钮鎏金铜印①。

江苏邗江县姚庄102号汉墓出土染炉1件，由承盘、炉和染杯三部分组成。染杯形如耳杯，长15.4厘米、宽12厘米、高4.4厘米。炉身呈长方形，口大底小，斜直壁，平底，镂空。炉身腰部有宽平方边的腰沿，腰沿上方为镂空博山式支边，悬空支撑着染杯，腰沿下为炉膛。炉壁四周有十四道竖条状气孔，炉底亦有条状气孔十道，炉下有一横穿炉底的长方形孔道，炉底两侧置四蹄足，炉下为长方形宽平沿承盘。染炉长16.6厘米、宽12厘米、通高14.2厘米。可见染炉套件使用了十分复杂的构造，镂空效果和条状气孔都需要在制模过程中经过精确的计算。该墓还出有铜尺1件，尺的每寸刻度为十分，每寸格之间饰嵌金丝如意云气纹，煞是精致②。

邗江杨寿乡宝女墩新莽墓M104出土有齿轮及锁形器7件，齿轮6件3组构成，每组中心穿孔为方孔的为主动轮，圆孔的为被动轮，人字状齿，咬合紧密。三组齿轮分别为26齿、41齿、44齿，三组齿轮一面边孔上分别刻有"八""九""十"数字序号，应该属同一部机械装置依次按顺序排列的齿轮，齿轮大小相同，直径1.6厘米、厚0.8厘米。此齿轮如果为扬州当地所生产，说明当时扬州地区的科技发展已达到相当的水平。齿轮属精密铸件，不易制造，在制造和生产中需要很高的精度。与齿轮同出的另一物件为锁形器，略作长方体，底方上圆，上部偏一端开一方缺，大小恰适置一齿轮，应与齿轮同属一个机械装置③。

高邮天山汉墓在外棺底部，装有6只铜轮，使套棺可以转动

---

① 扬州博物馆：《江苏邗江姚庄101号西汉墓》，《文物》1988年第2期。
② 《江苏邗江县姚庄102号汉墓》，《考古》2001年第4期。
③ 扬州博物馆、邗江图书馆：《江苏邗江县杨寿乡宝女墩新莽墓》，《文物》1991年第10期。

运行①。

宝女墩新莽墓 M104 出土的齿轮及锁形器及高邮天山汉墓的铜轮基本与汉代机械制造技术水平相当，或不亚于同时期其他地区。汉代刘熙《释名疏证》卷一记载："轮置之鱼梁，水碓之谓也。郑仲师注云：梁，水偃也。偃水为关，空以笥承。其空水碓者，于急流水中，偃水为之，设转轮于其中，为机以碓米以代舂也。鱼梁、水碓皆人所为也"。

仪征烟袋山汉墓女棺盖内侧用鎏金小铜泡布置出北斗星像图，反映了汉代天文学的发展。棺饰使用鎏金四叶形铜片做装饰，有铜片 12 件，为用方形铜片剪制而成的圆形方孔铜片。该墓出有弩机 2 件，与弩机同出的还有铜承弓器 2 件，素面鎏金。马衔 10 件，大小形状均同，作两节连环形，每节呈橄榄状，上有网纹并鎏金。镳十套，皆有鎏金。当卢 10 件，面部鎏金。辕饰、轿饰、管络饰、盖弓帽、冒形器、铜泡等皆鎏金②。

扬州邗江西汉刘毋智墓出土铜带钩 1 件，螭首包金箔，钩身错银，并且嵌绿松石。铜镦 1 件，器表鎏金③。

江苏邗江甘泉 2 号汉墓出土铜牛灯 1 件，牛灯通体饰以精细的错银纹饰。盒形灯 1 件，灯通体鎏银。博山炉 3 件。除缺盖的 1 件外余 2 件均通体鎏金。带钩 2 件，其中Ⅰ式 1 件表面有精细的错金花纹，龙头形器柄 1 件，系器物上的把手，通体鎏金。墓室内还发现不少铜器的碎片和构件，其中有鎏金小铺首的鎏金铜泡。④

邗江甘泉一号汉墓在棺室前及墓室东南角，发现较多的漆器残片及附于漆器上的鎏金铜扣、器足等，说明原来随葬有相当数量的漆器，有鎏金铜圆泡、铜合叶、铜连接器、鎏金铜圆盖、鎏金花朵

---

① 梁白泉：《高邮天山 1 号汉墓发掘侧记》，《文博通讯》1980 年第 1 期。
② 南京博物院：《江苏仪征烟袋山汉墓》，《考古学报》1987 年第 4 期。
③ 扬州市文物考古研究所文薛炳宏、王晓涛、王冰、束家平执笔《江苏扬州西汉刘毋智墓发掘简报》，《文物》2010 年第 3 期。
④ 纪仲庆：《江苏邗江甘泉 2 号汉墓》，《文物》1981 年第 11 期。

形铜饰、附于漆器上的鎏金铜器足、鎏金铜器口等。①

邗江甘泉老虎墩汉墓仅出土有一些铜器残件,如内向连弧纹铜镜,鎏金铜圆泡,鎏金柿蒂纹铜饰,弓箭架上铜挂件,小铜器盖扣,以及一些鎏金铜构件,但仅从残存的铜器可见其时的铜器大多鎏金。②

仪征石碑村发现的汉墓中发现了特殊的工具一套。有碟形器1件,过滤器1件,尺1件,铜刷1件,还有铁臼和杵。《简报》认为这些可能是道教徒炼丹用的器物③,后经学者做进一步探讨,肯定了这些工具就是道教器物,不仅如此,还认为,此墓中出土的铜尺其实不是普通的尺,而是古代测量日影的铜圭表。④ 铜圭表有很高的精度要求,所以需要有精湛的铜器制造技术(见图3-1)。

图 3-1 仪征石碑村汉墓出土的铜圭表

可见汉代扬州在铜器制造技术方面,铜饰工艺制造方面极为发

---

① 南京博物院:《江苏邗江甘泉东汉墓清理简况》,载文物出版社《文物资料丛刊》第4辑,第116~120页。
② 徐良玉、印志华、吴炜:《江苏邗江县甘泉老虎墩汉墓》,《文物》1991年第10期。
③ 南京博物院:《江苏仪征石碑村汉代木椁墓》,《考古》1966年第1期。
④ 李强:《仪征汉墓出土铜圭表属于道家用器》,《文物》1991年第1期。

达，制造精度以齿轮、铜轮、铜尺为代表，并且已能生产较精密的铸件了。

汉代扬州除铜器制造业为一大宗产业外，其他金属的冶炼也较发达，这从考古资料中可得到证明。

扬州七里甸木椁墓在建造上，除传统的高低榫连接的方法外，在每块椁木的两头都采用银锭榫来加固。饰品家族中出现铅质饰品1件，做工精致，铅质饰品正反面上有五个小型"五铢钱"组成的图案，真正做到了器物的牢固与美观相结合（见图3-2）。[①]

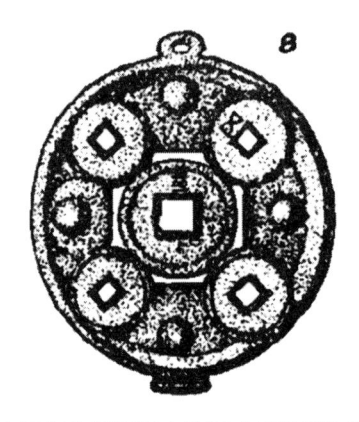

图3-2 扬州七里甸木椁墓出土的带"五铢钱"图案的铅质饰品

扬州东风砖瓦厂汉代的木椁墓群各墓出土的铜镜镜面光洁度较高，铜镜只有在含铅量达到一定的比例时经过打磨才会产生光洁的效果，这可说明其时已掌握了在生产铜镜时非常合理的铜铅用料比例了[②]。

扬州东风砖瓦厂9号汉墓出土梳篦1件，长7厘米，宽6.5厘米。其梳20齿，篦117齿，显示出很高的制作精度[③]。同类物品

---

① 南京博物院、扬州市博物馆：《扬州七里甸汉代木椁墓》，《考古》1968年第8期。
② 扬州博物馆李久海执笔《扬州东风砖瓦厂汉代木椁墓群》，《考古》1980年第5期。
③ 印志华、徐良玉：《扬州东风砖瓦厂第8、第9号汉墓清理简报》，《考古》1982年第3期。

在其他墓内也有发现，仪征张集团山汉墓出土的梳篦，篦齿细密，65齿；梳齿稀疏，19齿。仪征胥浦101号西汉墓出土的篦1件，高7.2厘米、宽6.7厘米，有齿100根①。不难想象，用于生产制造梳篦的铁制工具不但刀锋极薄，且极其锋利。

邗江"妾莫书"墓出土器物中，除铜饰器较多外，含大量金、银饰件，主要是漆器上嵌饰的金银箔纹饰图案和鎏金银扣。如1件彩绘漆罐全身贴有鸟兽和云气纹金箔，还有腹下的三角形金箔，罐盖中心镶嵌的银片柿蒂，盖面上贴四兽金箔，边沿镶嵌的银扣。2件漆圆盆盖中心为银片柿蒂座，有环，边沿和中间嵌银箍一道，空间贴金银箔鸟兽纹。口、腰、底部各有银箍。墓内还出土琉璃衣片，多数散布在棺内底部，独具特色的是在圆形琉璃衣片上有纹饰和贴金，前所未见。在漆器上贴有金银箔的做法不仅反映出高超的漆器工艺水平，也反映出当时的金银加工技术的进步②。

邗江郭庄汉墓出土漆奁1件，奁顶为一银柿蒂平脱，一周饰有银白虎平脱③。

邗江胡场汉墓M1出土七子奁1件，顶部镶贴柿蒂纹银箔，第四圈层内流云纹中镶贴银箔白虎4只，成等距离分布。M2出土器形完整的有漆箱1件，发现若干残漆片，其中有镶贴金箔的圆形小奁残片④。

邗江胡场汉墓M5出土竹胎圆奁1件，奁盖顶部镶贴银箔柿蒂图案，盖身贴有等距银箔白虎3只⑤。

邗江姚庄101号汉墓出土银扣嵌玛瑙七子漆奁1件，奁外表和奁内子盒上的大量纹饰皆由银扣和金银贴箔组成，通常由金银贴箔组成山水云气纹，或以金银箔剪贴成山水、禽兽图案或是用金银箔

---

① 《江苏仪征胥浦101号汉墓》，《文物》1987年第1期。
② 扬州博物馆：《扬州西汉"妾莫书"木椁墓》，《文物》1980年第12期。
③ 印志华：《扬州邗江县郭庄汉墓》，《文物》1980年第3期。
④ 扬州博物馆、邗江县文化馆：《扬州邗江县胡场汉墓》，《文物》1980年第3期。
⑤ 扬州博物馆、邗江县图书馆：《江苏邗江胡场五号汉墓》，《文物》1981年第11期。

剪贴山水、人物、禽兽图案，或是以金银箔剪贴成山水、动物图案。出土的一柄木剑，柄上贴有金箔，铁环首包银[①]。

邗江姚庄102号汉墓出土的1件铜尺，尺的每寸刻度为十分。每寸格之间饰嵌金丝如意云气纹。男棺内出土的漆面罩使用了大型的银平脱纹饰带，漆面和银平脱上所展现的禽兽皆以金银箔刻画出来。女棺内出土的面罩亦使用了银鋈金柿蒂纹。出土的漆枕使用了银柿蒂平脱，银扣和二道银脊，盖身亦饰有两道银扣[②]。邗江杨寿乡宝女墩新莽墓M104出土玻璃衣片约19片，长方形，四角自背面穿孔，纹饰中嵌金箔，还有金戒指2件，银扣饰4件[③]。

仪征烟袋山汉墓出土六子奁1件，器盖上的云纹中镶贴银箔白虎4只，成等距离分布；第四圈内镶贴一个柿蒂状银箔及朱绘鹿纹。奁内子盒亦使用了柿蒂银箔[④]。

扬州邗江西汉刘毋智墓出土铜带钩1件，螭首包金箔，钩身错银，并且嵌绿松石[⑤]。

江苏邗江甘泉2号汉墓出土大量金制器物，有"王冠"形金圈1件，上缘呈八角形，表面有精细的掐丝花纹，每个角上部有绿松石等嵌饰，形状很像欧洲古代的王冠。还有空心金球1件，它是用两个较大的和12个较小的金圈拼焊成24个角的空心球，然后在金圈相接的24个空当处，再各用四粒细如菜籽的小金珠堆焊出24个尖角。另有嵌水晶泡金圈1件。金壳铁书刀1件，其刀身已严重锈蚀，从刀鞘形状可看出为扁条形。漆刀鞘，外裹一层云母片，还有一层变体卷云纹空花金壳。鞘两端均有长方形掐丝花纹金套各

[①] 扬州博物馆：《江苏邗江姚庄101号西汉墓》，《文物》1988年第2期。
[②] 《江苏邗江县姚庄102号汉墓》，《考古》2001年第4期。
[③] 扬州博物馆、邗江图书馆：《江苏邗江县杨寿乡宝女墩新莽墓》，《文物》1991年第10期。
[④] 南京博物院：《江苏仪征烟袋山汉墓》，《考古学报》1987年第4期。
[⑤] 扬州市文物考古研究所薛炳宏、王晓涛、王冰、束家平执笔《江苏扬州西汉刘毋智墓发掘简报》，《文物》2010年第3期。

一，顶端均嵌有水晶片。该墓的漆器上只见铜皮平脱，不见金银箔。漆器的风格明显与其他墓不同①。

邗江甘泉老虎墩汉墓与其他墓葬不同的是发现了较多的铁器，有铁三足炉1件，铁灯1件，铁镜1件，铁臿1件，铁剑1件，剑首、剑格和剑璏用白玉和玛瑙装饰，铁棺钉数根。此外从墓内发现一些漆器残片，其装饰工艺采用了贴金箔、铜银扣等装饰②。

由上可见，扬州汉墓中出土的铅质、金、银等器物，反映出当时的金属制造技术的全面发展，金银等作为辅助性金属制品，在装饰器物方面出现多种技法，铁器制造业已能生产出薄而锋利的刀具，汉代扬州金属制造技术的发展，应当是今天扬州闻名遐迩的"扬州三把刀"的工艺渊源。

第四节 玻璃制造和特种工艺技术

人们普遍认为玻璃出现在战国时期，玻璃制品在战国时期偶有发现，大量出土于两汉至六朝时期的墓葬。经过对河南、贵州和四川三地的古玻璃标本的分析，学者得出的结论是：这三地的玻璃标本属于三种成分体系：铅钡硅酸盐、铅硅酸盐和钾硅酸盐。目前，古代铅钡硅酸盐玻璃为中国自创的独特玻璃体系已得到国内外学者的认可。关于中国古代玻璃的起源和产地还不十分清楚，但学者已经发现，古代玻璃的起源与古代陶瓷技术有密切的关系③。因此，扬州地区极有可能也是汉代铅钡硅酸盐的产地之一，在陶瓷生产的过程中偶然焙烧出类似玻璃的物品是完全有可能的。扬州七里甸木椁墓出土的釉陶表面施上一层黄绿色的釉，火候很高，釉层已呈玻

---

① 纪仲庆：《江苏邗江甘泉二号汉墓》，《文物》1981年第11期。
② 徐良玉、印志华、吴炜：《江苏邗江县甘泉老虎墩汉墓》，《文物》1991年第10期。
③ 李青会、董俊卿等：《浅议中国出土的汉代玻璃耳珰》，《广西民族大学学报》（自然科学版）2011年第1期。

璃状①。这说明扬州地区的烧陶温度已达到至少1500℃,已具备生产玻璃的条件。

中国古代与玻璃制品相似的琉璃制品,在扬州亦应有生产,因为在几处墓葬中都有出土。邗江"妾莫书"墓出土墓内还出土了琉璃衣片,它们多数散布在棺内底部,独具特色的是在圆形琉璃衣片上还有纹饰和贴金,实属前所未见②。邗江郭庄汉墓也出土琉璃璧1件③,扬州平山养殖场汉墓M4出土有琉璃塞4件④,邗江杨寿乡宝女墩新莽墓M104出土玻璃衣片约19片,它们大多残碎,出土于盗洞内,长方形,四角自背面穿孔,纹饰中嵌金箔,但多已剥落⑤。邗江甘泉2号汉墓也出土有玻璃、琉璃制品,玻璃器为三个残片,它们是平底钵、盆之类的器皿的残剩部分。据研究分析,玻璃片为紫黑色和乳白色相间的透明体,其花纹似用两种不同颜色的玻璃熔成乳胶状,然后搅拌而成。器物用模铸法制作,外壁有模印的辐射形凸棱为饰。此玻璃器皿,与中国传统的玻璃(琉璃)器,有较大的区别。据考证,甘泉2号墓的玻璃片与古罗马玻璃的化学成分基本相同,均属于钠钙玻璃系统,研究者认为这可能是当时从国外输入的⑥。邗江甘泉老虎墩汉墓出土玻璃杯的残片,断面呈翠绿色。从残片推断,该玻璃杯侈口,圆柱体,球形底,表面已风化,口径约7.8厘米、残高9.2厘米。该玻璃杯残片经上海硅酸盐研究所做的化学分析,与甘泉双山2号汉墓的玻璃片和古罗马暗蓝色玻璃的化学成分基本相同,均属钠钙玻璃系统,这为研究古代国外输入的玻璃提供了又一重要实例⑦。

---

① 南京博物院、扬州市博物馆:《扬州七里甸汉代木椁墓》,《考古》1968年第8期。
② 扬州博物馆:《扬州西汉"妾莫书"木椁墓》,《文物》1980年第12期。
③ 印志华:《扬州邗江县郭庄汉墓》,《文物》1980年第3期。
④ 扬州博物馆:《扬州平山养殖场汉墓清理简报》,《文物》1987年第1期。
⑤ 扬州博物馆、邗江图书馆:《江苏邗江县杨寿乡宝女墩新莽墓》,《文物》1991年第10期。
⑥ 纪仲庆:《江苏邗江甘泉2号汉墓》,《文物》1981年第11期。
⑦ 徐良玉、印志华、吴炜:《江苏邗江县甘泉老虎墩汉墓》,《文物》1991年第10期。

古代人们不仅对玻璃或琉璃制品十分喜爱，而且凡外表比较光洁，或是色彩华美的石质物品也都同样受到重视和偏爱，如宝石类制品，玛瑙、绿松石制品等。在扬州汉墓中，此类物品也在多处被发现。

邗江姚庄 101 号汉墓出土宝石镶嵌铜杖首 1 件，每面嵌黄宝石三颗。在出土的银扣嵌玛瑙七子漆奁上装饰着红玛瑙，有的还被做成鸡心形，奁内子盒上亦装饰有鸡心形黄色玛瑙[1]。

扬州邗江西汉刘毋智墓出土的铜带钩，其上镶嵌有绿松石[2]。

江苏邗江甘泉 2 号汉墓出土发现的金器中，有 2 件亚形金饰，在金饰两面正中均镶嵌着圆形绿松石。有 1 件挂锁形金饰，器身上有类似三个"算珠"的器物造型，"算珠"表面一周镶嵌着长方形绿松石。有 1 件金圈类似王冠造型，该器物上缘呈八角形造型，每个角上部嵌饰着绿松石。1 件金壳铁书刀的刀鞘外，裹一层云母片，刀鞘两端均有水芯片装饰。在漆器上有水晶泡和琥珀小泡装饰。整个墓葬发现的珠玉珍宝类亦很多，包括各种软玉（阳起石和透闪石）、玛瑙、琥珀、珍珠、绿松石等制作的饰物和印章等，共 17 件。计有：玉人、珍珠、玉珠、玉管、绿松石小珠、玛瑙管、虎钮玛瑙印[3]。邗江甘泉老虎墩汉墓出土椭圆形琉璃珠 10 余颗[4]。

对扬州地区汉代墓葬中出土的玻璃制品，前人已有专门研究。首先，是利用自然科学技术对扬州地区汉代墓葬中出土的玻璃制品进行技术分析，李家治、陈显求等学者对扬州"妾莫书"等墓出土玻璃衣片进行过系统研究，他们认为该墓出土的近 600 片玻璃衣片，有长方形、梯形、三角形及圆形等，其大者可达 6.2×4×0.4 厘米。多数散落在棺内底部，在衣片上还黏有人的骨渣，每片的角

---

[1] 扬州博物馆：《江苏邗江姚庄 101 号西汉墓》，《文物》1988 年第 2 期。
[2] 扬州市文物考古研文薛炳宏、王晓涛、王冰、束家平执笔《江苏扬州西汉刘毋智墓发掘简报》，《文物》2010 年第 3 期。
[3] 纪仲庆：《江苏邗江甘泉 2 号汉墓》，《文物》1981 年第 11 期。
[4] 徐良玉、印志华、吴炜：《江苏邗江县甘泉老虎墩汉墓》，《文物》1991 年第 10 期。

上都穿有小孔，多数是素面，在圆形和少数长方形片面上模印蟠螭纹饰。有些纹饰中心有四瓣形花朵，少数花蕊上还保留一点金箔。可见当时这些玻璃衣片是经过精工细作的。从玻璃的成分看，这批玻璃属于铅钡硅酸盐玻璃，这种玻璃是我国分布较广，出土较多的一种古玻璃。很多中外古玻璃研究者都认为这类玻璃是中国自制的古玻璃。扬州西汉墓出土的玻璃衣片数量之多、工艺之精，标志着中国古代玻璃生产水平，到了西汉又有了新的提高[1]。

除利用自然科学技术进行成分构成的解析外，学者还选择特定的玻璃制品，从玻璃制品的制作风格进行过详细的研究。扬州文博界的周长源先生就曾对扬州地区汉代墓葬中出土的各类玻璃蝉进行研究分析。通过对扬州现存玻璃蝉的标本分析，他认为，现存扬州玻璃蝉的标本颜色大致有三种，它们分别为灰白、涅白和蓝色，制作方法是在模具中注入玻璃溶液，冷却后即可获得实心的玻璃蝉。撇开玻璃产品的产地不谈，周先生发现，扬州地区汉代玻璃的装饰艺术已达到很高的水平。虽然扬州地区发现的汉代玻璃蝉大多数无装饰，但少量的玻璃蝉装饰精美，表现比较突出的是有包银箔的玻璃蝉和嵌贴银箔的玻璃蝉，它们分别出土于扬州市发电厂汉墓男棺内、扬州市东风砖瓦厂汉墓、邗江西湖胡场6号汉墓内（发电厂墓与胡场6号墓未见《简报》，为内部资料），且发电厂与东风砖瓦厂出土的两件蝉在装饰风格和工艺水平上极为相似。周先生认为，玻璃蝉嵌贴银箔和包银箔的装饰工艺无疑是受古代铜器和漆器等镶嵌、嵌贴工艺的影响和启发，这两种玻璃装饰工艺是汉代新出现的玻璃装饰艺术这在其他地区未见发现，所以它是扬州玻璃饰品的一大特色。[2]

---

[1] 李家治、陈显求：《扬州西汉 PbO-BaO-SiO₂ 系玻璃及其腐蚀层的研究》，中国科学院上海硅酸盐研究所《硅酸盐学报》1986年第3期。
[2] 周长源：《扬州出土的汉代玉蝉和玻璃蝉》，《艺术市场》2004年第9期。

第四章　墓葬反映出的汉代扬州风俗民情

第一节　葬俗中带有浓厚地方特色的棺椁构建方法

扬州汉代墓葬在葬俗方面虽然在各个不同时期有所不同，但在有些方面却有着惊人的一致，这些共同点与邻近地区或其他地区的汉代墓葬相比，应该属扬州地区葬俗方面的地方特色。

在棺椁的制作方面，从西汉早期至东汉初期，木椁墓一般都使用相同或相近的埋葬风格。它们往往都使用粗大的楠木，椁由大型木板拼合而成，棺常用整木斲成，如凤凰河汉墓棺就用的是整木斲成，七里甸汉墓木椁为楠木材料构成，木棺系用整段楠木料斲成。仪征石碑村发现的2座汉墓，木椁为楠木，棺用整段楠木斲成。扬州东风砖瓦厂汉代的木椁墓群，共七座木椁墓，七座墓的葬具基本相似，棺木为长方盒形，采用整段楠木凿成。扬州东风砖瓦厂第8、第9号汉墓，形制基本和上述相同，棺均用整段楠木凿成，邗江"妾莫书"墓，椁室为三面楠木壁板，南边设门，以杉木纵铺内椁室底板。内椁（即棺室）放置漆棺一具，棺用整木刳成。邗江胡场汉墓共4座。M1为一棺一椁长方形竖穴墓，椁为楠木，棺身系整段楠木刳凿而成。这一风格在全国范围内并不多见，只是在今扬州的邻近地区汉墓中才发现相同的风格。如今安徽境内的天长地区出土的汉代墓葬及江苏盱眙、江苏盐城等地发现的汉墓中有此风格，而这些地区在汉代都曾一度属于广陵国管辖。如1991年在天长发掘的杨村汉墓，共清理了8座墓葬，都是一棺一椁的土坑木椁墓，其中的大中型墓，椁都是用大方木垒成，棺体用整木制成①。2002年天长三角圩发掘的27号西汉墓，发掘时发现，椁板紧贴墓坑壁，两侧椁板各有2块，挡板卡在两侧椁板两端的凹槽内。主室内有棺木一具，棺身与棺盖为整木制成②。2004年天长市安乐镇纪庄村发现的汉墓，虽遭到破坏，葬式不清，但从椁板紧贴墓坑壁和一椁一棺的葬式来看，显然与三角圩墓类似③。1975年清理的天长县安乐公社北冈大队汉墓群，有7座西汉晚期至东汉初期的汉墓，这7座汉墓的风格与扬州地区汉墓的风格不尽相同，1号墓和3号墓是在棺的外面用较薄的木板制成，与棺紧贴的大木匣，底铺木板，上盖木板，把棺套在里面。3号墓、4号墓、5号墓、8号墓均是在土坑内四周围砌椁木，上横盖七块椁盖板，底铺四块椁底板，棺置于椁室的一边和一端，另一端或一端和一边均留有一定的空隙放置殉葬品。还有几座墓的椁室明显与扬州地区的椁室构建方法不一致，但棺木的制作方式是一致的，即都是用整段直径达1米以上的大树斲成，棺盖也是用整木制作。至于说棺椁用材，该墓的木材曾经安徽农科院鉴定，7号墓椁底铺木系杉木，3号墓棺头帮和9号墓棺内衬板系梓树，3号墓棺盖和棺身系楠木，由此可以推知已发掘的其他各墓的棺椁用材，大多是楠木作棺、椁，梓木作棺头帮，用杉木的极少④。可见天长北岗汉墓群所用的葬式既与扬州地区相近又有所不同，体现出从扬州地区向安徽其他地区的文化

---

① 安徽省文物考古研究所、天长县文物管理所：《安徽省天长县杨村汉墓》，《东南文化》1992年第6期。
② 天长市文物管理所、天长市博物馆：《安徽天长三角圩27号西汉墓发掘简报》，《文物》2010年第12期。
③ 天长市文物管理所、天长市博物馆：《安徽天长西汉墓发掘简报》，《文物》2006年第11期。
④ 安徽省文物工作队：《安徽天长县汉墓的发掘》，《考古》2001年第4期。

传播带中的过渡状特点。事实上安徽其他的一些地区在葬俗上就已完全不同于扬州地区木椁墓的棺椁构建方式，如安徽六安市九里沟编号为176号和177号的2座汉墓，两墓的棺木均不是由整木凿成，而是由盖板、墙板、挡板、底板等拼装而成①。在盐城建湖县沿岗地区发现的汉墓群，计有13座墓，葬式不一，M1、M3、M5、M7楠木棺椁，M2石椁，M9则使用楠木棺椁，且棺身系用整段楠木刳成，其余则葬式不明。盐城建湖县沿海地区在汉代属盐渎县，作为与广陵国邻近的地区，该地区的葬俗与安徽天长相同，同样体现出葬制方面既相同又有所不同的文化传播带中的过渡性特点②。江苏淮阴盱眙东阳地区，与今天的安徽天长地区接壤，在汉代亦曾受江都国管辖，2011年出土的江都易王非墓便是明证。这里自新中国成立以来，已出土了许多汉代墓葬。1974年，南京博物院会同当地文化部门一起，对秦汉东阳古城遗址东南的汉代墓葬进行了清理，计清理8座汉墓，这8座墓葬都属于长方形竖穴土坑墓，棺椁结构：木椁用材往往用厚木板或半圆树段，同时使用高低榫相接或用银锭榫加固的方法连接，棺木除有一棺为特例，其余都是用整木斫出帮、底，在两端另插挡板，侧面用银锭榫加固。这种棺椁结构与扬州附近出土的汉墓构建方法在本质上是一致的，但又略微有所区别③。

至于说扬州汉代墓葬中的其他风格，与汉代墓葬的发展趋势大体一致。这方面前人已总结得较多，如关于夫妇合葬的问题，学者阎爱民认为，汉代的夫妻合葬墓经历了三个时期：同茔异坟葬，同坟异穴葬，同坟同穴葬。夫妇的同茔合葬出现得比较早，在汉代特别是西汉，以帝后和贵族的合葬最为常见。这种合葬方式主要是合

---

① 安徽省文物考古研究所、六安市文物管理所：《安徽六安市九里沟两座西汉墓》，《考古》2002年第2期。
② 建湖县博物馆：《建湖县沿岗地区出土汉墓群》，《东南文化》1996年第1期。
③ 南京博物院：《江苏盱眙东阳汉墓》，《考古》1979年第5期。

在同一茔坟，或者说是同一陵园内，但同茔不同坟，夫妇相别于异坟（陵）之中。东汉时除了常见的夫妇合葬外，也出现了 3 人、4 人的合葬，甚至有 5 人的多人葬。在多人合葬形式中，有一种是后室安葬男女 2 人，侧室或前室别葬女性 1 人。这种情况属男性墓主与其妻妾的合葬。同葬于后室 2 人的身份是夫妻，他们是一体的，别葬于侧室或前室的女性，则是男女墓主人的妾婢[①]。扬州地区发现的汉代墓葬中，有单葬墓，有合葬墓，有同坟异穴墓，大抵与学者所述相一致。

从西汉晚期开始在扬州邻近地区的淮河流域开始出现画像石墓，至东汉时期十分流行，它主要分布于江苏徐州、泗洪、连云港、睢宁、邳县、新沂、泗阳等及河南、山东、安徽等地，尤以江苏徐州和河南唐河发现最多[②]，而扬州地区迄今未发现。

由上可见，扬州地区出土汉墓的以楠木构建棺椁，同时棺木往往用整木斫成的方法确是具地方特色的葬俗，在砖室墓出现以后，墓葬风格仍然保持着地方特色。

第二节　墓葬材料中反映出的浓厚的宗教迷信风气和丧葬礼俗

中华文明发展之初，灵魂不死的观念就已出现。在原始社会曾产生三大崇拜：图腾崇拜、自然崇拜和祖先崇拜。其中，对祖先的崇拜伴随着阶级社会的形成得到加强，自夏王朝开始至战国时期，人们在崇生敬死问题上重视对人死后的安排。但历史上，宗教文化的发展却呈现出曲折发展的态势。众所周知，商代是先秦鬼氛最为

---

① 阎爱民：《汉代夫妇合葬习俗与"夫妇有别"观念》，《天津师范大学学报》（社会科学版）2011 年第 2 期。
② 参见方成军《淮河流域汉代墓葬形制研究》，《安徽大学学报》（哲学社会科学版）2002 年第 5 期。

浓厚的时代，即所谓"殷人尊神，率民以事神，先鬼而后礼"。但周代商以后，周初的大政治家周公旦提出了"敬天保民"思想，再加上其后的诸子百家的兴起，理性思维占了上风，引起了神明地位的下降，至春秋更是形成了"轻天重民"的社会思潮，以至于发展至秦朝，鬼神的地位则跌入了空前的低谷。自西汉立国伊始，汉代的巫风便愈演愈烈，大有复兴商代巫风之势，巫风得到统治者的提倡，表现在朝廷主动设置巫官，从政治上认可巫师的地位，达官贵人也对巫师有诸多的礼遇，对之恩养[①]。因而，汉代巫风在丧葬领域也有所体现。在汉代浓郁的巫风氛围中，扬州地区显得尤其突出，发生过几次对汉代政治产生重大影响的与巫祭有关的历史事件，先是有广陵王刘胥因祝诅被杀，后有刘荆因祝诅被废之事，一代大儒董仲舒在任江都相期间曾大规模地进行求雨活动更是对扬州地区的巫风起过推动作用。汉代皇帝在祭祀名山大川时，江都也是一个重要的祭祀场所，宣帝时"制诏太常'夫江海，百川之大者也，今阙焉无祠。其令祠官以为岁事，以四时祠江海洛水，祈为天下丰年焉。'自是五岳、四渎皆有常礼。……河于临晋，江于江都，淮于平氏，济于临邑界中，皆使者持节侍祠。唯泰山与河岁五祠，江水四，余皆一祷三祠云。"[②] 可知一年四次的官方主持的盛大的祭江活动，无疑促进了扬州地区民间巫风的盛行，扬州地区丰富的墓葬资料充分证明了汉代扬州区域的巫风之盛。

一　重视死后生活，生活必需品随葬齐全

如仪征石碑村2号墓随葬品有釉陶壶、罐、硬陶瓿、陶灶、石磨等物，[③] 皆为生活必需品。江都凤凰河汉墓的随葬品一般都有陶灶一套，石磨一副，陶壶、陶瓿、陶罐都是成套的放置着。还有铜

---

① 孙家洲：《汉代巫术巫风探幽》，《社会科学战线》1994年第5期。
② 《汉书·郊祀志》，第1249页。
③ 南京博物院：《江苏仪征石碑村汉代木椁墓》，《考古》1966年第1期。

洗和漆耳杯等。死者的随身装束有铁剑、带钩，还有铜镜和五铢钱等。除生活必需品和其他各地的汉墓相同外，最特殊的地方是五铢钱有两种放置方法，一是放在死者腰部两侧，且用麻布包着，应该是模仿死者生前随身携带钱币的情形；二是将零散的五铢钱放在棺内各处，[1] 笔者认为这可能是取"遍地钱财"之寓意，即死者身后不会钱财匮乏。还有东风砖瓦厂 M3 棺底下有一层厚约 5 厘米粟米垫在棺底，未见有报道这一葬俗出现于其他地区出土的汉墓，如此多的粮食放在棺底，应该是寓意墓主人睡在粮堆上，加上该墓中放置的钱币，突出了墓主死后吃用不愁之意。胡场 5 号汉墓的木牍中详细记载了丧祭需备物品。在侧厢北部装食品的草包附近，出土的 6 件木签上的文字有"集台月笥""锡粢居女笥""栭糯笥""金钱笥""鲍笋笥""脯脩笥"等。在 7 件木觚上有隶书文字，分别为：五种橐、粱米橐、黄芩橐、粳米橐、酒米橐、蘖鞠橐。还有"彩十六□奇皂一坑七匹"字样暂不解[2]。其中我们初步可知的，"鲍笋笥"应该是存放鲍鱼干的器物，"脯脩笥"应该是放肉干的器物，"脩"古代常称"束脩"，孔子的学生就曾向孔子送"束脩"以充学费。"蘖鞠"，"蘖"意为发酵，与鞠合称，意应为一种甜酒[3]。尽管木牍上的文字尚未得到详释，但可见木牍记载的物品有各种米、酒、干货、布匹和钱币等，可谓对死者进入"另一世界"的精心安排。

二 随葬死者生前酷爱之物或借以谋生的重要物件

仪征石碑村 1 号墓随葬有现存 15 件随葬品，除铜樽、带钩、铜镜、铁剑、铁刀以及釉陶壶是汉墓中常见的遗物外，铜尺、铜量、过滤器、碟形器以及铁臼和铁杵等物，则是汉墓中不多见，被

---

[1] 屠思华：《江苏凤凰河汉、隋、宋、明墓的清理》，《考古通讯》1958 年第 2 期。
[2] 扬州博物馆、邗江县图书馆：《江苏邗江胡场五号汉墓》，《文物》1981 年第 11 期。
[3] 黄展岳：《汉代人的饮食生活》，《农业考古》1982 年第 1 期。

认为与道教有关，被认为是道教徒炼丹的器具①。该墓出土的遗物经学者研究发现，《简报》中所称"铜尺"其实不是铜尺，而是道教徒专用的铜圭表，是古代测量日影的工具。因此，墓葬中的不常见器物为死者生前所用，一同随葬寓意死者在另一个世界还能继续以此为生。

邗江胡场汉墓共 M1 出土的一幅"墓主人生活图"，下部分描绘了墓主人与众宾客的宴乐场面，画面中有乐师在弹瑟和吹笙的形象，似乎说明墓主人很喜欢音乐，同时出土的木俑中也有舞俑、乐俑和说唱俑等，这些木俑也真实地反映了墓主人对文艺的爱好，更能说明问题的是：在出土物品中有特殊器物乐器明器 3 件：二十五弦瑟 1 件，五弦乐器 1 件，三弦乐器 1 件。这些可能是墓主生前的喜爱之物，或是墓主在这方面有一定的爱好，乐器明器是随葬木俑的工具。M1 已出宣帝五铢，而未发现后期风格的葬品，说明其上限不得早于宣帝，下限也应距宣帝时期不久②。

三 墓葬材料中体现的神仙思想

一般认为中国的道教始于东汉末年，这是从道教开始有完善的组织结构意义上说的③。但神仙思想却由来已久。汉代社会深深打上的神仙思想的烙印，在墓葬材料中比比皆是，俯拾可得。如东风砖瓦厂汉墓漆器上的云气纹、羽人、鸟兽纹，有多组操琴或骑鹤的羽人活跃于云气中间，周围有许多鸟兽在云气中与羽人一起漫步，俨然就是一个人间向往的仙境。有在器物上描绘这一神仙境界的还有扬州东风砖瓦厂第 8、第 9 号汉墓、邗江"妾莫书"墓、邗江郭庄汉墓等不一一枚举。

汉代道教思想在扬州地区其实已有传播，刘向《列仙传》载：

---

① 南京博物院：《江苏仪征石碑村汉代木椁墓》，《考古》1966 年第 1 期。
② 扬州博物馆、邗江县文化馆：《扬州邗江县胡场汉墓》，《文物》1980 年第 3 期。
③ 卿希泰主编《中国道教史（修订本）》（第 1 卷），四川人民出版社，1996，第 2 页。

> 朱璜者，广陵人也。少病毒瘕，就睢山上道士阮丘怜之言："卿除腹中三尸，有真人之业，可度教也"。璜曰："病愈当为君作客三十年，不敢自还"。丘与璜七物药，日服九丸，百日病下如肝脾者数斗，养之数十日肥健，心意日更开朗，与老君《黄庭经》，令日读三过，通之能思其意。丘遂与璜俱入浮阳山玉女祠，其八十年复见故处。白发尽黑，鬓更长三尺余，过食止数年复去。如此至武帝末故在焉。①

如前所述，仪征汉墓出土的道教用器也说明扬州地区的道教思想不仅已在传播，而且道教徒有了专门化和职业化的倾向。

四 墓葬材料反映出汉代扬州治丧风俗

汉代治丧风俗是在先秦古礼的基础上演变而来，扬州地区的治丧风俗既是对先秦古礼的继承，又有区域特点。

第一，是有巫师参与。

江苏邗江胡场 5 号汉墓出土了珍贵的带文字的木牍 13 件，为我们揭示出扬州地区治丧活动的一些情况。

木牍中有 1 件神灵名位牍，上有隶书七列 99 字。分别为："江君、上蒲神君、高邮君大王、满君、虘相汜君、中外王父母、神魂"。"仓天、天公"。"大翁、赵长夫所□、淮河、瑜君、石里神杜、城阳②君"。"石里里主、宫［春］［姬］所口君□、大王、吴王、②王、汜②神王、大后垂"。"宫中□池、□□神杜"。"当路君、荆主、奚丘君、水上、□君王、□杜"。"宫司空、杜、［邑］、塞"。

《简报》作者据行文和出土位置，认为此件木牍当为祀求各方神灵庇护亡者之用，反映了汉代人的思想意识和迷信色彩。这里的神灵名位牍，正是汉代扬州地区治丧活动中有巫师（即后来

---

① 刘向：《列仙传》卷下，《中国基本古籍库》，明正统道藏本，第 15 页。

的道士）参加的明证。一般老百姓很少对各方所谓神祇非常了解的，只有巫师出于谋生手段的需要，才精心编织出一个所谓的神祇系统来，有时则是胡乱地写上一通儿。这也是汉代巫师虽得到官府的正名，却在民间地位低下的原因。

第二，治丧活动中的"祭奠"礼所用物品有"狗"和"鱼"。

同样是在胡场 5 号汉墓出土的 1 件木牍被称作日记牍，之所以被称为日记牍，可能是因为木牍是按日期记载治丧活动中出现的人物。该牍正面文字自左至右分别为："十一月二日道堂邑入。十日辛酉□□□道堂来。十六日丁卯□□□□□高密来。十七日戊辰陈忠取敦于□狗□□来。廿八日己卯□□□剧马行。卅日辛巳□□□□行。十二月十三日甲午徐延年行陈忠取狗来。十五日丙申□□□□行。十六日丁酉青□随史行。廿日辛丑徐延年来。□三日□□来。廿五日丙午□行□实道堂邑来。"背面七行，自左到右为："戊，己未，庚申、辛酉、壬戌、癸申。"

这一木牍因缺少文字，全部文字虽不可通读，但其中的一些关键字却透露出巫师在治丧活动中的重要安排。如狗在治丧活动中有什么用途？文中两次提到取狗，莫非汉代巫师在治丧时要用狗来避邪？联系后世的民间治丧活动，这是有可能的。先秦时代，狗不但可作为牺牲用于祭祀和会盟，还可作避邪驱邪之用，亦可被方术之士用于治病，但不是所有的狗都可避邪，后世方术之士往往用纯色的狗。《史记·平原君虞卿列传》载，"毛遂谓楚王之左右曰：'取鸡狗马之血来。'"《史记索隐》："盟之所用牲贵贱不同，天子用牛及马，诸侯以犬及豭，大夫已下用鸡。今此总言盟之用血，故云取鸡狗马之血来耳。"《汉书》中有战国时代秦德公用狗避邪的记录，"七十一年秦德公立卜居雍……磔狗邑四门以御蛊灾"。[①]《本草纲目》中曾引用汉淮南王刘安时的一则偏方，谓"黑犬皮毛烧之止

---

① 《汉书·郊祀志》，第 1196 页。

天风",① 郑玄在给《礼记》作注时说，"燔烈其肉为尸羞是也。其牲天子軷用犬，故犬人云：'伏瘞'亦如之。注云：'伏，谓伏犬于軷上。'诸侯用羊，诗云：'取羝以軷'，谓诸侯也。"② 汉代巫医不分，所以这里的"狗"实际上是巫师在从事祭奠礼时所用的牺牲，此处虽没有明言必须要用纯黑的狗，但因为木牍上两次强调取狗，联系文中提到的"堂邑"（今江苏六合北）和"高密"（今山东高密）"敦于"（今山东淳于县）等地名，说明取狗的路途还较远，因此对取什么样的狗，也必定是有条件限制的，据汉史资料，此处所用于祭奠和葬仪之狗应该是纯色的狗，而非乡间随处可见的杂色狗。从东汉应劭对其时风俗的记述看，当时人还使用白狗，"俗说狗别宾主，善守御，故著四门以辟盗贼也。……《太史公记》：'秦德公始杀狗磔邑四门以御蛊菑'，今人杀白犬以血题门户，正月白犬血辟除不祥，取法于此也。"③ 在祭礼中不仅可起到避邪作用，自身也是丧仪上的一道必备的供品，《淮南子》说，"今夫祭者，屠割烹杀，剥狗烧豕，调平五味者，庖也。陈簠簋器，方中者为簠，圆中者为簋也。列樽俎、设笾豆者，祝也。斋明盛服，渊默而不言，神之所依者，尸也。"④ 狗仅用于丧礼，在平时的祭祖活动中，是千万不能提到狗的，否则便会犯忌，"物之先后各有所宜也。祭之日而言狗，生、取妇夕而言衰麻，置酒之日而言上冢。（注：皆所不宜）"。⑤ 汉代扬州治丧活动中用狗亦非孤证，高邮邵家沟汉代遗址23探方第2号灰沟沟南曾发现一个完整的狗头骨，从《简报》没有提及狗身骨或肢骨的情形看，可能就只发现了狗的头骨。同一探方第2号灰沟清理时还发现一只残破的灰陶

---

① （汉）刘安：《淮南万毕术》，（清）《十种古逸书》本。
② （汉）郑玄：《礼记注疏》附《释音礼记注疏》卷十八，（清）阮刻十三经注疏本。
③ （汉）应劭：《风俗通义·祀典》，赵晔等编《野史精品》（第一辑），岳麓书社，第223～224页。
④ （汉）刘安：《淮南鸿烈解》卷二十，《四部丛刊》影钞北宋本。
⑤ （汉）刘安：《淮南鸿烈解》卷十六，《四部丛刊》影钞北宋本。

壶，上有铭文，虽不可全解，但其中有"池坤神"字样。两件遗物放在一起看，则此处可能是治丧活动中，在下葬之前进行巫祭的地点。①

木牍中"随史行"三字中的"史"② 应当就是指参与治丧的巫师，因为上古时期巫史不分家，巫代表着上古时期的知识阶层，史官最初实际上就是巫师，在汉代巫风盛行的时代，史官同样也被百姓看成是巫师的代名词③。汉代的史被学者称作一种"准巫官体系"，指太史一系官员，他们的主要职掌，与巫官极为接近。祭祀官也是由巫职演化而来，其职掌也多与巫职相通④。汉代的巫司在民间非常普遍，《盐铁论·散不足》篇载贤良文学之言："古者君子夙夜孳孳思其德，小人晨昏孜孜思其力。故君子不素餐，小人不空食。今世俗饰伪行诈，为民巫祝，以取厘谢，坚额健舌，或以成业致富。故惮事之人释本相学。是以街巷有巫，间里有祝。"⑤ 这反映了巫祝在汉代盛行的状况。

另 2 件木牍被称作"文告牍"。因为文句的格式似乎像一篇上行公文，内容为："卅七年十二月丙子朔辛卯广陵宫司空长前丞□敢告土主广陵石里男子王奉世有狱事：已复故郡乡里遣自致移栺

---

① 详见江苏省文物管理委员会《江苏高邮邵家沟汉代遗址的清理》，《考古》1960 年第 10 期。
② 关于"随史行"三字中的"史"字，学者黄盛璋认为"史"应作吏，《简报》为误释。笔者认为，黄先生此言尚缺乏足够证据，故不采用，仍从原释。参见黄盛璋《邗江胡场汉墓所谓"文告牍"与告地策谜再揭》，《文博》1996 年第 5 期。
③ 对此一木牍的解释，发掘《简报》认为日记牍中所记来人，有来自邻近的郡县，如堂邑（属临淮郡，在今六合县西北）；也有来自较远的地方，如高密（高密国，今山东高密西）、敦于（即淳于县，在今山东安丘县东北）。有的还来了两次，如"陈忠""徐延年"。日记牍书写草率，远不如文告牍书体规整，这是私人记载，很可能就是墓主王奉世入狱后，对前往探望（营救）他的人的记录。对于"营救"一说，笔者认为这一解释缺乏足够证据，因为无法解释前来营救的人何以会带"狗"。
④ 孙家洲：《汉代巫术巫风探幽》，《社会科学战线》1994 年第 5 期。
⑤ 马非百注释《盐铁论简注》，中华书局，1984，第 233 页。

(诣）穴卌八年狱计承书从事如律令"。这一"文告牍"同样是巫师的工作内容之一。对这一点今人已有研究。

可见，汉代扬州治丧活动中的用狗习俗是对先秦古礼的继承，不仅如此，扬州汉墓葬俗对先秦古礼的继承还通过墓葬中摆放的鱼体现出来。仪征张集团山西汉5号墓内出土扁形条状玉鱼一对，置放在内棺盖上沿中部，玉器研究专家徐良玉说这种现象在扬州汉墓中属首例，作何解释，尚待进一步研究，可能是汉代地方丧葬礼仪风俗的反映。① 笔者认为，从祭法看，中国古代亦曾有用鱼作祭祀牺牲的习俗，《诗·虫草》"于以奠之？宗室牖下。谁其尸之？有齐季女"条下郑玄笺云："主设羹者季女，则非礼也。女将行，父礼之而俟迎者，盖母荐之，无祭事也。祭礼主妇设羹，教成之祭，更使季女者，成其妇礼也。季女不主鱼，鱼俎实男子设之，其粢盛盖以黍稷。"② 东汉末蔡邕说"凡祭宗庙礼牲之别名：牛曰一元、大武。豕曰刚鬣。豚曰腯肥。羊曰柔毛。鸡曰翰音。犬曰羹献。雉曰疏趾。兔曰明视。凡祭号牲物异于人者，所以尊鬼神也：脯曰尹祭。槁鱼曰商祭。鲜鱼曰脡祭。水曰清涤。酒曰清酌。黍曰芗合。粱曰香萁。稻曰嘉蔬。盐曰咸鹾。玉曰嘉玉。弊曰量币。"③ 可见古代的祭礼所用物品早就有"槁鱼"（鱼干）和鲜鱼。北京大学考古专家高崇文据《仪礼》中记述的葬埋礼制结合出土的汉简资料分析了汉代葬礼的全过程，人死后的第二天要用衣衾裹尸，并于遗体东部设奠，摆放脯醢和醴酒等物品，称"小敛奠"。死后第三天再次对尸体进行包裹称为大敛绞，除摆放脯醢和醴酒等物品外，还有豕、鱼、腊（兔）。此后，在整个祭奠礼仪的过程中，都要摆放

---

① 徐良玉：《论扬州汉墓出土的玉器》，扬州博物馆、天长市博物馆编《汉广陵国玉器》，文物出版社，2003，第12页。

② （汉）毛亨传，郑玄笺，（唐）孔颖达疏《毛诗正义》，李学勤主编《十三经注疏》标点本，北京大学出版社，1999，第73~74页。

③ （汉）蔡邕：《独断》卷上，《四部丛刊》第三编，景明弘治本。

这些物品，至下葬前一天还要摆放更多的物品。① 在高先生的另一篇论汉代葬制的论文中则详细解读了《仪礼》中记载的殡棺入土时所用棺饰的物品名称和作用，该文据《礼记·丧大记》中记述了许多棺饰，分析了其中最主要的三种棺饰：褚、帷荒、池，得出结论说：褚是直接衬覆棺的素锦；褚之外是帷荒，是用竹编织的棺罩；池则是用竹编织的笼罩，挂垂于荒的边缘端，象征宫室的屋檐。池之下悬铜鱼，柩车动，则起"鱼跃拂池"之效。先生并且发现，两周时期的墓中，棺的两侧经常发现有散落的铜鱼，此也正好是"鱼跃拂池"之证。② 由此可见，团山5号墓中的玉鱼恰是古礼中的"鱼"，所不同的是由铜鱼换成了玉鱼。③

第三，丧礼上播放的不是哀乐而是轻松愉快的音乐。

学人李笑坷在研究汉代的丧葬风俗时举《史记集解》如淳语"以乐丧家，若俳优"和《盐铁论·散不足》篇："今俗因人之丧以求酒肉，幸与小坐而责办歌舞俳优，连笑伎戏"作例证，得出结论说，"汉代民间以音乐来增加丧礼气氛的做法也广为流行。丧家对前来吊唁者，不仅飨以酒肉，而且娱之以乐"。又"汉代民间的丧礼音乐已远远超出了寄托哀思的限度，歌舞俳优、滑稽调笑之戏已成为社会普遍的丧葬风俗"④。笔者赞同这一观点，因为汉代的治丧活动，由于始终有巫师的参与，往往伴随着一定的仪式，这些仪式旨在使死者死后有一个好的归宿，甚至登升所谓的仙界，

---

① 高崇文：《论汉简〈葬律〉中的祭奠之礼》，《文物》2011年第5期。
② 高崇文：《试论先秦两汉丧葬礼俗的演变》，《考古学报》2006年第4期。
③ 此处的鱼亦可能是古代人下棋时所用的棋具，《楚辞·招魂》注文说，"古《博经》云'博法：二人相对，坐向局。局分为十二道，两头当中名为水，用棋十二枚，六白六黑，又用鱼二枚，置于水中。其掷采以琼为之，琼畟方寸三分长寸五分，锐其头。钻刻琼四面为眼，亦名为齿。二人互掷采行棋，棋行到处即竖之，名为骁棋。即入水食鱼，亦名牵鱼，每牵一鱼获二筹。'"但目前尚未发现其他材料。（汉）王逸：《楚辞章句》卷九《招魂章句》第九，《四部丛刊》景明翻宋本。
④ 李笑坷：《汉代丧礼音乐习俗及其文化背景》，《南都学坛（人文社会科学学报）》2009年第5期。

所以在仪式的进行中不但不会营造一种悲伤的气氛，反而带有一种强烈的欢娱色彩。扬州汉代墓葬已找不到直接的证据来证明，但如前所述，扬州汉墓中曾出土多件古瑟，还有"人物图"等宴乐场面的描绘，汉墓中出土的乐器及宴乐场面似可说明汉代的扬州曾存在这一风气，今天的扬州地区，人们在治丧时，往往请乐队到场，间歇性地演奏各类乐曲长达三天之久，而且还搭台请剧团来唱戏，演奏的通常都是一些节奏明快的流行歌曲，这应该是汉代古风的孑遗。

第四，先秦古礼"瞑目"发展成面罩。

扬州地区汉代葬俗中使用面罩较多，带有明显的地方特色。七里甸汉墓木椁墓，从出土的漆面罩来看，敛尸时使用了面罩蒙面的做法。其时代为东汉初期[①]。

扬州东风砖瓦厂汉代的木椁墓群，M3两棺内，各出土漆面罩1件。女棺内的彩绘漆面罩，以朱、绿、黄绘云气纹和鸟兽、羽人等形象。这批漆器的装饰方法，有彩绘，有针刻。图案以云气、鸟兽、羽人为最多，鸟兽的形象逼真，种类繁多，其中有朱雀，亮翠鸟，锦鸡，鹿，龙，虎和怪兽等。有的飞翔，有的蹲伏，有的相互奔逐，有的雄视阔步，都描绘得极其生动活泼。特别在云气中和鸟兽纹同时出现的羽人，一般作红衣红帽，头尖似角，手足细如鸟爪，两翅有张有合，有的飞奔，有的腾跳，有的抱膝而坐，有的骑兽，有的逐鹿，有的弯腰射箭等，千姿百态，十分动人。它们属于新莽时期或东汉初的墓葬[②]。

扬州东风砖瓦厂第8、第9号汉墓，出土器物除常见器物外，也有漆面罩。《简报》作者认为在扬州东风砖瓦厂的9座汉墓中，漆面罩多出于王莽时期墓中，这种随葬品可能为这一时期所特有。

---

① 南京博物院、扬州市博物馆：《扬州七里甸汉代木椁墓》，《考古》1968年第8期。
② 扬州博物馆李久海执笔《扬州东风砖瓦厂汉代木椁墓群》，《考古》1980年第5期。

第四章 墓葬反映出的汉代扬州风俗民情

漆面罩是死者罩在脸部的专用器物，扬州先后发现过几件，这在全国颇为少见①。

江苏仪征胥浦 101 号西汉墓出土纱面罩 1 件②。

扬州平山养殖场汉墓发现 4 座汉代墓葬，出有面罩 2 件③。

江苏邗江姚庄 101 号西汉墓男棺出土漆面罩 1 件，女棺出粉彩面罩 1 件，形制略同于男棺漆面罩，为西汉晚期墓葬④。

姚庄 102 号汉墓女棺内随葬品有金银贴箔彩绘漆面罩，男棺内随葬亦有漆面罩。男棺面罩漆绘大幅的火焰状云气纹，盝顶中心为一大型的银平脱纹饰带，以金银箔刻画出各类禽兽纹饰。女棺面罩上有火焰状云气纹，内顶中心为一长方形装饰区，中心有一圆径 13 厘米的双勾圈纹，圈内中心绘一彩凤，周边点饰有云气纹及羽人和各种禽兽。凤后爪箕张，前爪高提环收作金鸡独立状，凤翅微张，凤嘴衔一颗黄色大珠，额头冠毛，修长悠扬，凤尾高昂，凤背上骑一羽人，做驾驶状，凤下跪坐一羽人。云气纹中以土黄漆勾绘成锦鸡、羽人、獐鹿和一些非龙非虎的怪兽，并以黑漆点画其羽毛、爪足、眼睛。面罩外满髹酱红色底漆，盝顶中心为一方形装饰区，内为一银錾金柿蒂纹，柿蒂四周嵌有 16 颗鎏金铜泡钉，泡钉之间补饰菱形勾连纹。盝顶四周的刹面上绘有火焰状云气纹和羽人、鸟兽等。前桥中间绘有一对飞舞于云气纹间的彩凤，两凤之间镶有一颗硕大的鎏金铜泡钉，作双凤戏珠状，双凤四周绘有大幅的云气纹，其中间饰有红、黄、黑三色勾绘的羽人、鸟兽等动物纹饰。面罩顶部四周镶嵌了 43 颗镶金铜泡钉，泡钉之间补饰有菱形勾连纹。该墓具有明显的西汉晚期墓特征。女墓主卒葬的时间应在

---

① 扬州博物馆印志华、徐良玉：《扬州东风砖瓦厂第 8、第 9 号汉墓清理简报》，《考古》1982 年第 3 期。
② 扬州博物馆：《江苏仪征胥浦 101 号汉墓》，《文物》1987 年第 1 期。
③ 扬州博物馆：《扬州平山养殖场汉墓清理简报》，《文物》1987 年第 1 期。
④ 扬州博物馆：《江苏邗江姚庄 101 号西汉墓》，《文物》1988 年第 2 期。

新莽始建国元年以后，即公元 9 年以后①。

仪征新集螃蟹地 7 号汉墓出土漆面罩 1 件，面罩外髹酱褐漆，以朱、灰、绿、黄色漆绘飞动的流云，云彩中有青龙、白虎、羽人、鹿、鸟兽等②。

汉广陵国故地，今安徽天长三角圩地区的桓平墓中男棺和女棺中也分别出土了木制面罩，男墓主因为在广陵国曾担任过谒者，故面罩的制作比较考究，面罩上的装饰用玉就达 41 片③。

扬州汉墓中出土的较多的面罩是由先秦丧礼中的掩、瑱、幎目发展而来的一种更高级的形式。《仪礼·士丧礼》中详细记载了丧礼的过程，可知在人死后，在入殓的过程中要经过掩、瑱、幎目及握等程序，掩指用布帛裹头，以代替帽子。瑱指用新绵塞耳。幎目指用布巾覆盖死者面部。握指在死者手中放上物件。汉代丧礼基本程序还是沿袭了先秦时代的古礼，但已发生很大变化，汉代除王侯以上的高级贵族，绝大部分人仍然使用先秦时期的装殓习俗，但两汉墓葬中出土的金缕、银缕、铜缕和丝缕玉衣说明，在王侯等高级墓葬中传统的绞衾制度逐渐被玉衣制度所取代。④ 在考古发掘中，偶见有玉面罩出土，但并不多见，而扬州地区出土的面罩数量相当多，以至于最初考古专家误认为这可能是这一地区新莽时期特有的葬俗，后来又做了纠正。但扬州考古界发现的大量面罩，至少可以说明，汉代扬州地区的葬俗在继承先秦葬俗的基础上，走上了带有明显地方特色的发展道路。

---

① 《江苏邗江县姚庄 102 号汉墓》，《考古》2001 年第 4 期。
② 仪征市博物馆：《仪征新集螃蟹地 7 号汉墓发掘简报》，《东南文化》2009 年第 4 期（总第 210 期）。
③ 赵树新：《天长三角圩桓平墓玉器》，扬州博物馆天长市博物馆编《汉广陵国玉器》，文物出版社，2003，第 17～19 页。
④ 高崇文：《试论先秦两汉丧葬礼俗的演变》，《考古学报》2006 年第 4 期。

第三节　墓葬材料反映出扬州地区民众的服饰和穿戴习俗

江苏仪征胥浦 101 号西汉墓出土木俑从发型看，叉腿男俑、男吏俑、男侍俑皆束高髻，携童女侍俑则头戴小冠，梳双髻。坐乐俑分成三类：高髻、头后梳髻、头顶右侧绾一小髻[1]。

扬州平山养殖场汉墓出土彩绘俑 23 件，俑的头部一般用黑漆髹成头发披于脑后，只侍俑中的Ⅲ式脑后梳发髻[2]。

邗江"妾莫书"墓出土琉璃近 600 片，玉器有璧、璜、舞人、佩饰、贝饰等，这些玉器均与琉璃片混杂一起，多有穿孔，当为墓主人的佩饰。墓内出土的琉璃衣片，多数散布在棺内底部，在衣片上还黏有人的骨渣。在棺室和椁室内也有少数衣片发现，这是由盗墓者将尸体从棺内拖出所致。衣片数量不多，可能是盖在头部或身上的服饰[3]。

邗江姚庄 101 号西汉墓出土木俑 11 件，其中有小髻和平顶无髻的两种。男棺内出土的银扣嵌玛瑙七子漆奁上几组金箔画中刻绘有羽人踞坐操琴、骑狼等形象，羽人的体形、面相与人相似，头后梳高髻。在女墓主人颈、胸部出土有 9 颗玛瑙和玉质串饰，器形种类有珠、管、壶及羊、鸟形饰等，皆穿孔[4]。

姚庄 102 号汉墓女棺内出土木刻人面像 1 件，为一老妇人，额头刻成连弧式的发角，该墓出土骨器超过其他同类墓，多为发饰，有骨笄 1 根、骨楠 2 根、骨钗 1 根。这说明当时的人们很喜欢用骨

---

[1]　扬州博物馆：《江苏仪征胥浦 101 号汉墓》，《文物》1987 年第 1 期。
[2]　扬州博物馆：《扬州平山养殖场汉墓清理简报》，《文物》1987 年第 1 期；《扬州市郊发现两座新莽时期墓》，《考古》1986 年第 11 期。
[3]　扬州博物馆：《扬州西汉"妾莫书"木椁墓》，《文物》1980 年第 12 期。
[4]　扬州博物馆：《江苏邗江姚庄 101 号西汉墓》，《文物》1988 年第 2 期。

制的发饰①。

邗江杨寿乡宝女墩新莽墓出土的 1 件羽人戏兽饰，羽人头戴冠，身着长衣②。

该墓出土木俑共 126 件。其中 19 件仪仗俑，形制相同，皆梳高髻，方脸，着短袍，腰部微束。53 件女性立侍俑，有三种造型。Ⅰ式有 37 件，大小及造型一致，一式的小高髻，身着长袖连衣裙，裙边拖地，双脚微露，束腰。Ⅱ式有 17 件，造型相同，但大小有别。一式的脑后盘形髻，同样都身着长袖连衣裙，只是裙边稍短，但外裙内又穿 1 件齐腰短裙直拖地面，双脚微露，肘关节处衣裙下垂明显。Ⅲ式有 9 件，因仅存头部，故服饰不可知，一式梳向后倾斜高髻。30 件坐侍俑，也分为三种造型，Ⅰ式有 3 件，因仅存头部，同样未知服饰，发型梳成二分式，在脑后扎成一辫。Ⅱ式 22 件，因残故发型未知，上身着黑色镶边米色衣，在腹部施一朱色纹带。Ⅲ式 5 件，仅存头，脑后有一小圆髻。还出土杂耍优倡俑、伎乐俑等大多服饰不清楚，但 1 件伎乐俑，头戴鬼脸式盔，2 件伎乐俑，发型梳小高髻③。

仪征张集团山汉墓 1 号墓出土 8 件用楸木刻制的侍女俑，造型基本相同，皆梳平髻，衣右衽，双手拢袖，长裙拽地。2 号墓出土 4 件用楸木刻制的侍女俑，造型基本相同，大小略异，与 1 号墓俑相比，腰部较细，长裙下摆较宽。玉饰残片 1 件，有变形鸟纹和勾连云纹④。

江苏邗江甘泉 2 号汉墓出土龙形片饰 1 件。在如黄豆粒大小的龙头上竟能用细小的金丝、金珠制作出眼、鼻、牙、角、须和龙身上的鳞甲。发现有大小不一的心形金片 16 片，尖端均有一细孔，

---

① 《江苏邗江县姚庄 102 号汉墓》，《考古》2001 年第 4 期。
② 扬州博物馆、邗江图书馆：《江苏邗江县杨寿乡宝女墩新莽墓》，《文物》1991 年第 10 期。
③ 南京博物院：《江苏仪征烟袋山汉墓》，《考古学报》1987 年第 4 期。
④ 南京博物院：《仪征张集团山汉墓》，《考古学报》1992 年第 4 期。

可能为衣物上的饰物。还发现有多件珠玉珍宝等制作的饰物，其中有：玉人、珍珠、玉珠、玉管、绿松石小珠、玛瑙管等。

从服饰看，扬州地区民众的服饰穿戴带有明显的地方特色，以发髻为例，其时的人们普遍梳有各种各样的发髻：高髻、双髻、头顶右侧绾一小髻、小髻、梳向后倾斜高髻、脑后有一小圆髻等，头顶右侧绾一小髻和脑后有一小圆髻的发型，时尚新潮的程度不亚于现代文明，而河南周口地区的淮阳于庄汉墓出土的壁画和木俑的服饰造型与扬州汉墓出土的服饰造型有很大不同，壁画上的人物一般穿红色斜领大衣，乐俑身着斜领大衣。无发髻（见图4-1）。[①]

图4-1 淮阳于庄汉墓出土的抚琴俑（余俑服饰皆相似）

可见扬州地区的民众服饰与中原地区的代表性地区河南地区不同，要比中原地区更加时尚，仅发髻的多样性就足以说明扬州地区的木俑应该是当地制作的。

---

① 周口地区文化局文物科、淮阳太昊陵文物保管所：《淮阳于庄汉墓发掘简报》，《中原文物》1983年第1期。

第四节　墓葬材料反映了扬州地区
的家产继承和分配习俗

江苏仪征胥浦 101 号西汉墓出有《先令券书》。它使我们能了解到汉代民间家庭财产的基本状况，了解到汉代家庭的财产继承和分配习俗。《先令券书》原文如下：

> 元始五年九月壬辰朔辛丑［亥］，高都里朱凌［庐］居新安里。甚接其死，故请县、乡三老、都乡有秩、左、里陟（师）、田谭等为先令券书。
> 凌自言：有三父，子男女六人，皆不同父。［欲］令子各知其父家次，子女以君、子真、子方、仙君，父为朱孙；弟公文，父吴衰近君；女弟弱君，父曲阿病长宾。
> 妪言：公文年十五去家自出为姓，遂居外，未尝持一钱来归。妪予子真、子方自为产业。子女仙君、弱君等贫毋产业。五年四月十日。妪以稻田一处、桑田二处分予弱君，波［陂］田一处分予仙君，于至十二月。公文伤人为徒，贫无产业。于至十二月十一日，仙君、弱君各归田于妪。让予公文。妪即受田，以田分予公文：稻田二处，桑田二处。田界易如故，公文不得移卖田予他人。时任知者：里陟、伍人谭等及亲属孔聚、田文、满真。先令券书明白。可以从事。①

《先令券书》的出土，曾在学界引起轰动，吸引多名学者对此展开研究。扬州地方学人陈平、王勤金发表《初考》一文，该文在请教李学勤等古文字大家的基础上对文字进行了最初的厘定，并

---

① 《先令券书》原文见《简报》，这里引用的为陈平、王勤金所释原文。见陈平、王勤金《仪征胥浦 101 号西汉墓〈先令券书〉初考》，第 20 页。

对文字和史料价值做了详细解析。文章对《先令券书》的产生时间、墓中出现的各人物及人物间的关系作出了推定，认为元始五年（公元 5 年）九月壬辰朔辛丑［亥］，为西汉末年平帝元始五年（公元 5 年）九月初十。确认《先令券书》为老姁的长子朱凌在病笃临终前约请证人安排财产分配所立的遗嘱。文中各人物之间的关系为：最年长的为母亲（姁），嫁过三任丈夫，所生子女共有六名：和第一任丈夫朱孙所生子女分别为：以君（长女）、子真（长男）、子方（次男）、仙君（次女）；第二任丈夫衰近君所生子女为公文（幼男）；第三任丈夫病长宾所生子女为弱君（幼女）。结合文字内容，作者在关于汉代遗产继承和分配习俗方面的发现是：

第一，汉代有形成定规的遗产继承法规。《先令券书》与《汉书》等古书中几例"先令"记载相印证，表明西汉时期在遗产继承方面有一套法定程序。立遗嘱必须由当事人自言，必须要有县、乡三老、都乡有秩等官方公证人，还有伍人、亲属等民间一方的证人、中保等。

第二，西汉妇女的地位相对较高。从姁对土地的分配权可见西汉时妇女对遗产的分配还享有一定的决断权。同时，身为女子的弱君与仙君可以被授予田产在一定时期内的使用权，说明西汉时期妇女亦享有一定的遗产继承权。

曲阜师范大学中文系刘奉光在《西汉墓〈先令券书〉复议》一文中则对诸位"前贤"的看法提出异见和补充，他在汉代财产继承方面的结论是：

第一，汉代的婚姻礼教宽松，女子改嫁随便，子女对同母异父的现实并无多大反感，只是碍于亲情培养，父母兄弟一般对不知情的弟、妹保密，所以朱家需要在子女成人、分配财产时说清血缘关系。

第二，汉代女儿一般无继承权，券书中所言仙君、弱君分田只是暂时耕种，预期一年，扶危济困而已，到头来还要把田地归还姻母、胞弟。

第三，子女所分田产，在父母尚在时仅有使用权，不得出卖。到父母双亡后，子女才真正支配，可以自由转卖。这说明汉代父母权威之重。

第四，遗嘱先令的公证只要有乡官一人如田谭在场，再有几位亲属陪同即可，并非像前贤所言要县三老、乡三老、有秩、有秩佐、里师等全部乡官出席。果如前贤所言，则不会只书写最低品的田谭一人之名。①

刘先生的有些结论值得商榷，譬说父母平时保密，只是在子女成人、需要分配财产时才说清血缘关系，立遗嘱时只需有乡官一人在场，这些都缺乏材料的支撑或不符简牍文意，但刘先生所言汉代礼教宽松，女儿一般无继承权是符合汉代历史的实际状况的，可谓对陈平、王勤金两先生结论的补充。

第五节　墓葬材料反映出汉代扬州地区的家居风俗和饮食习惯

扬州平山养殖场汉墓出土漆枕、漆案、漆耳杯、漆盘、铜井、铜带钩。其中1件铜带钩的造型为如意式，钩头为兽形。另1件铜带钩造型为七弦瑟，瑟旁坐两人，一人鼓瑟，一人吹笙。还有牛角笄1件②。可见扬州汉代人的生活中日常生活器具齐备。但有些特殊的风俗是其他地方少见的，如用灯芯草填充苫枕。仪征张集团山2号汉墓棺内头骨下有苫枕，枕内填以整齐的灯芯草③。

扬州汉代墓葬材料中出土了大量的动植物资料，如前所说，邗江"妾莫书"墓在灰陶罐内和陶灶的周围出土了一些种子。经江

---

① 刘奉光：《西汉墓〈先令券书〉复议》，《邯郸师专学报》2004年第2期。
② 扬州博物馆：《扬州平山养殖场汉墓清理简报》，《文物》1987年第1期；《扬州市郊发现两座新莽时期墓》，《考古》1986年第11期。
③ 参见南京博物院、仪征博物馆筹备办公室《仪征张集团山西汉墓》，《考古学报》1992年第4期。

苏农学院园艺系蔬菜教研组人员初步鉴定有水稻、小麦、菠菜、蕹菜等①。胡场汉墓的漆笥内分别放有梅、枣等物品，出土的植物类有稻谷、高粱、小米、荷叶等②。胡场5号汉墓出土有家禽遗骸，梅、枣、黍、稻谷等植物种子以及编织品残片。随葬漆笥中出有甜瓜和西瓜籽等夏熟植物，出土的7件木觚记载有五种橐的名称：粱米橐、黄芩橐、枡米橐、酒米橐、蘖鞠橐等。这反映出当时有酿酒的风气③。仪征胥浦101号西汉墓出了枣核、杏核和粟等。《先令券书》中提到稻田和桑田④。邗江姚庄101号汉墓的头厢东北角出土一堆粟种⑤。邗江杨寿乡宝女墩新莽墓头厢中出土梅实27颗、枣核3颗⑥。扬州邗江西汉刘毋智墓外藏椁内还发现两处兽骨，分别是猪的胫骨和肋骨⑦。扬州平山养殖场汉墓出土的木牍上有3件漆笥名称，《简报》录为"大雔笥""大食笥"和"舱笋一笥"，经学者考证，"大雔笥"中实为"大雞笥"之误，舱笋一笥中的"舱笋"应为"鲍笋"，即平山木牍中提到的食物有鸡、鲍鱼和笋⑧。

邗江"妾莫书"墓在灰陶罐内和陶灶的周围出土了一些种子。经江苏农学院园艺系蔬菜教研组人员初步鉴定有水稻、小麦、菠菜、蕹菜等⑨。

---

① 扬州博物馆：《扬州西汉"妾莫书"木椁墓》，《文物》1980年第12期。
② 参见扬州博物馆、邗江县文化馆《扬州邗江胡场汉墓》，《文物》1980年第3期。
③ 参见扬州博物馆、邗江县图书馆《江苏邗江胡场五号汉墓》，《文物》1981年第11期。
④ 参见扬州博物馆《江苏仪征胥浦101号汉墓》，《文物》1987年第1期。
⑤ 扬州博物馆：《江苏邗江姚庄101号西汉墓》，《文物》1988年第2期。
⑥ 参见扬州博物馆、邗江图书馆《江苏邗江县杨寿乡宝女墩新莽墓》，《文物》1991年第10期。
⑦ 参见扬州市文物考古研究所薛炳宏、王晓涛、王冰、束家平执笔《江苏扬州西汉刘毋智墓发掘简报》，《文物》2010年第3期。
⑧ 扬州博物馆：《扬州平山养殖场汉墓清理简报》，《文物》1987年第1期；王辉：《扬州平山汉墓遣策释读试补》。
⑨ 扬州博物馆：《扬州西汉"妾莫书"木椁墓》，《文物》1980年第12期。

邗江胡场汉墓出土漆笥 14 件，主体纹饰为星云纹，每件盖壁上皆有盛放物品的名称计 13 种，其中存放食物的漆笥为我们了解其时人们的饮食结构提供了直接的材料，可知当时人们的食物有肉、脯、梅、枣等。出土的其他物品还有木猪圈 1 件和木雕猪 1 件，汉时的猪与今不同，为长嘴，应当保留了更多的野性。另有木楼梯 1 件，旁有扶手。植物类有稻谷、高粱、小米，还出土梅、枣、荷叶等①。

如前所说，江苏邗江胡场 5 号汉墓出土长方形漆盒 3 件，盒内分装甜瓜籽和禽类遗骸。正方形盒 1 件，出土时内存西瓜籽。在男棺侧厢中出土有家禽遗骸，梅、枣、黍、稻谷等植物种子以及编织品残片。出土的木签上文字有"集台月笥""锡㯿居女笥""栭糯笥"，"金钱笥""鲍笋笥""脯脩笥"等。在 7 件木瓠上有隶书文字，分别为：五种囊、粱米囊、黄芩囊、秔米囊、酒米囊、蘗鞠囊等②。这本是对死者入土后的安排，从中亦可见当时人们日常生活中的饮食状况。

江苏仪征胥浦 101 号西汉墓出土有枣核、杏核、粟等③。

邗江杨寿乡宝女墩新莽墓 M105 头厢中出土梅实 27 颗、枣核 3 颗④。

在家居风俗方面，灯芯草填苦枕的习惯带有明显的地方特色。在饮食内容方面，汉代扬州人有饮酒的习惯，主食有稻米、高粱、小米等，在副食方面有梅、枣、杏、莲藕、甜瓜等，在菜肴类方面荤食有猪肉、鸡肉、鱼肉等，还有各种干货；蔬菜类方面有菠菜、雍菜等。

---

① 扬州博物馆、邗江县文化馆：《扬州邗江县胡场汉墓》，《文物》1980 年第 3 期。
② 扬州博物馆、邗江县图书馆：《江苏邗江胡场五号汉墓》，《文物》1981 年第 11 期。
③ 扬州博物馆：《江苏仪征胥浦 101 号汉墓》，《文物》1987 年第 1 期。
④ 扬州博物馆、邗江图书馆：《江苏邗江县杨寿乡宝女墩新莽墓》，《文物》1991 年第 10 期。

第六节　墓葬材料反映出的扬州豪族家居生活场景

邗江胡场汉墓 M1 除出土常见器物外，出土的特殊物件有木板彩画计两幅，一幅为"人物图"，另一幅是"墓主人生活图"。其中墓主人生活图虽然为制作简单的工笔画，但却较真实地反映了墓主人生前生活场景。

该图的整个画面由上下两部分构成。上部刻有人物 4 人，左面有 1 人坐于榻座之上，右面有人物 3 人，佩剑者 2 人，跽坐者 1 人，均面向着坐在榻座上的人物。从图案上的人物分部看，坐于榻座之上的人应该是主人，两名站立的佩剑者应该是武士或是家兵，家兵又称"部曲"，汉代地主势力得到迅速发展，封建地主常常在所占大片土地上建立封建庄园，形成规模庞大的田庄，田庄主往往将庄园内的青壮年男子组织起来，变成自己的私人卫队，这些青壮年就是家兵或"部曲"。跽坐者则应当是奴仆身份，田庄中存在大量的奴隶，有生产性奴隶，有从事各种事务和杂务的奴隶，这里描绘跽坐者应当是非生产性奴隶，在主人面前他既不能直接坐着，也不能像武士那样站立，只能跽坐。从其余 3 人均面向墓主人的情形看，似乎墓主人正在向他们示训。所以图的上半部分实际上为我们描绘了平时墓主人在闲居之时与家中武士和奴仆在一起的图景，显示出等级秩序和主人的威严。

该图的下部刻有宴乐场面，在活动现场出现的人物有：墓主人、侍女、伶者（演员）、宾客、观众、乐师等。墓主人依旧端坐于床榻之上，榻前置放置有几、案，案上有杯盘，几下放香熏。墓主人身后，有跪着的侍女随时侍候。面前正中位置，则有两名伶者正在为墓主人表演节目，一人作倒立，一人作反弓，观众只能坐在侧席。表演场地与墓主人相对的对面，是宾客席，有两名客人对坐共饮，中设杯盏，从华美的衣着看，宾客亦应有一定的身份。画面的右部为乐师席，尽管画面已十分模糊，但仍可辨认出乐师中有人在弹瑟，有人在吹笙。整个画面既突出了主人身份，又表现出对宾客的尊重。画中宾客的出现说明这是主人的一次宴请，反映出扬州地区汉代贵族在生活中宴请宾客的礼节。从图中可知，主人不但招待宾客宴饮，而且还为宾客安排乐舞活动①。

第七节 其他风俗

从墓葬材料可见，汉代扬州地区的人们一般都使用印章。扬州地区汉代墓葬中出土的印章已比较多："姜莫书"墓出土了龟钮银印；甘泉乡姚庄102号西汉墓出土了虎钮玛瑙印，同时还出土了"长乐富贵"琥珀印；刘毋智墓出土了"刘毋智"玉印；胡场汉墓出土了"王奉世印"；甘泉2号墓出土了虎钮玛瑙印等。安徽天长三角圩桓平墓出土5枚印章，银印2枚，玉、铜、木质印章各1枚。可见当时的人们普遍都使用印章。汉代的印章一般作标明身份之用，类别有官印、私印，但也有的印章带有宗教色彩的，学者称之为宗教印。② 上述"长乐富贵"琥珀印就应该是与宗教有关。专家发现此印"边角光滑圆润，有长期使用的痕迹"。汉代扬州区域的汉代印章有些并不是实用印，而是为殉葬专门制作的，如安徽天长三角圩出土的桓平墓发现的玉质印章，学者认为在秦汉官印系统中，王印是身份地位的绝对象征，但一般人的身份不可能拥有玉质官印，所以这个时期的玉质官印都不可能是实用印，应是作为殉葬印出现的。③ 当然，印章的使用不限于扬州区域，在全国的汉代考古发现中，印章也出土较多，这是汉代的一种普遍的风尚，如陕西境内就出土过"龟钮'王许'银印，'使掌果池水中黄门赵许私

---

① 扬州博物馆、邗江县文化馆：《扬州邗江县胡场汉墓》，《文物》1980年第3期。
② 李瑞振：《浅谈汉代宗教印》，《中国宗教》2011年第1期。
③ 赵树新：《天长三角圩桓平墓玉器》，扬州博物馆天长市博物馆编《汉广陵国玉器》，文物出版社，2003，第17~19页。

印'，'高由'铜印，'陈岁私印'铜印，'蔡延年印'，'丙私印''保福禄'印，'白乐平'印，'杨长兄'印（另一面为杨寿），'臣象'印（另一面是魏象）等"①，陕西在汉代是统治的心脏地带，扬州地区出土的众多的私印表明，汉代扬州虽远离中原，但区域文明的发展程度实际上与中原文明的发展在一定程度上保持着高度的一致。

从墓葬中亦可见汉代传统阴阳尊卑思想对丧葬风俗的影响。西汉初年，黄老思想曾占统治地位，黄老思想的一个重要内容就是讲天地尊卑等自然阴阳秩序，1973年在长沙马王堆汉墓出土的《经法》《称》《道原》《十大经》等四部作品，被学界认为是黄老思想的作品，《称》篇明确宣扬的内容有"主阳臣阴，上阳下阴，男阳女阴，父阳子阴，兄阳弟阴，长阳少阴，贵阳贱阴。"要求统治者和臣民都要遵守所谓的由"道"派生出来的"自然法则"，"称"本身为量具，此处的意思就是平衡。扬州东风砖瓦厂汉代的木椁墓群中有四座夫妇合葬墓，三座单葬墓。合葬墓中M1内放置的两具棺木，男棺放置在东（右）侧，女棺放置在西（左）侧。M3椁室的西北部，亦放置两具棺木，男棺放置于北（右）侧，女棺放置于南（左）侧。不仅如此，在合葬墓中男棺下部都垫上木料，因而略高于女棺。《简报》作者认为，这种男棺高于女棺的做法，均是"男尊女卑"等思想在丧葬制度上的反映，从侧面暴露了封建社会对妇女的轻视。② 其实，即使男棺不高于女棺，扬州汉墓中男棺与女棺分列右左的放置方法便已是"男尊女卑"思想的体现，因为汉代以右为正位，如汉武帝时曾颁行"左官律"，规定在诸侯王国担任官职的即使职官名称虽与中央各部门的官职名称相同，在地位上也低于中央官员，所以后世才有旁门左道之说。姚

---

① 韩建武：《汉代私印面面观》，《华夏文化》1996年第4期。
② 扬州博物馆李久海执笔《扬州东风砖瓦厂汉代木椁墓群》，《考古》1980年第5期。

庄 102 号汉墓为土坑竖穴木椁夫妇合葬墓。木椁内分为棺室、头厢、足厢、东侧厢、西侧厢五部分，各厢之间皆有直权窗式的隔墙，隔墙上置有双扇对开或独扇单开板门。棺室南北向，室内并列放置两口长方形盝顶式漆棺，东侧为男棺，西侧为女棺，棺内底部排列有序地平铺一层五铢钱，男棺内为 20 排，每排 83 枚，计 1660 枚；女棺内也为 20 排，每排 81 枚，计 1620 枚。从男女棺中摆放的钱币的数量看，是男多女少，同样体现出"男尊女卑"的思想观念。

此外，由于历史上扬州区域曾一度为楚国占据，所以墓葬材料显示出扬州地区墓葬中楚风的孑遗。有学者在探讨全国各地出土的告地书时说，"另外，研究者发现，出土告地书的墓葬多在原楚国故地，即今湖北江陵、湖南长沙及江苏北部地区，因此这一风俗也许还有一定的地域性特点。"[①] 笔者认为，扬州地区出土的《告地策》恰恰是在楚地范围之内，也是汉代扬州地区保留有楚风的最好的证明。广陵王的屡屡祝诅固然与汉代全国的巫风有关，但更应受扬州地区楚风的影响，因为春秋战国时代的楚有更强烈的巫风，已是学界公认的事实。

---

① 郗文倩：《汉代告地书及其文体渊源述论》，《南都学坛》（人文社会科学学报）2011 年第 3 期。

第五章 汉代扬州考古成就的地位和价值

第一节 扬州汉墓为史学研究提供了年代标尺

扬州汉代考古为史学界提供了较为完整的墓葬时代序列和丰富的汉墓资源。在全国发现的汉代墓葬中,有完整的时代序列的地区并不多见,扬州出土的众多的中高级墓葬,基本上都能依据器物自身提示或材料风格推断出墓葬的基本年代,年代的确定在更大程度上提升了墓葬材料对于史学研究的价值层次。

扬州汉墓大都具备较准确的时间段,有的则可精确到具体的年代。在发掘过程中,经考古专家多方面考证,扬州地区汉墓各墓的时间如下:

西汉早期墓:扬州邗江西汉刘毋智墓;农科所汉墓群。

中期墓葬:仪征张集团山汉墓,其年代的上限应为公元前153年,下限应为公元前127年或稍后;仪征烟袋山汉墓;江苏邗江胡场5号汉墓,宣帝本始四年夏;高邮天山汉墓,广陵王刘胥墓。

晚期墓葬:邗江"妾莫书"墓,约在汉元帝至平帝时期;邗江胡场汉墓;仪征胥浦101号西汉墓,西汉元始五年纪年墓;邗江姚庄101、102号汉墓,为西汉晚期墓葬;江苏仪征盘古山西汉墓M1、M2。

新莽时期:扬州平山养殖场汉墓M1、M2、M3为西汉中晚期的墓葬，M4为新莽时期的墓葬；邗江姚庄102号汉墓，女墓主卒葬时间于新莽始建国元年以后，即公元9年以后；邗江杨寿乡宝女墩新莽墓M104，下葬时间在新莽居摄二年以后；邗江郭庄汉墓，为西汉晚期至新莽时期墓葬。凤凰河第三期工程发现的9座，墓葬为新莽时期；扬州东风砖瓦厂汉代的木椁墓群，认为它应属于新莽时期或东汉初的墓葬；扬州东风砖瓦厂第8、第9号汉墓，推定为王莽时代墓葬；仪征新集螃蟹地7号汉墓，推断为新莽时期。

东汉初期：扬州七里甸汉墓，为东汉初期墓葬。

东汉中期和中前期：江苏邗江甘泉2号汉墓，东汉中前期刘荆墓；邗江甘泉老虎墩汉墓，东汉中期墓葬。邗江甘泉1号汉墓，东汉中期刘荆家族成员墓葬。仪征石碑村汉墓M2，为东汉中期墓。

东汉晚期：邗江县槐泗桥汉代多耳室拱顶砖室墓、宰家墩汉墓，年代应属东汉晚期，在灵帝前后，距今已有1700多年的历史。

在考古学和历史学的研究中，所用资料的年代至关重要，事实上史前考古学上的器物类型学和地层学就是解决年代问题的专门学问，扬州地区出土的汉代墓葬所提供的完整的年代序列，为我们探讨扬州在两汉时期各时段经济文化的发展提供了准确的依据。

扬州汉墓不仅有较完整的年代序列，而且数量众多，出土重要文物的墓葬就达40余座，一些小型墓因无法见诸《简报》更是多得难于统计，且墓葬的出土集中在扬州汉广陵城周边地区，郊区（今维扬区）的西湖、平山和城北等乡镇境内，邗江（今邗江区）的杨庙、甘泉、杨寿等乡镇境内，仪征北部的刘集、新集等乡镇境内，高邮的天山，江苏盱眙等地，都发现过规模大小不等的汉代广陵国墓葬。其中以扬州市区周边的中小墓葬最为丰富。不仅如此，邻近的安徽天长等地，曾受广陵国的影响，出土的汉代墓葬有些亦与广陵国的墓葬风格一致，这就为我们的研究提供了极大方便。众多的墓葬提供了大量物质文化资料，如前所说，仅出土的玉器就多达200多件。漆器资料更是在考古所漆器库中占很大比重。

第二节 独具特色的地方文化遗存

在扬州地区汉代考古成就中，有许多方面都是在全国考古发现中都是独具特色的。

第一，是独特的木椁棺葬俗。

扬州地区汉代木椁墓的棺一般都由整木斲成。

第二，独特的出土器物。

仪征石碑村汉墓中的随葬品除一般汉墓中常见的器物外，出土了铜尺、铜量、过滤器、碟形器以及铁臼和铁杵等特殊器物。经学者研究，应该是保存完好的一批道士炼丹的器具。①

邗江郭庄汉墓女棺出土了在棺的四角分别放置便于推动棺木的铜制的轮盘，这在全国汉墓棺木中是非常罕见的。出土的釉陶壶1件，在口沿有用生漆黏修过的痕迹是我国古代用生漆修补残破陶器的不可多得的资料。②

邗江胡场汉墓M1出土了木板彩画"人物图"和"墓主人生活图"。它们为研究汉代家庭生活提供了极为宝贵的资料。③

邗江胡场5号汉墓出土器物中最为珍贵的是木牍13件，包括：日记牍1件，文告牍2件，丧祭物品牍1件，木签6件和木觚7件，这些材料出土后，已在考古和历史学界引起了多位学者的注意。尤其是木牍所记内容为不可多得的研究汉代历史的珍贵资料。④

高邮天山汉墓出土了大型"黄肠题凑"式木椁，规模巨大，

---

① 南京博物院：《江苏仪征石碑村汉代木椁墓》，《考古》1966年第1期。
② 印志华：《扬州邗江县郭庄汉墓》，《文物》1980年第3期。
③ 扬州博物馆、邗江县文化馆王勤金、印志华、徐良玉、古健执笔《扬州邗江县胡场汉墓》，《文物》1980年第3期。
④ 扬州博物馆、邗江县图书馆王勤金、吴炜、房宁、张容生执笔《江苏邗江胡场5号汉墓》，《文物》1981年第11期。

是国内保存最完好的诸侯王"黄肠题凑"葬制,为研究汉代诸侯王的葬俗和汉代的经济文化提供了极有价值的标本。①

仪征胥浦101号西汉墓甲棺出土了大量简牍文字,均发现在内,有竹简、木牍、木觚。按文字内容可分为《先令券书》、何贺山钱、赙赠记录、衣物券。其中《先令券书》简是墓主朱凌临终前夕所立的遗嘱一类的文书,已引发学术界的广泛研究,为重要的汉代法律、经济史和民俗史资料。②

邗江县姚庄102号汉墓女棺内出土了白玉蝉、金银贴箔彩绘漆面罩、阳燧、错金刀币、虎钮玛瑙印等一批具有较高历史价值和艺术价值的随葬物品,为研究汉代高级贵族的生活状况提供了丰富的资料。③

邗江杨寿乡宝女墩新莽墓出土器物中带"中官""服食官""王家"等铭文的银、漆器,3件带纪年铭文的漆器,为研究汉代广陵国提供了一批新资料。④

仪征烟袋山汉墓女棺盖内侧用鎏金小铜泡布置出北斗星像图。这是重要的汉代天文学资料。⑤

仪征张集团山汉墓为四座女性陪葬墓,不仅出土器物非常丰富,也是重要的汉代女性陪葬葬俗的标本。⑥

扬州邗江西汉刘毋智墓,是扬州地区发掘的难得一见的汉初吴

---

① 梁白泉:《高邮天山1号汉墓发掘侧记》,《文博通讯》1980年第1期。
② 扬州博物馆王勤金、吴炜、徐良玉、印志华执笔《江苏仪征胥浦101号汉墓》,《文物》1987年第1期。
③ 印志华:《江苏邗江县姚庄102号汉墓》,《考古》2001年第4期。
④ 扬州博物馆、邗江图书馆李则斌执笔《江苏邗江县杨寿乡宝女墩新莽墓》,《文物》1991年第10期。
⑤ 南京博物院、王根富、张敏执笔《江苏仪征烟袋山汉墓》,《考古学报》1987年第4期。
⑥ 南京博物院、仪征博物馆筹备办公室张敏、孙庆飞、李民昌执笔《仪征张集团山西汉墓》,《考古学报》1992年第4期。

国大型墓葬，它为研究汉初吴国的历史文化提供了极为丰富的资料。①

仪征新集螃蟹地7号汉墓墓主人身份可能为广陵国贵族或官僚，螃蟹地7号汉墓的发掘，为研究西汉晚期广陵国的文化、经济、丧葬习俗及铜器制作工艺提供了重要实物资料。②

邗江县槐泗桥汉代多耳室拱顶砖室墓、宰家墩汉墓两墓中都发现了青瓷罐，它们是国内为数不多的青瓷标本。③

第三节 部分出土物具有无可替代的历史研究价值

广陵王墓的"黄肠题凑"棺椁，形制宏伟，南北长16.65米，东西宽14.28米，面积约237平方米，折合木材约545立方米，在迄今我国发现的同类木椁中最为完整，极为珍贵。再如广陵王玉玺的出土，印证了《后汉书》中的记载，诸侯王印章亦可称玺，解决了多年的史学悬疑。广陵王玺还解决了日本学界对"汉委奴国王印"的真伪问题延续多年的学术纷争，日本的这枚印章是1784年在由日本的一位名叫甚兵卫的农民在干农活时偶然捡到的，此后，日本学学界对此印的真伪问题一直存在争议，有人认为这枚印章是委奴国王自己私刻的，也有人认为这枚金印是甚兵卫与他人合谋共设的一大骗局，尽管后来日本史学界的一些权威人士依据中国1957年在云南晋宁出土的"滇王之印"等对"委奴国王印"作出了肯定的说法，但还是不能改变日本学界一些人士持否定态度的立场，直至"广陵王玺"的出土，从印章形制与代表的时代都与

---

① 扬州市文物考古研究所薛炳宏、王晓涛、王冰、束家平执笔《江苏扬州西汉刘毋智墓发掘简报》，《文物》2010年第3期。
② 仪征市博物馆孙庆飞、刘勤等执笔《仪征新集螃蟹地7号汉墓发掘简报》，《东南文化》2009年第4期（总第210期）。
③ 扬州博物馆印志华、吴炜执笔《邗江县两座汉代砖室墓发掘简报》，《东南文化》1986年第1期。

"委奴国王印"相吻合,才最终解决了延续长达 200 年之久的史学悬案。① 扬州出土的资料中许多方面都是其他考古资料所无法替代的。在此不一一枚举。

当然扬州地区出土的墓葬材料,最主要的作用是为全面揭示扬州地区的汉代历史文明提供了充分的资料。

本书经过粗疏的整合,已大致可见扬州汉代文明的概况:汉代的扬州不仅有着优良的生态环境,也是汉代在东部沿海地区的一个重要的政治、经济、文化区。汉代扬州,农业生产方面已能种植当时大多数常见的农作物,因为自然条件的优越,一些农作物甚至在扬州地区得到了发扬光大。高邮邵家沟出土的犁铧和"妾莫书"墓《先令券书》上的稻田的记载,表明汉代扬州地区已经普遍使用了牛耕。汉墓的其他资料和丰富的骨器表明扬州地区畜牧业的发达。在手工业方面,众多的资料表明,汉代扬州是当时的冶铜业、漆器制造业、玉石雕制业相当发达的地区,不仅如此,汉代扬州手工业中,木器和骨器制造、玻璃制品及其他如金、银、铅等特殊金属的制造也比较发达,与手工业发展的过程相适应,扬州汉代的科技也得到了前所未有的发展,从产品的精美程度可见汉时扬州具备高度发达的手工业文明。故吴王能最终发动叛乱,其依据的正是本地区的雄厚的经济实力。墓葬材料还充分反映出汉时扬州地区的社会风俗,汉代葬俗中的棺椁构建方法带有浓厚的地方特色,往往都使用粗大的楠木,椁由大型木板拼合而成,棺常用整木斲成,如凤凰河汉墓棺就是用整木斲成,此一风俗不限于诸侯王墓和高级士大夫墓,一些小型墓也使用这样的葬俗。由此亦可见当地的民风和财力,反映出百姓受儒家思想的影响,对待死者给予特别的尊重。墓葬材料也反映出汉时扬州的浓厚的宗教迷信风气,重视死后生活,故随葬生活必需品较为齐全,以期为死者营造死后生活必需环境的需要,多为随葬死者生前酷爱之物或借以谋生的重要物件。由于道

---

① 纪仲庆:《广陵王玺和中日交往》,《东南文化》1985 年第 1 期,第 233~236 页。

家思想在流行过程中日渐被宗教化，所以扬州汉墓中也体现出浓厚的道教神仙思想色彩。在下葬过程中亦可见有巫师参与，书写"文告牍"，给死者戴面罩等治丧方法和程序。从墓葬材料中的棺木放置的方式可见墓葬中体现的"男尊女卑"的思想。江苏仪征胥浦101号西汉墓出有《先令券书》，反映了扬州地区的家产继承和分配习俗，亦可见宽松的婚姻礼教和立遗嘱的程序。在家居风俗和饮食习惯方面，也得到了墓葬材料的较为充分的证明，如用灯芯草填充苦枕的习俗，平时所食的食物及酿酒的风气等。在饮食内容方面，汉代扬州人的主食有稻米、高粱、小米等，在副食方面有梅、枣、杏、莲藕、甜瓜等，在菜肴类方面荤食有猪肉、鸡肉、鱼肉等，蔬菜类方面有菠菜、蕹菜等。墓葬材料也反映出扬州豪族家居生活场景，邗江胡场汉墓M1出土的"人物图"和"墓主人生活图"，为我们描绘了平时墓主人在闲居之时与家中武士和奴仆共处的图景，显示出等级秩序和主人的威严，在闲居之时，主人不但招待宾客宴饮，而且还为宾客安排乐舞活动。由于扬州地区最初曾是楚地，墓葬材料中也显示出扬州地区楚风的孑遗。从出土的大量印章则可见汉时扬州的人们使用印章已很普遍。不仅有作表明身份之用的印章，还有带祈求富贵等宗教色彩的宗教印章。

当然，如前所说，本书在探讨扬州汉代文明的过程中，受资料限制，尚未能对汉代文明的其他方面展开探索，但并不是说汉代扬州地区其他文明的组成部分就欠发达，由为数不多的资料可知，扬州地区在两汉时期一直具有重要的军事地位，在中国城市的早期发展历程中，无论是原始社会最初构建的城堡还是夏商周三代的城池，原本就带有军事性质。扬州历史上最早的筑城记载是《左传》中记述的吴王夫差时的城池修筑。夫差之所以在今蜀岗之上修筑邗城，晋人杜预在给《春秋左传》作注时就已说得很清楚，是为了"伐齐"和"北霸中国"，因此，自夫差开始，扬州城便素以东南重镇的位置出现在历史画卷中。同样，汉代扬州地区的教育虽不如中原地区发达，但汉代的经学在扬州地区也得到了一定程度上的传播。《后汉书·刘瑜传》载："刘瑜字季节，广陵人也。高祖父广陵靖王，父辩，清河太守。"注文说，"瑜少好经学，尤善图谶、天文、历算之术，州郡礼请不就。"三国时代曾对曹操写檄文讨伐的陈琳便是广陵人，袁绍失败后，陈琳归顺曹操，因才华深得曹操赏识，史书说"太祖爱其才而不咎也。"因此，扬州地区的教育和文化氛围亦有可圈可点之处。在音乐教育方面，古代礼乐不分，乐也是文化教育的一个重要方面，扬州汉墓中出土的乐器明器较多，也出现了一些反映音乐的图案造型，如邗江胡场汉墓出土3件乐器明器，其中有二十五弦瑟1件，五弦乐器1件，三弦乐器1件。出土的一幅"墓主人生活图"，下半部分的画面是一幅宴乐场面描绘，画面右部为乐队，其中有弹瑟者，吹笙者等。胡场5号汉墓也出土二十五弦瑟明器1件。扬州平山养殖场汉墓出土铜带钩2件。其中1件为七弦瑟造型，瑟旁坐二人，一人鼓瑟，一人吹笙。江苏邗江姚庄101号西汉墓男棺中出土的1件银扣嵌玛瑙七子漆奁上有听琴和弹瑟的图案。这些材料都说明音乐在汉代扬州的普及程度。

  总之，本书仅是对扬州考古资源进行整合的一次粗浅的尝试，笔者的初衷是尽可能全面地反映扬州地区汉代文明的全貌，但由于才力所及和项目的时间所限，只能完成到这一程度，如果能起"抛砖"之效，吸引更多的学者参与到整合扬州古代文明研究中来，也就达到了笔者的目的。

后　　记

　　对汉代扬州区域考古材料和学术资源作全面梳理，是笔者多年来的愿望。自接受单位安排，给1996级本科生讲授《考古学概论》课程起，笔者就留心扬州当地的考古出土情况，注意收集相关资料，因为在读硕时就读的是秦汉史专业，所以自然将注意力放在汉代考古方面。最初的想法就是想在全面反映扬州汉代考古成就方面做些工作，但多年来，诸事缠身，竟始终无法付诸实施。幸而于2009年底最终完成了《建安学术史大纲》的撰写，并蒙广陵书社出版。前一阶段的工作告一段落之际，适逢学校参照"211工程"建设项目于2010年再度征集选题，笔者的选题幸得立项，这才了却了多年的心愿。但此项目立项之际，已接近"211工程"项目建设的尾声，完成时间紧迫，所以在本书中笔者感到遗憾的是对许多问题仍未充分展开，只做到浅尝辄止的程度。因此，本书只是对扬州汉代区域文明的概况做了初步的探索，对于一些暂时无暇顾及的方面，有待于今后的专门探讨。同样因为时间的原因，自身还承担了诸如课务、成人教育等其他工作，原计划对扬州地区的相关专家学者进行造访的想法亦未能如愿，因行文仓促，文中不免有疏漏之处，望学人不吝赐教。

　　在项目立项和项目论证过程中，笔者得到了扬州市考古所所长印志华研究员和扬州市考古所助理研究员刘刚同志的鼎力相助,在资料的整理过程中得到历史专业2010级在读本科生樊建增同学的帮助,社会科学文献出版社的孙燕生同志为本书文稿的校订付出了大量辛勤劳动,在此谨致谢忱!

图书在版编目(CIP)数据

汉代扬州区域文明发展/徐俊祥著.—北京：社会科学文献出版社，2013.4
（人文传承与区域社会发展研究丛书）
ISBN 978-7-5097-4241-9

Ⅰ.①汉… Ⅱ.①徐… Ⅲ.①文物-考古发现-扬州市-汉代 Ⅳ.①K872.533

中国版本图书馆 CIP 数据核字（2013）第 014818 号

·人文传承与区域社会发展研究丛书·

汉代扬州区域文明发展

著　者／徐俊祥

出 版 人／谢寿光
出 版 者／社会科学文献出版社
地　　址／北京市西城区北三环中路甲 29 号院 3 号楼华龙大厦
邮政编码／100029

责任部门／社会政法分社（010）59367156　　责任编辑／孙燕生
电子信箱／shekebu@ssap.cn　　　　　　　　责任校对／卢江涛
项目统筹／王绯　　　　　　　　　　　　　　责任印制／岳　阳
经　　销／社会科学文献出版社市场营销中心（010）59367081　59367089
读者服务／读者服务中心（010）59367028

印　　装／三河市尚艺印装有限公司
开　　本／787mm×1092mm　1/20　　　　　印　张／10.6
版　　次／2013 年 4 月第 1 版　　　　　　　字　数／183 千字
印　　次／2013 年 4 月第 1 次印刷
书　　号／ISBN 978-7-5097-4241-9
定　　价／45.00 元

本书如有破损、缺页、装订错误，请与本社读者服务中心联系更换
版权所有　翻印必究

N